JN439173

권해조 칼럼선집

권해조 칼럼선집

— 槐雲 權海兆 傘壽 記念集

계간문예

작가의 말

어느새 내 나이 팔순八旬이 되었다. 해방 전에 태어나 오늘에 이르기까지 파란 많은 삶을 살아왔다. 어릴 적에 6·25전쟁의 참화를 직접 겪었고, 자라서 군인의 길을 택하여 조국 산하의 전후방을 두루 누빈 것은 물론, 멀리 월남전에도 참전했고 해외무관 생활도 하였다. 전역 후에는 육사 정치사회학과 초빙교수와 수년간 대한민국 성우회 안보교수도 역임하였다.

바쁘게 달려온 세월 속에도 내겐 잊히지 않는 말이 있다. 어릴 때부터 "책 속에 모든 부귀영화가 있으니, 배우기를 게을리하지 말라."는 송宋나라 진종眞宗의 권학문勸學文을 생각하며 늘 책과 가까이 하였다. 그러던 중 2009년 〈문예춘추〉에 등단을 계기로 틈틈이 글을 쓰기 시작해 지금까지 여러 학회지와 언론에 기고문이 수백 편에 이른다.

그 가운데 10년 전에 발간한 고희집古稀集《홰나무 그늘의 노병》에 실은 글을 제외한 몇 편을 모아 이번에 산수 기념집傘壽 記念集《권해조 칼럼선집》을 발간하게 되었다. 이 책이 나오기까지는 주위 여러 지인의 권유와 사랑하는 아내, 아들과 며느리, 딸과 사위들의 도움이 있었다. 그리고 한국시인협회 회장을 지냈고 현재 성신여대 명예교수인 허영자許英子 시인과 담쟁이문학회 이영순李榮順 회장, 선문대학교 학장을 지냈고 온지학회 이사장인 안병국安炳國 박사가 서문을 써주었다.

한국문인협회 이사장을 지낸 현 《계간문예》 정종명鄭鍾明 발행인이 출판을 맡아 주었다. 모든 분에게 깊이 감사드린다.

모쪼록 이 책이 오랫동안 코로나19로 심신이 시친 독사들에게 조금이라도 치료하는 청량제가 되길 기대해 본다.

2022년 4월

서초동 탑루방塔樓房에서

괴운槐雲 권해조權海兆

서문 1

무인의 길 문인의 길

허영자 시인 · 성신여대 명예교수
전 한국시인협회 회장

경남 합천의 큰 유학자이신 설암雪 권옥현權玉鉉 선생의 육형제 중 넷째 아드님인 괴운槐雲 권해조 장군은 유학자 문중의 절도 있는 교육을 통하여 일찍부터 문장과, 선비로서의 예의범절 및 법도를 익혀온 분입니다.

부친의 뒤를 잇는 선비 학자가 될 수 있는 훌륭한 소양과 재능을 갖추고 있었으며 타의 모범이 되는 열정과 인품을 가진 분이었습니다. 하기에 이분이 오늘 무인이 된 것은 집안 내력으로 말하자면 뜻밖의 일이라고 생각될 수도 있습니다만 글을 잘 쓰는 문무겸전의 장군인 것은 전혀 놀라운 일이라고 할 수 없습니다.

권 장군은 그 이력에 나타나 있는 바와 같이 육군사관학교 24기, 국방대학원 석사2기생으로서 임관 이후 야전군인, 군사외교관, 안보전문가의 직책을 두루 거치면서 막중한 임무를 충실하게 수행하여 왔습니다. 그 위에 전문 문인으로 등단하여 본격적인 문학 활동을 활발하게 하고 있으니 군인으로서도 특별하고 문인으로서도 특별한 분이라고 할 수 있습니다.

권 장군의 글은 종류가 다양하고 범위가 넓습니다. 논문, 서간문, 일기, 기행문, 연설문, 묘갈문, 수상 등의 형태 속에 체험이 녹아있는 내용이 담겨 있습니다. 군인만이 알 수 있는 전문 분야의 내용을 비롯해 삶 전반에 걸친 성찰을 담은 글들까지 두루 접할 수가 있습니다. 내용과 형태에 따라 문장도 때로는 강건체, 때로는 우유체로 구사하여 변화를 보이고 있습니다.

한편 그 어떤 글에서건 이분의 단정한 인품을 느낄 수 있고 뜨거운 애국 충정심도 읽을 수가 있습니다. 건전한 사유와 구김 없는 삶의 자세가 일깨워주는 바는 실로 큽니다. 산수傘壽를 맞이하여 귀한 지시를 상재하는 권 장군께 거듭 축하하며 무인의 길, 문인의 길이 늘 광휘롭기를 빌어마지 않습니다.

2022년 4월

서문 2

이영순 시인 · 수필가
담쟁이문학회 회장

옛말에 '학자여우모성자여인각學者如牛毛成者如麟角'이란 말이 있다. 이는 학문에 뜻을 두고 시작한 사람은 쇠털같이 많으나 그 뜻을 이룬 사람은 기린의 뿔처럼 드물다는 말이다.

학자 집안 선비의 아드님으로 출생하여 남다르게 면학 열이 많은 권해조 선생님의 글을 읽다 보면, 격조 높은 글 속에 밑줄을 그어가면서 읽을 만한 훌륭한 글이라서 이분의 글을 대할 때마다 글쓰는 사람으로서 나는 늘 부러운 마음이다.

위대한 사람은 날마다 하루를 새롭게 시작한다는 말이 있다. 선생님이야말로 적지 않은 연세에도 날마다 새로운 공부를 게으르지 않게 최선을 다 하시면서 사시는 분이며, 남다른 인생관을 갖고 계신 분 같다.

글을 쓴다는 건 심오한 지성과 감성 속에서 나오는 정화의 길잡이요, 영혼을 깨우는 스승이라고 했다. 내가 아는 권해조 선생님은 최고의 명문 육사를 나와 국가가 인정하는 장군으로 예편하시고, 제2의 인생 이모작으로 교수와 작가의 길을 통해 많은 작품을 남기신 가운데 인생을 관조할 줄 아는 지성인으로서 멋진 분이시다.

유수와 같은 세월 속에 어느덧 선생님의 나이 팔순 '산수연傘壽宴'을 맞이하셨으니 선생님과의 인연도 참 오랜 세월이 흘렀다.

이번에 출간하는 선생님의 칼럼선집에 서문을 부탁받고 만감이 교차하였다. 주위에 훌륭하고 덕망 높은 분이 수없이 많음에도 불구하고 부족한 사람한테 서문을 부탁하신 것도 이분의 귀한 인품 가운데 아마도 오래 세월 속에 깊은 인연을 생각해 그러하신 듯하다.

산수기념 《권해조 칼럼선집》이 독자들에게 귀감이 되어 빛을 발하는 귀한 보물 같은 책으로 남길 바랍니다. 담쟁이문학회 자문위원이시고 훌륭하신 선생님의 가정과 남은 삶 속에 긴행하시길 비리면서 출간을 진심으로 축하드립니다.

2022년 4월

서문 3

권해조 칼럼선집에 붙여

안병국 비교문학가
전 선문대학교 인문외국어대학 학장

내 고향 출신 가운데 육사를 나와 장군이면서 글도 쓰는, 이른바 문무겸전文武兼全한 분이 계시다. 바로 괴운 권해조 장군이시다. 호號를 회화나무 괴槐, 구름 운雲, '괴운槐雲'이라 쓰기에 그 유래를 물었더니, 그의 16대 파조派祖 삼괴당三槐堂께서 관직을 마치고 임천林泉에 들어가 〈회화나무 세 그루〉 아래에서 학문을 닦으셨는데 "할아버지 후예後裔로 불초不肖하지 말라는 뜻으로 선고先考께서 지어주셨다"고 했다.

회화나무 이야기를 하다가 내 고향 마을 본가에도 큰 회화나무가 있어 선친께서 당호를 '괴헌槐軒'이라 한다 했더니, 괴운은 그것을 보고 싶다면서 내 고향 생가를 방문해 주기도 했다. 그 뒤 내 고향집 회화나무를 직접 보고 온 괴운은 "혹시 안 박사 집에는 그 노거수老巨樹 회화나무로 인해 어떤 효과가 있느냐, 이를테면 '자성적 예언' 내지는 '자기 충족적 예언' 같은 거" 하고 물으셨다. 그래서 나는 "이 회화나무 영향인지 집안에 일곱 명의 박사가 났다."고 했다.

그러자 괴운은 회화나무는 예부터 중국에서도 상서로운 나무로 생각하여 주나라의 관제를 기록한 〈주례周禮〉에 '면삼괴삼공위언面三槐三公位焉' — "세 그루 회화나무(槐)를 향하여 삼공三公이 자리한다."라는 구절이 있다고 소개했다. 모름지기 자신의 호나 당호에는 근거와 전거典據가 없지 않을 텐데 저 정도는 알아야 옳다고 할 수 있을 것이다. 회화나무는 궁궐이나 양반 고택 등에서 자주 볼 수 있는데 이 나무를 집안에 심으면 학자가 나온다고 전한다. 서양에서도 학자의 나무인 '학자수學者樹:scholar tree'로 알려져 있다.

아시는 대로 괴운은 합천군 대병면 성리에서 유학자인 설암雪嵒 선생의 4남으로 태어나 일찍부터 문장과 선비로서 법도를 익힌, 이른바 '과정이 있는 분'이다. 우리는 선대의 가르침을 제대로 받고 자라난 이에게 찬사로 "과정過程이 있으시다."라고 말한다. 이 말은 아는 사람은 알고 모르는 사람은 몰라 '현학적衒學的'이라는 오해를 받는 용어다. 〈논어〉 '계씨季氏'에 나온다.

일찍이 연암 박지원 선생의 둘째 아들 종채는 그의 아버지 연암에 대한 전기를 펴내면서 책 제목을 《과정록過庭錄》이라 했다. 집안의 뜨락을 오가며 보게 된 아버지의 모습 그 자체가 자식에게 큰 교육이 된다는 뜻이 함축돼 있다. 괴운에게도 적용된다고 하겠다.

직업군인 생활을 하면서 한학에 접할 기회가 많지 않았을 텐데, 선고장先考丈 설암으로부터 듣고 본 것이 무젖은 덕분으로 전역 후에도 배워 소화되는 것이 여느 사람보다 빨랐으리라 생각된다. 괴운이 칼럼을 쓰면서 취해오는 글감은 매우 다양하다. 동양과 서양, 옛과 지금… 굉장히 박람강기博覽强記하다. 나는 괴운을 만날 때 "괴운 사백詞伯님의 글을 읽고 많이 배우고 있습니다."고 말한다. 수필가로 등단, 문필활동도 하는 그의 글을 두고 지인 한분은 "촌철살인寸鐵殺人의 섬광이 일고 우국의 충정이 맺혀있다."고 평가했다.

괴운의 글은 특정 분야로만 치우쳐 있지 않다. 사회, 문화, 경제, 군사, 스포츠에 이르기까지 다양하다. 고전분야로만 한정해 보아도 그가 취해 오는 경우는 사서오경, 제자백가, 불교경전 등 다방면이다. 독서편력遍歷이 만만하지 않다. 그것은 그의 칼럼 곳곳에 고스란히 형상화되어 있다. 또한 어느 것이든 전고典故에 한 치 소홀함이 없을 뿐만 아니라 다분히 의고적擬古的 유장미悠長美마저 느껴진다.

언젠가 그가 카톡에 성독聲讀한 〈논어〉 영상을 올렸기에 그것을 계속해보라고 권유한 적이 있다. 내력來歷이 있고 과정이 있는 가문에서는 조부님의 성독을 자장가 삼아 들으며 자랐다고 할 수 있다. '성독'이란 〈출성독서出聲讀書〉, 곧 서책을 소리 내어 읽는 것을 말한다. 특히 경서들을 읽을 때 완급을 조절하여 글의 뜻을 마음속으로 묵회默會하며 읽는 방법이다. 유학자 집안에서 자라온 이에게는 옛 기억을 불러일으키는 〈소리〉다. 초가집 처마에 떨어지는 낙숫물 소리와 겨울밤을 흔드는 문풍지 소리마냥 우리에겐 자장가처럼 정이 담뿍 배인 소리다. 반가班家의 내당內堂에서는 어머님이 소리 내어 읊는 가사, 사랑방에선 아버지와 할아버지의 경서 성독은 향수요, 그리움 그 자체라 할 수 있다.

괴운의 글은 정확하다. 센텐스가 짧아 긴장감이 있다. 간결하고 너절하지 않다. 언젠가 괴운은 고향 신문에 〈팔십종수八十種樹〉라는 제하의 글을 실은 적이 있다. "예부터 '예순에는 나무를 심지 않는다六十不種樹'

고 했는데, 하물며 팔십이랴." 하고 내가 물어 보았다. 그때 괴운은 "정승을 지낸 어떤 이가 80세에 물러나 고향에서 지낼 때 종을 시켜 밤나무를 심게 했다. 이웃 사람이 연세가 여든이 넘으셨는데 너무 늦은 것이 아닐까요?" 하고 웃었다. 그렇게 말하자 노 정승은 "자손이나 이웃에게 남겨준대도 나쁠 건 없지 않은가?"하고 말했다고 소개했다. "무엇이든지 시작해보자"는, 후손을 위한 선대의 교훈을 에둘러 표현한 것이 아닌가 생각된다.

"오늘 하루를 유익하게 보낸 사람은 하루의 보물을 파낸 것이고, 오늘 하루를 헛되이 보냄은 내 몸을 헛되이 소모하고 미래의 보물을 심지 않은 것"이라면서 그 득실을 이야기 한다. 퇴계는 돌아가시기 직전에 "매화에 물 주어라."는 부탁을 했다 한다. '팔십종수'나 '매화에 물주라'는 것이나, "내일 이 세상의 종말이 올지라도 사과나무 심겠다."던 어느 철인哲人의 의지와 모두가 다를 것이 없다. 어떤 경우라도 나의 할 일을 하겠다는 의미로 해석된다. 결과와는 상관없는 삶을 살아야 옳다. 그것은 생사여일生死如一의 마음가짐이다. 유명간幽明間을 무론하고 일이관지一以貫之 · 초지일관初志一貫하겠다는, 나는 나의 일에 "성심을 다 하겠다."는 의지의 표현이리라.

괴운이 칼럼 속에 〈묵자墨子〉를 인용했다. 그는 "때와 장소를 가려라. 지혜로운 이는 자신의 능력을 함부로 쓰지 않는다."고 전제하고, "영리한 사람은 허점을 보이지 않고 언제 자신의 능력을 발휘할지 때와 장소를 가릴 줄 안다. 경거망동하지 않는다."고 하였다. 그것은 선대의 교훈인 수기치인修己治人 내지는 신독愼獨의 실천이 아닌가 생각된다. 남을 다스리기 전에 자신의 몸가짐부터 바르게 하고, 오히려 남이 보지 않을 때일수록 더욱 삼가는 그 자세 - 그것은 말처럼 쉽지 않은 것이다. 그리고 또 "겸손하고 겸허한 태도로 마음을 열어라."고 말하면서 "장강長江과 황하黃河는 작은 물줄기를 마다치 않아 큰 강을 이뤘다"고 소개하였다. 이사李斯의 〈상진황축객서上秦皇逐客書〉에 나오는 '태산은 한 줌의 흙이라도 사양하지 않았기에 능히 그 큼을 이루었다泰山不辭土壤 故能成其大'는 말과 곡조만 다를 뿐 같은 기교인 셈이다. 묵자는 다른 사람의 작은 비평도 기꺼이 받아들이는 태도야말로 타인의 장점을 흡수해 정진하는 가장 빠른 길이라 했다. '겸손'은 삶에서 가장 중요한 태도다. 제아무리 뛰어난 이도 이 넓은 세상에 비하면 보잘 것 없을 뿐이다. 괴운도 "항상 낮은 자세로 정진해야 한다."는 당부를 늘 잊지 않는다.

괴운은 군 장성 출신답게 '안보'는 국가의 생존과 번영을 호흡시키는 공기 중의 산소라고 전제하고, "산소가 부족하면 인체의 뇌가 먼저 죽는다… 안보가 없으면 나라에서 국체가 뇌사腦死한다. 국체가 뇌사하면 국민도 살지 못한다."라고 주장하며 안보의 중요성을 자주 언급하기도 했다. 그리고 "천하가 태평해도 전쟁을 잊으면 반드시 위태롭다."라는 사마양저司馬穰苴의 말과, 다산茶山의 "군사는 백년에 한번 쓰지 않을 수도 있지만 하루도 소홀히 하면 안 된다."라는 말, 로마의 베제티우스Vegetius의 "평화를 원하거든 전쟁에 대비하라."는 명구名句 등을 인용하여 군 지장智將다운 모습을 보여준다. 그것은 우연한 일이 아닐 것이다.

육사 24기로 임관한 괴운은 전후방 각급부대와 주한미연합군사령부에서 지휘관 및 참모직을 두루 역임했다. 또 월남전에 참전했고, 태국과 일본대사관의 국방무관으로도 근무했다.

그의 오랫동안 군사외교관으로 활약한 이력을 보아도 작전에 뛰어난 '지장'이었고, 지덕智德을 겸비한 '학자장군學者將軍'이라 부름에 조금의 과장도 아니라고 할 수 있다.

괴윤이 쓴 칼럼들이 우리가 밑줄을 그어가며 읽는, 교양을 증진시키고 공부가 되는 글로 연면하기를 빈다. 더욱 건필을 기대한다.

2022년 4월

■ 목차

제1부 살며 생각하며

제2부 보고 듣고 느끼며

제3부 추억과 향수鄕愁에 젖다

제4부 세상과 나라 걱정

제5부 고전에서 배우다

槐雲

權海兆

제1부
살며 생각하며

아름다운 말을 사용하자

국어사전을 보면 말이란 “사람이 사상 감정을 나타내는 소리, 즉 인류가 사상 감정을 표현하고 교환하는 수단으로 음성을 쓰는 것”으로 나와 있다. 조선 후기 김만중의 서포만필西浦漫筆에도 “사람의 말과 마음을 같은 것의 안팎에 지나지 않는다.”라 하였다. 이는 말 속에 생각과 느낌이 담겨 있고, 생각과 느낌 속에 말이 자리 잡고 있음을 설명하고 있다.

따라서 우리는 상대방이 말할 때 얼굴 표정이나 음성의 높낮이만 보아도 상대방의 마음을 읽을 수 있다. 상대방의 말에 성의가 있고 설득력이 있으면 나의 폐부를 찌를 수도 있고, 말의 앞뒤도 안 맞고 같은 말을 자꾸 되풀이하면 잔소리로 들리는 경우도 있다. 이와 같이 말言語은 인간 생활에 있어서 대단히 중요하다. 그리고 무심코 던진 말 한마디가

한 사람의 운명을 바꾼 실화도 많다. 특히 감수성이 예민한 청소년들에게는 더욱 그러하다.

첫째, 말은 무한한 능력을 가지고 있다. 우리는 학창시절 담임선생의 따뜻한 격려 한마디가 무한한 창조력을 발휘하여 자기의 직업 선택과 일생의 운명을 바꾼 일화를 많이 듣고 있다. 그리고 연애시절 '난 당신을 좋아해, 사랑해' 란 말 한마디가 배우자로 선택한 기회가 될 수도 있고, 병문안 가서 환자에게 '건강이 많이 좋아져 보입니다.'란 말 한마디가 치유에 큰 도움이 된다는 사실을 잘 알고 있다. 또한 어린아이에게 꿈과 희망을 주는 칭찬의 말은 올바른 길을 가게 하고, 친구와 약속한 말은 구속력과 통제력을 갖고 있다. 그리고 상대방과 대화 중 제 3자를 험담하면 나와 상대방, 제 3자를 죽이는 파괴력을 가지기도 한다. 따라서 말은 우리 인간에게 미치는 영향이 대단하며 위대한 힘을 가지고 있다. 함부로 뱉은 말 한마디가 비수匕首가 되지만 슬기로운 사람의 혀는 남의 아픔을 낫게 한다. 때에 맞는 말 한마디가 긴장을 풀어주고 사랑의 말 한마디가 축복을 준다.

둘째, 착하고 아름다운 말은 인생을 새롭게 변화시켜 준다. 착하고 부드럽고 아름다운 말을 사용하면 생각이 바뀌고 마음도 고와지며 인간관계도 달라진다. 우리는 '아름다운 꿈결, 무지갯빛, 분홍빛 꽃잎' 등 말만 들어도 마음이 아름다워진다. 최근 영국 문화협회가 조사한 가장 아름다운 영어는 어머니mother, 열정passion, 미소smile라고 한다. 우리나라는 은근, 끈기, 기다림, 배려, 사랑, 존경 등을 들고 있다. 상대방에게 '미안해요. 고마워요, 사랑해요'라는 간단한 말 한마디가 대화의 분위기를 바꾸고 마음까지 고와지며, 행복하고 창조적인 인생으로 바꿀 수 있다.

셋째, 불결한 말 속에는 질병이 있다. 사람 중에는 입만 벌리면 불평만하고, 남을 비방하거나 거짓말을 하는 자, 상대방에게 아첨하거나 자기 주장도 없이 상대방의 의견에 무조건 순종하는 자들도 있다. 이들은 대부분 피해의식, 열등의식, 교만, 가정불화, 배신감 등 본인도 모르는 질병의 소유자 들이다. 옛날부터 우리나라도 인재를 등용할 때 신언서판身言書判을 평가요소로 사용하였고, 언행일치言行一致를 강조하였다. 그리고 우리는 역사를 통하여 뛰어난 영웅들의 언변술과 명연설을 알고 있다. 나폴레옹이 오스트리아를 공격 시 알프스를 넘기 전에 부하들에게 한 연설이나, 링컨이 남북전쟁 당시 행한 연설, 서희 장군이 거란 침공 시 적장과 담판으로 적을 물리친 일화는 너무나 유명하다.

우리 인간은 눈만 뜨면 잘 때까지 말을 한다. 물론 말솜씨는 타고난 천성으로 볼 수도 있다. 그러나 비록 말을 직업으로 하는 웅변가, 변호사, 목사가 아니라도 누구나 입으로 상대방에게 의사전달을 한다. 따라서 상대방에게 나의 의사를 전달할 때 최소한 다음 몇 가지를 유념할 필요가 있다.

첫째는 상대방의 입장에서 말을 해야 한다. 상대방이 학생인지 자녀인지 친구인지 선배인지 잘 구별하여 적합한 말을 사용해야한다.

둘째는 나를 전달하는 법을 쓰라. 내가 누구인지 나의 위치를 잘 알고 상대방에게 나의 감정을 전달해야한다.

셋째는 성실한 태도와 감사하는 마음으로 표현해야한다. 모든 면에서 성실성이 있고 매사에 감사의 뜻이 포함되도록 노력해야 한다.

넷째는 상대방을 기쁘게 하라. 칭찬을 아끼지 말고 기쁜 말은 복 받는 말이다.

다섯째는 긍정적이고 진실한 말을 해라. 긍정적인 사고와 진실성 있는 대화가 중요하다. "말이 바뀌면 사고가 바뀌고, 사고가 바뀌면 행동이 바뀌고, 행동이 바뀌면 운명이 바뀐다."라는 말이 있다. 우리는 밝고 건강한 미래를 위하여 아름답고 부드럽고 겸손한 말을 사용하자.

2005. 3. 10. 합천신문

마음의 행복을 누리려면

사람은 누구나 행복을 추구하고 있다. 행복(幸福: Happiness)이란 욕구가 만족되어 부족함이나 불안감을 느끼지 않고 안심하는 심리적인 상태를 의미한다. 따라서 인간세계에서 가장 귀하고 이상적인 삶을 한 단어로 표현한다면 행복이라 할 수 있다.

최근 여러 매스컴에도 행복이란 무엇이며, 행복해지기 위해 어떤 삶을 살아야하는 방법을 제시하는 글이 많이 나오고 있다. 영국 BBC의 행복헌장 17가지에는 "친구가 있어야 행복하다. 행복은 돈으로 살 수 없다." 등을 제시하였다. 그리고 행복을 얻기 위한 12가지 방법은 좋아하는 일을 하라. 친구와 가족을 위해 시간과 노력을 투자하라. 현재를 즐겁게 생활하라. 취미생활을 하고 스트레스를 풀어라 등이다.

일찍이 유치환 시인도 행복이란 시에서 "사랑하였으므로 나는 진정

행복하였네라"하였고, 최근 영국 심리학자 캐럴 로스웰Rothwell은 개인 성격, 삶에 대한 관점, 적응 능력, 건강 및 생활조건, 자존심 등을 고려하여 행복지수를 발표한 바가 있다. 달라이 라마는 〈행복 론〉에서 부, 지위, 건강 같은 외적 요소보다 내면의 만족감을 중시하고 자신의 가치를 깨닫는 마음으로 행복을 찾는 방법을 제시하고 있다.

진정한 행복은 육체적인 쾌락이 아닌 마음과 가슴과 깊은 관계가 있으며 고통이 없는 해탈의 단계에 이를 때 가장 행복하다고 말하고 있다. 심리학자 에이브러햄 매슬로Abraham Maslow도 사람의 욕구는 어느 단계에 도달하면 계속 더 높은 단계를 기준으로 삼기 때문에 절대적인 행복은 존재할 수 없다고 보았고, 극작가 스티븐슨도 사랑의 편지에서 "행복은 현재의 자리에서 감사하는 마음으로부터 시작된다."고 하였다. 따라서 행복은 자신이 현재 상황을 어떻게 받아들이며 자신이 가진 것에 얼마나 만족하는가에 달려있다. 그리고 행복은 극히 주관적이고 상대적인 양면성을 가지고 있기 때문에 보는 관점에 따라 다르다. 법률면에서 보면 행복추구권이 있어 누구든지 동등하게 행복해질 권리를 가지고 있다. 경제면에서도 GDP 수치가 높은 국가라고 행복하지는 않나. 종교 면에서도 행복은 물질적인 면보다 정신적 면을 추구하고 있다.

행복은 개인의 몸과 마음의 조화에서 비롯되지만, 사유물이 아닌 공유성의 특성을 가지고 있어 개인의 행복에서, 부부, 형제, 가정의 행복, 사회 국가의 행복, 세계의 행복으로 확장된다. 특히 행복은 마음의 평안, 건강, 원만한 인간관계, 건전한 정서생활, 보람된 목표와 이상, 자아 발견 실현의 모든 요소를 조화롭게 갖추어야 진정한 행복으로 볼 수 있다.

근래 젊은이들에게 확산되고 있는 우울증 증세도 행복감을 잃은 절망감에서 온다고 한다. 올해는 1세기만에 불어닥친 경제 금융위기로 전 세계가 불황의 늪에 빠져있다. 이런 시기에 자칫하면 이성을 잃고 시름에 빠질 염려가 있다. 이런 불황에 어떻게 하면 행복해 질 수 있는가 생각해보고 스스로 마음의 위로를 찾아야 한다. 일찍이 신라 원효대사가 주창한 일체유심조一切唯心造란 말처럼 모든 것은 생각과 마음먹기에 달려있다는 것이다. 완전한 행복은 마음에 찬 행복이다. 나는 행복하다. 행복해 질 수 있다는 믿음과 본인 스스로 마음속의 행복을 만드는 것이 무엇보다 중요하다.

인간은 누구나 행복을 추구하고 있다. 그리고 행복의 기초는 긍정적인 사고와 감사하는 마음에서 시작된다. 진정한 행복을 누리기 위해서는 열등의식 같은 부정적인 감정을 제거하고 각종 스트레스 방지와 적극적이고 긍정적인 정신자세가 필요하다. 인생 새옹지마塞翁之馬란 말처럼 불행도 행복으로 바뀔 수 있다. 지금의 처지가 다소 불행하더라도 다시 행복해질 수 있다는 마음가짐이 중요하다.

행복하면 웃음이 나오고, 웃으며 즐겁게 살면 곧 행복이다. 새해를 맞아 모두가 목표를 조금 낮추고 '나는 행복합니다, 감사합니다.' 라는 말을 자주 사용하여 마음으로부터 느끼는 진정 행복한 삶을 누리기 바랍니다.

2009.1.19. 국방일보

주법酒法과 주도酒道

음주는 인류 역사와 함께 오래된 문화 중의 하나이다. 술은 즐거워도, 속상해도 외로워도 마시며, 어느 시대, 사회에서나 애용되었다. 그런데 최근 우리 음주문화의 문제점이 크게 부각되고 있다. 지난 5년간 우리나라 교통사고 통계에서 음주운전이 가장 많았고, 결혼이주 여성의 가장 큰 어려움도 남편의 음주폭행이다. 그리고 국가별 술 소비량도 한국이 1위국이며 해외에 나가서도 한국식 술판을 벌려 나라를 망신시키고 있다. 그동안 술에 비교적 너그럽던 우리 사회의 관습이 도마에 오르고 주폭酒暴 퇴치운동이 국가 사회적으로 일어나면서 경찰도 '주폭과 전쟁'을 선포하게 되었다.

술이 동서양 없이 애용되면서 주법과 음주문화도 다양하다. 중국은 수천 년간 차와 함께 해온 기호품이요, 생필품으로 기름진 음식과 함께 숭늉을 마시듯 상음常飮하고 있다. 독일은 석회석 때문에 물 대신 맥주를 만들어 마시고 프랑스는 포도주를 만들어 마신다. 그래서 음주가 생활의 일부로 대화 수단으로 즐기며 법은 잘 지킨다. 일본은 통상 술을 조용히 마시며 강요하거나 술잔을 돌리지도 않는다. 그러나 미국은 1920년대 대공항 후 금주령을 내릴 정도로 알코올 공화국 악명 때문에 규제가 엄격하고, 러시아는 독한 보드카를 즐긴다.

고대 중국에서 처음 술을 만들었을 때에 임금이 이를 맛보고 이 때문에 패가망신할 자가 많이 나오겠다고 하였다 한다. 그러나 술은 가장 신성한 음식으로 숭상하여 술이 없이는 제사를 못 지내게 하였다. 그만큼 술은 받들어 조심스럽게 잘 마시라는 뜻도 들어있다. 그리고 옛적에 향음주례에서는 술을 한잔 마시려면 백번 절을 한다 하였다.

우리나라 음주는 삼국시대 이전까지는 귀족들의 전유물이었고, 고려시대는 사찰중심으로, 조선시대에는 지방마다 명주가 등장되고, 향음주례鄕飮酒禮가 주요 모델이었다. 세종의 계주교서誡酒敎書, 광해군, 효종, 영조, 순조의 금주령이나 주자 10훈에 술에 취했을 때 말을 함부로 하면 술 깬 후에 후회한다는 취중망언성후회醉中妄言醒後悔가 있듯이 조선시대에는 주법과 주도를 중시하였다. 최근 우리나라의 음주유형도 다양하다. 약한 맥주에 독한 양주나 소주를 탄 폭탄주, 큰 그릇에 여러 술을 섞어 돌려 마시는 공동운명 주, 술에 불을 붙여 마시는 화주火酒, 여러 잔을 한사람에 집중 돌리는 TOT주, 노털카 벌칙주법까지 등장하고 있다.

세계인의 주법酒法은 통상 3대문화권인 세 가지 형태로 분류된다. 첫째는 서양 사람들이 즐기는 자기가 부어 자기가 마시는 독작獨酌문화요, 둘째는 우리나라 고유인 술잔을 주고받는 수작酬酌문화로 한잔 술에 입을 대고 나누는 동심일체 정신과 결속의미가 내포되어있다. 셋째 중국, 러시아에서 유행하는 술잔을 들고 축원하는 말을 하고 마시는 대작對酌문화이다. 모든 주법에는 축배의 뜻이 내포되어 있다.

그리고 술을 마실 때 통상 술잔을 완전히 비우는 건배(乾杯: Bottom Up)와 잔을 비우지 않는 축배祝杯가 있다. 또한 술잔을 맞대는 소리로 서로 마음이 통하여 친근감과 유대감의 표시 수단으로 잔을 부딪치고 있으며, 이때 축배나 건배 구호를 외치고 있다. 구호는 나라와 모임 장소에 따라 다양하나 통상 '잔을 비운다'는 뜻인 건배 구호가 세계 각국에서 널리 공용되고 있다. 건배란 서로 술잔을 들어 건강과 행운을 빌고 축복을 나누면서 술을 마시는 것이다. 통상 〈건배!〉 〈위하여!〉를 사용하며, 세계적으로 가장 널리 사용하는 건배 구호는 '당신의 건강을 위하여'이다. 중국은 칸페이, 일본은 간빠이, 북한은 쭈우욱, 프랑스는 아보트로 상태, 소련은 나르드 로오비에, 독일인은 쁘로지트Prost, 미국은 치어스Cheers, 스페인은 살루트 salud가 널리 사용한다.

최근 우리나라는 단체회식 때 지화자(지금부터 화끈한 사리를 위하여), 통통통(의사소통, 운수대통, 만사형통)이, 송별회에는 변시또(변함 없는 사랑으로 또 만납시다)가, 친구끼리는 사우나(사랑과 우정을 나누자), 니나노(니랑 내랑 노래하고 춤추자)가, 연인끼리는 당나귀(당신과 나의 만남을 위하여), 사이다(사랑합니다. 이 생명 다해, 다시 태어나도)가, 나가자(나라와 가정과 자신을 위하여), 진달래(진하고 달콤한 내일을 위하여), 재건축(재미나고 건강하게 축복받으며 삽시다), 당신 멋져(당당하게 신나게 멋지게 져주며 살자) 등이 애용되고 있다. 그리고 최근 성희롱에 빗대어 오바마(오빠, 바라만 보지 말고 마음대로 해)까지 나오고 있다.

골프 모임에서도 올 보기(올해에도 보람 있고 기분 좋게 지냅시다) 올 파파올(해도 파이팅하고 파이팅 합시다)가 있고, 그밖에 4자 성어 구호로 조통세평(조국통일, 세계평화), 구구팔팔(99세까지 팔팔하게 살자), 외국 용어로 라틴어인 카르페 디엠(Carpe diem: 현재를 즐기자), 메아 쿨파(Mea culpa: 내 탓이오) 등이 있다.

술은 술술 잘 넘어간다고 술이라고 했다는 속설도 있지만 '불타는 듯한 화끈한 물'의 의미인 수불 水火에서 수울을 거쳐 술로 된 것으로 알려져 있다. 술은 서양에서는 생명수, 소학小學에서는 광약狂藥으로 규정했듯이 천사와 악마의 양면성과 차가운 이성과 뜨거운 감성을 대변하는 이중성이 있다. 그리고 잘 마시면 약이 되고 잘못 마시면 독이 되는 양면성이 있다. 현대사회로 올수록 술자리가 많아지고 술 마시는 방법인 주법酒法과 술자리에서 지켜야 할 도리인 주도酒道가 중요시되고 있다. 따라서 술의 본성을 이해하고 건전한 음주문화를 정착시키는 것은 개인, 가정, 사회, 국가를 위한 민주시민의 바른 길이다.

2012.9.1. 능동춘추

농담弄談과 해학諧謔

우리는 흔히 실없는 말, 농지거리 하는 말을 농담(弄談: joke)이라 하고, 익살스럽고 품위가 있는 말을 해학(諧謔: humor)이라 부르고 있다. 우리나라는 예부터 고금소총古今笑叢이나 해학소설諧謔小說 등 해학문화가 유행했다. 지금도 '재치 있는 유머가 당신의 인생을 바꾼다.'란 캐치 프레이즈 아래 베스트Best유머, 문화의 배반자 유너, 유너커뮤니케이션 이해총시, 유머1번지, 유머모음, 간단유머, 최신유머, 고급유머, 유머시리즈, 유머 품격, 유머 기술 등 유머 책들이 발간되어 인기를 끌고 있다.

그리고 최근에 '애인 버전, 4대 거짓말, 우기는 데는 못 배겨, 여자의 상품가치, 부부 잠버릇, 정치인과 개의 공통점, 선생님 시리즈, 유머건

배사' 등 다양한 재미있는 유머 시리즈 모음이 인터넷이나 카톡방을 통해 많이 전파되고 있다.

유머란 원래 고대 생리학에서 인간체내를 흐르는 혈액, 점액, 담즙, 흑담즙 등 4가지 종류의 체액을 의미 했는데, 이런 체액의 배합정도에 따라 사람의 기분과 기질이 변한다고 믿었다. 유머는 웃을 때 주어지는 메시지에 반응하는 것으로 웃음을 통해서 지나친 긴장상태를 완화해 준다. 그리고 유머는 삶에 활기를 넣어주는 긍정의 힘을 가지고 있으며, 익살스럽고 품위가 있는 말이나 행동으로 넌센스, 재치, 풍자, 심술궂은 쾌락 같은 여러 기술요소가 수반된다.

유머는 21세기에도 가장 중요한 키워드key word가 되고 있으며, 감각이 뛰어난 정치가나 유명 인사들이 크게 각광받고 있다. 특히 링컨, 처칠, 레이건 같은 유명 정치인이나 정주영 회장 등 유명 인사들의 유머도 많이 회자되고 있다.

외모가 원숭이처럼 못생긴 링컨 대통령이 어느 유세장에서 상대 후보가 링컨에게 " 당신은 두 얼굴을 가진 이중인격자야 !"라고 하니까 링컨은 "정말 두 얼굴을 가졌으면 이 중요한 자리에 왜 못생긴 얼굴을 가지고 나왔겠습니까?" 반문하여 그 덕분에 많은 표를 얻었다고 한다. 세계 역사상 가장 많은 유머사례를 남긴 윈스턴 처칠이 말년에 어느 기자가 "내년에도 건강해 뵈었으면 좋겠습니다."라고 하니까 처칠은 "자네는 아직 건강해 보이는데, 내년까지 충분히 살 것 같아. 걱정 말게"라고 했다. 또한 여든이 넘어 어느 모임에 참석했는데 한 여성이 "바지 지퍼가 열렸군요."라고 하니까, 처칠은 당황하지 않고 "걱정 마셔요, 죽은 새는 결코 새장 밖으로 나올 수 없으니까요."라고 대답했다고 한다.

또한 1930년대 일본 수상을 지낸 한쪽 눈이 없는 이누가이 츠요시犬養毅 외상이 중의원에서 연설할 때 한 야당의원이 "당신은 한쪽 눈밖에 없는데 어떻게 복잡한 국제정세 돌아가는 것을 제대로 다 볼 수 있느냐"라고 인신공격성 발언을 퍼부었다. 이누가이 외상은 전혀 당황하지 않고 "의원님께서는 일목요연一目瞭然이라는 말도 모르십니까?" 라고 즉각 되받아쳤다. 상대 의원은 얼굴이 붉어지며 몸 둘 바를 몰라 쩔쩔맸다고 한다. 현대그룹 정주영 회장도 어느 날 한쪽 눈에 안대를 끼고 회의에 참석하자 누군가 "회장님! 많이 불편하시겠습니다."라고 하니까 정 회장은 "아니, 오히려 일목요연一目瞭然해 보이는데."라고 대답하였다고 한다.

이와 같이 유머는 질병을 치료하고, 좋은 인간관계를 만들며, 사람들을 행복하게 해준다. 그리고 유머를 잘못 사용하면 독毒이 될지 모르지만, 잘만 사용하면 인간미를 갖게 하는 묘약이라 할 수 있다.

2020. 2.1 안동권씨 종보

호주제와 간통죄 폐지를 보고

우리나라는 옛날부터 동방예의지국東邦禮儀之國으로 가정家庭을 중시하였다. 그 결과 오랫동안 성본제도姓本制度를 발전시켜 만세일계萬世一系의 가족문화를 가지고 있으며, 특히 성본 종중宗中이 집성하여 혈통의 소사小史로 자손대대로 세전世傳하고 있는 족보族譜는 우리의 소중한 문화자산이다. 그러나 2008년 호주제에 이어 2015년 올해부터 간통죄까지 폐지되어 가족문화에 많은 변화가 예상된다.

먼저 지난 2008년 1월 1일부터 호주제가 폐지되고 '가족관계 등록법'이 시행되었다. 지금까지 호주戶主중심으로 가家단위 호적을 편제하던 방식을 버리고 개인별로 가족관계 등록부를 작성하는 제도이다. 그리고 자녀의 성姓과 본本은 종전까지는 아버지를 따름이 원칙이었으나, 지금은 혼인 신고 때 자녀의 성본을 모성母姓으로 하기로 합의하면 모성을 따를 수 있고 어머니가 재혼, 삼혼하여 전부前夫의 자녀를 데리고 갈 경우 새 의부義父의 성으로 바꿀 수도 있게 되었다.

가족관계 등록법 시행취지는 양성평등의 헌법이념을 구체화 한 것으로 가家의 근거지로 호적이 편제되던 본적 개념이 바뀌고, 가족들의 개인정보 유출을 막고, 신고지 직접처리 간편성 등의 장점도 있다. 그러나 호주 주도의 가도家道 소멸, 친족윤리 붕괴, 직계존비속 가족부 제척除斥, 재혼자녀 혈통 성본 불일치, 주민등록과 호적상 기록 차이 등의 단점도 많다.

교육부는 올해부터 재혼가정의 민원을 반영하여 초중고교생들의 생활기록부 학적부에 재혼한 가정의 학생이 실제 함께 살고 있는 부모의 이름을 기록하도록 지침을 바꾸었다. 작년까지만 해도 부모의 인적사항은 무조건 가족관계 증명서에 따르도록 하여 오래전에 이혼한 친부, 친모의 이름을 모두 기록했으나, 올해부터는 친권자인 부모 중의 한명의 동의를 받아 부父 또는 모母와 혼인관계에 있는 배우자를 입력하여 친권자가 아닌 부모의 이름은 삭제할 수 있도록 하여 새 가정과 학생의 고통을 덜게 하였다. 현재 우리나라의 이혼율은 증가 추세에 있으며, 2013년 전체 혼인 건수 32만 2,807건 가운데 재혼이 6만 7,120건 20.8%에 달하고 있다.

다음은 지난 2월 26일 헌법재판소가 '간통죄는 성에 대한 국민의 법감정이 변화하고 처벌의 실효성이 의심되어 위헌'이란 결정을 내렸다. 이처럼 선량한 성도덕, 일부일처주의 유지, 가족제도 보장, 여성 보호 등의 명목으로 1953년 제정된 간통죄가 62년 만에 폐지되었다. 그동안 간통죄에 대한 헌법재판소 결정은 1990년부터 다섯 번째다. 1990년과 93년은 재판관 9명 중 6명이 합헌을 내렸고, 2003년 8명, 2008년은 4명이 합헌을 주장했으나 이번에는 7명이 위헌을 주장했다. 2008년 이후 간통죄 기소자가 5,466명이며 그 가운데 2,973명이 유죄 확정되고 600여 명이 재판 중에 있다 한다. 이들은 공소취하와 재심청구 구제혜택을 받을 수 있게 되었다.

이번 판결은 우리사회 성의식의 변화 등 여러 의미를 내포하고 있다. 물론 불륜 조장, 가정 파탄 등의 우려의 목소리도 높지만 사생활 자유, 성적 자기결정권 등을 내세워 일부 이슬람국가를 제외하고 대부분 세계 선진국들도 폐지 추세에 있다. 간통죄는 애정과 신의가 깨진 배우자를 사랑하도록 국가가 강제법으로는 한계가 있으며, 부부간에 갖추어야 할 신뢰와 책임을 국가 형벌에만 맡기는 것은 옳지 못하다는 판단이다. 따라서 간통은 윤리적 비난과 도덕적 회오悔悟의 대상이지 범죄는 아니어서 간통죄가 더 이상 가정과 여성의 수호신의 방패로 하기 에는 어렵게 되었으며, 건강한 사회에서 높은 윤리의식만이 가족의 가치를 담보할 수 있다.

간통죄 폐지로 성 풍조 조장 등의 부정행위가 우려되지만 가족관계가 달라질 것은 없다. 가족에 대한 가치의식은 간통죄 존치로 생성되거나 소멸되지 않는다. 지금까지 가족은 국가조직의 기본단위로 인식되어왔고, 간통죄는 가족을 보호해 사회질서를 유지하기 위한 필연의 선택이었다. 따라서 간통죄가 폐지되었다고 부정행위의 용인 의미는 아니며 간통부정행위에 대한 이혼이나 위자료 청구 등 구체적인 민사책임은 법원의 몫으로 남아 있다.

결론적으로 호주제와 간통죄 폐지가 국가에서 실정법으로 제도화 하였으니 부작용에 대한 정부의 보완책도 필요하겠지만 국민들은 잘 따를 도리밖에 없다. 그러나 호주제가 폐지되어도 우리의 소중한 자산인 족보는 보완 계승 발전시켜야 하며, 우리나라 최초의 족보인 성화보成化譜를 간행한 안동권문이야 말로 혈통을 지키고 조상을 존경하는데 앞장서야 할 것이다. 그리고 간통죄가 폐지되어도 성실한 자세로 서로 사랑하고 신뢰하는 부부의 원칙을 지키고 민주 사회 구성원의 일원으로 화목한 가정을 가꾸어야 한다.

2015.6.1. 안동권씨 종보

여성의 날 단상

오늘은 3월 8일, 여성의 날이다. 그리고 우리나라 최초 여성대통령을 모시고 2013년 장교합동임관식을 갖는 뜻깊은 날이다.

여성의 날은 지금부터 105년 전인 1908년 3월 8일 미국 여성노동자 1만 5천여 명이 참정권과 노동조합 결성의 자유를 요구하며 벌린 대규모 시위를 기념하기 위하여 만들어 졌다고 한다. 1975년부터 멕시코를 시작으로 전 세계에서 5년 주기로 '세계여성대회'를 개최해왔으나, 1995년 제 4회 중국 베이징 대회를 끝으로 아직 열리지 않고 있다. 러시아 우크라이나 등 몇몇 국가는 국가 공휴일로 지정하고 있으며, 중국은 '부녀절婦女節'이라며 직업여성들에게 유급휴가를 주고 있다. 우리나라는 1987년부터 한국여성단체연합 주관으로 매년 '한국여성대회'를 열어왔다. 올해는 기념식에서 '2013 여성, 빈곤과 폭력 없는 세상'을 슬로건으로 3대 약속과 9개 정책과제가 담긴 '3.8 선언'을 발표하였다.

최근 전 세계적으로 여성의 활동이 많아지고 정치, 경제, 사회, 문화 등 모든 분야에서 여성들의 활동이 두드러지고 있다. 그러나 우리나라 여성은 오랫동안 전통사회에서 가부장권 확립으로 남성에 예속되거나 사회적 경제적 역할에 제한을 가져왔다. 그래서 그런지 아직까지 대졸 여성 고용률이 개발도상국OECD에서 노르웨이 84%, 미국 76%, 일본 67%에 우리나라는 60%로 최하위권이다.

그러나 우리나라도 근래 사회적 분위기가 옛날 남존여비에서 남녀평등을 거쳐 여성 전성시대, 여성 상위시대로 변모하고 있다. 최근 기업 여성 CEO를 포함하여 여성 국회의원, 여성장관, 여성대법관, 여성 교장, 총장, 여성 경찰, 여성 장교와 장군, 여성 아나운서, 여성 감독, 여성 의사 여성 문화예술인 등 각계각층에 여성저명인사들이 많다. 특히 박세리, 신지애, 최나연 등 여자 골퍼, 피겨여왕 김연아, 여자 스케이팅 이상화 선수, 여자 양궁, 여자 바둑, 여자 권투선수까지 스포츠에도 두각을 나타내고 있다.

통계청에 따르면 지난해 2012년 20대 여성경제활동 참가율이 62.9%로 남성 62.6%를 앞질렀고, 초등학교 교사도 90%이상을 차지하였다. 작년도 여자 학군단ROTC도 7개 대학으로 확대하여 정원을 220명으로 증가하는 등 사회 전반에 거센 여풍女風이 불고 있다.

특히 올해는 헌정사상 첫 여성대통령 시대가 시작되면서 군, 검찰, 법원 등 권력기관을 포함한 주요직역에서 여성의 추월이 두르러지고 있다. 28일 법무부에 따르면 이번에 신임 검사 50명 가운데 여성이 32

명이며, 여성 법관도 2,689명 중 732명으로 27%를 치지하고 있다. 제19대 국회의원 298명 가운데 여성 의원이 45명, 100대기업 여성 임원 33곳에 114명, 공공기관의 여성 임원도 약 8%인 263명이다. 오늘 초임장교 임관식에서 대통령상 수상자 8명 가운데 육군사관학교 양주희 소위, 국군 간호 사관학교 백영서 소위, 숙명여대 학군단 출신 박기은 소위 등 3명이 여성이었다.

여성은 남성과 생리적 해부학적 차이가 있지만 사회 구성요소인 가정에서 아내와 어머니 역할로 대단히 중요하다. 최근 마이크로소프트MS 글로벌 다양성 그룹 총괄책임자인 그웬 휴스턴54이 가정 제품을 살 때 의사결정권이 85%가 여성에 있기 때문에 여성 임직원을 늘리면 기업실적이 증가한다고 주장하고 있다.

히틀러 예언 중에 마이보이와 함께 여성상위 시대가 등장하면서 '인류의 새로운 종말과 시작을 알리는 것'이라고 했다. 이는 새로운 시작과 변화를 의미한다고 본다. 우리나라도 1960년대 후반에 '여성 상위시대' 영화가 나왔고, 1975년부터 MBC라디오 '여성시대'가 지금까지 계속되고 있다. 그리고 2001년부터 정부조직에 여성부를 신설하는 등 여성의 권익신장에도 큰 역할을 하고 있다. 아직 여성 상위시대는 못 미쳐도 바야흐로 여성전성시대가 피부에 와 닿는 것 같다.

오늘은 경칩이 지나서인지 날씨도 어머니 품처럼 포근하다. 2013년 여성의 날을 맞아 새 여성대통령과 더불어 사회만사가 더욱 섬세하고 지성적인 새로운 변화를 기대해 본다.

2014.11 시인부락 제 6집

한국 여성들의 수난

– 환향녀還鄕女와 종군위안부

우리 역사를 안보 면에서 보면 수많은 외세침입과 내부분열로 인한 치욕과 고난의 역사였다. 기록에 의하면 2,000년 역사에 931회의 침입을 받아 매 2년에 한 번씩 외세침입이 있었고, 형제의 난, 사색당파, 임오군란 등의 왕위 정권쟁탈과 민란 등 내부분열도 많았다. 그리고 우리는 이러한 외세침입과 내분의 역사 속에 참지 못할 울분과 많은 시련이 있었다. 무엇보다 패전 후 힘없고 나라 잃은 백성들의 설움과 여성들의 수난이 따랐다.

대표적인 사례로 고려시대 대對 몽고 항전에 패한 뒤 20만 명 이상 남녀가 무차별 끌려갔고, 병자호란 이후 5만 명의 젊은 여성들이 성노리개로 중국에 끌려갔다. 임진왜란 때도 200만 이상이 사망하고, 패배 후 10만 명 이상의 유학자와 기술자와 여자들이 일본에 노예로 잡혀갔다.

식민지시대 때는 40~67만 명의 청년들이 강제징용 당하고 13세 이상 여자 5만-20만 명이 종군위안부로 끌려갔다. 그 가운데 여성들의 대표적인 수난은 고려, 조선시대 중국에 끌려간 환향녀와 일본 식민지시대 종군위안부들이다.

환향녀還鄕女는 1627년 정묘호란과 1636년 병자호란 때 많이 발생하였다. 청나라로 끌려간 여자들은 대부분 돌아올 수 없었으나 많은 돈을 주고 돌아온 여자들도 치욕을 감수해야했다. 당시 청나라 군은 납치한 양민을 전리품으로 보고 돈을 많이 받을 수 있는 종실宗室과 양반의 부녀들을 되도록 많이 잡아갔다. 속가贖價도 처음에는 1인당 25~30냥이었으나 대개 150~250 냥이었고 신분에 따라 1,500냥까지 하였다. 그렇게 되니 사랑하는 딸과 며느리를 찾아오기 위한 재원 마련이 어려웠고 개인, 국가의 재정도 파탄을 가져왔다. 그리고 고향이 그리워 순절하지 못하고 돌아온 속환贖還, 사녀士女들의 이혼문제가 사회정치문제로 대두되었다.

인조대왕은 처음에는 홍제천에서 목욕재계沐浴齋戒하고 몸과 마음을 씻으면 행적을 묻어버리고 그들의 정조를 거론 못하도록 하는 영을 내렸다. 그 후 귀국하는 환향녀가 많아지자 청천강, 대동강, 한강, 낙동강, 영산강 등 각도마다 회절강을 정해 입욕시켜 행적을 용인하였다. 그러나 이들에게 많은 시련과 수난이 따랐다. 예로 인조실록에 의하면 신풍부원군 장유張維는 며느리가 실절했다는 이유로 이혼을 청구했고, 딸 아버지 승지 한이겸韓履謙은 선처를 호소했다. 당시 주화파 최명길은 환향녀를 무조건 실절失節한 여자로 볼 수 없다며 이혼에 반대하였다. 그러나 사대부들의 많은 비평이 따랐으며 사평史評은 열녀는 두 남편을 섬기지 않는다, 비록 본심은 아니지만 변을 만나 죽지 않았으니 결국 절개를 잃은 것이니 사대부의 가풍을 더럽힐 수 없다고 하였다. 특히 안추원安秋元은 28년 만에 목숨을 걸고 탈출하였으나 고국에 적응을 못하고, 안단安端은 36년 만에 탈출했으나 압록강도 건너지 못하고 비극으로 생을 끝내고 말았다.

다음은 종군위안부다. 1937년 일본 각료회의에서 '국민 총동원 실시 요강'이 가결되고, 1941년 11월 '국민근로보국 협력 령'에 따라 14~25세 여성들에게 연간 30일 이내의 국민근로보국 대외협력 활동을 하도록 하였으며, 1944년 8월 '여자정신대 근무 령'이 공포 이후 강제동원이 행해졌다. 문서에 의하면 병사 29~35명 당 1명의 위안부가 계획되어 군인 심부름을 한다는 말로 속여 미혼여성 17~20만 명이 끌려갔다. 정신대는 근로정신대와 성적으로 착취당한 종군위안부로 나누어지며, 근로정신대는 하루 14시간 중노동에 임금도 받지 못했고, 종군위안부는 중국, 일본, 동남아 각지로 끌려가 군의 감시와 통제 하에 하루 12시간 이상을 30명~100여 명의 군인을 상대하며 군인들의 성적 노예로 역할을 수행하였다. 그리고 최근 어느 신문에 보도된 북한여성들이 중국 농촌에 씨받이로 팔려간다는 서글픈 기사와 함께 두만강 국경지대의 인신매매 모습과 두만강을 건너다 얼어 죽은 지 두 달간이나 방치된 북한여성의 처참함 시신을 보고 너무나 가슴이 아팠다.

우리는 이러한 울분과 수난의 역사 산물인 환향녀와 종군 위안부처럼 본의 아니게 끌려가 평생 지옥생활을 한 우리 할머니들의 처참한 생활과 비극들을 성찰하면서 이 땅에 다시는 전쟁의 비극이 없길 다짐해야 한다.

그리고 역사를 통해 몇 가지 교훈을 얻을 수 있다. 첫째는 주변국이 강해지면 우리나라는 반드시 침략을 받거나 정변이 일어났으며, 둘째 전쟁에서 패하면 반드시 왕족과 백성들을 불모로 잡아가고 많은 조공을 바쳤다. 셋째 패인은 위정자들의 국방의식 부족과 국내분열, 국민들의 단결심 부족 때문이었다. 이러한 비극을 막기 위해 모든 국민은 분단 조국의 현실을 주시하고 항재전장의 국방의식을 되살려 내일 당장 전쟁이 일어난다는 절박한 각오와 소명으로 각자 위치에서 맡은 바 임무를 성실히 수행하고 일치단결하여 국론을 통합하는데 앞장서야 한다.

2008년 4월호 경제풍월

장수長壽시대 삶의 지혜와 수유칠덕水有七德

인간은 누구나 장수長壽하길 원하지만 쉬운 일이 아니다. 지난 2월 12일 기네스북에 오른 세계 최장수 생존자인 일본 교토의 기무라 지로에몬木村 次郎右衛門씨가 116세를 일기로 세상을 떠났다. 지금까지 기네스북에 오른 공인된 최장수자는 1997년 122세로 세상을 떠난 프랑스 여자 잔 칼멩 Jeanne Calment이었다.

생명과학계의 보고에 의하면 2045년에 우리나라 사람의 평균 수명이 130세가 될 것이라고 진밍하고 있다. 그러나 오래 사는 것이 마냥 좋은 것만은 아니다. 하루를 살아도 건강하고 행복하게 살아야 한다. 동인문화원의 손기원 선생은 장수시대를 맞는 삶의 지혜를 다음과 같이 다섯 가지로 요약하고 있다.

첫째는 사람이 살아가는 데는 크게 두 가지 마음가짐이 있는데, 하나는 매사에 스스로 늘 감사하며 사는 마음이고, 또 하나는 늘 남을 탓하거나 원망하며 사는 사람의 마음이다. 장수시대를 사는 첫 번째 비결은 늘 감사하며 긍정적인 마음가짐을 가지는 것이다. 중용中庸에서 말하는 '그 자리를 바탕으로 하여 행하고 그 밖의 것은 원하지 않는다素其位而行不願乎其外'는 분수分數에 맞는 삶, 즉 안분지족安分知足이면 늘 감사하는 마음으로 심신을 편안하게 할 수 있다.

두 번째는 천지의 자연이나 사람이 사는 세상사는 음양陰陽의 논리에 따라 수많은 변화를 거듭한다. 사람이 살아가는 일이 늘 좋은 상황일 수만 없다. 모든 것이 잘 풀리고 넉넉한 양陽의 시대가 있는 반면 어둡고 힘든 음陰의 시대도 있다. 서로 교차하며 변화한다는 원리이다. 따라서 양의 시대와 음의 시대를 대처하는 삶의 지혜를 터득해야 한다. 셋째는 사람다운 삶을 유지할 수 있는 경제적 기반구축이다. 넷째는 곤경에 처해도 실망하거나 좌절하지 말고 다행으로 여기는 것이다. 다섯째는 진리학습과 명상수련으로 늘 상황에 맞고 바른 중정中正의 마음을 유지하는 일이다. 이는 중용에서 이른바 '늘 편안하게 살면서 천명을 기다리는 '거이이사명居易以俟命'이다.

한편 노자老子의 〈도덕경 8장〉에서 인생을 살아가는 최상의 방법은 물처럼 사는 것인 '상선약수上善若水'라 하였다. 물은 만물을 이롭게 하는데 뛰어나지만 다투지 않는 '수선리만물이부정水善利萬物而不爭', 모든 사람이 싫어하는 곳에 머무는 '처중인지소오處衆人之所惡', 그러므로 도에 가깝다는 '고기어도故幾於道'라고 했다.

그리고 인간수양人間修養의 근본을 물이 가진 일곱 가지의 덕목인 '수

유칠덕水有七德'에서 찾아야한다고 했다. 첫째는 물이 낮은 곳을 찾아 흐르는 겸손謙遜이요, 둘째는 흐르다가 막히면 돌아갈 줄 아는 지혜智慧요, 셋째는 구정물도 받아주는 포용력包容力이요, 넷째는 어떤 그릇에나 담기는 융통성融通性이다. 다섯째로 바위도 뚫는 끈기와 인내忍耐요, 여섯째로 장엄한 폭포처럼 투신하는 용기勇氣이며, 일곱째로 유유히 흘러 바다를 이루는 대의大義라고 하였다. 따라서 물은 유연하면서 무서운 힘을 갖고, 항상 낮은 곳으로 흐르면서 남을 더럽히지 않고 깨끗하게 씻어주기 때문에 최고의 선은 물과 같다면서, 가장 아름다운 인생은 물처럼 사는 것을 상선약수上善若水라 하였다.

오늘날과 같이 각박한 세상에 하루를 살아도 건강하고 행복하게 살아야 한다. 이를 위해서 장수시대를 맞는 삶의 지혜와 선의 경지에서 아름답게 살 수 있는 노자의 수유칠덕水有七德을 가슴깊이 새기며 일상생활에서 실천하는 것이 최선의 방법일 것 같다.

2020. 3. 26. 합천신문

인생교훈 6연六然과 바람직한 인간관계

인간은 사회적인 동물이다. 우리 인간은 사회생활을 하면서 서로 뗄 수 없는 여러 관계를 맺고 살아간다. 일찍이 명나라 유학자인 최선崔銑은 인생교훈 6연六然을 다음과 같이 말했다.

첫째가 자기 자신에 대해 초연하고 속세의 일에 구애받지 않는 자처초연自處超然이다. 둘째는 남과 사귐에 있어 상대를 즐겁게 하고 기분을 좋게 하는 처인애연處人藹然, 셋째는 무슨 일이 있을 때 꾸물대지 말고 명쾌하게 처리하는 유사참연有事斬然, 넷째로 아무 일도 없을 때는 물처럼 맑은 마음을 가지는 무사징연無事澄然이라 했다. 다섯째는 일이 잘 되는 때일수록 조용하고 안정된 마음을 가지는 득의담연得意澹然, 마지막 여섯째로 실의에 빠졌을 때에도 태연자약할 수 있는 실의태연失意泰然이라 했다.

다음은 바람직한 인간관계이다. 좋은 인간관계는 인생의 윤활유이자 처세의 기본이다. 아무리 머리가 좋고 재능이 있어도 인간관계가 좋지 않아 실패한 사람이 많다.

먼저 노자老子의 도덕경에 나오는 인간관계 5계명이다.

첫째는 진실함이 없는 아름다운 말美辭麗句을 늘어놓지 말라. 남의 비위를 맞추거나 추켜세우거나 곧 밝혀질 사실을 감언이설甘言利說로 회유하면서 인생을 살지 말라는 것이다.

둘째는 말 많음을 삼가라. 말이 없이 성의를 보이는 것이 오히려 신뢰를 갖게 한다. 말보다 태도로서 나타내 보여야한다.

셋째로 알고 있는 체 하지 말라. 지혜 있는 자는 알아도 이를 남에게 나타내려 하지 않는 법이다. 잠자코 있는 편이 낫다.

넷째는 돈에 너무 집착하지 말라. 돈은 인생에 필요한 것임에는 틀림이 없다. 그러나 돈에 집착하여 돈의 노예가 되면 안타까운 노릇이다.

다섯째로 다투지 말라. 남과 다투면 손해다. 어떤 일에도 유연하게 대처해야 한다. 다투어 적을 만들 필요는 없다.

그리고 최근 미국의 어느 학자가 밝힌 행복한 대인관계 10계명이다.

1. 당신의 혀에 자물쇠를 채워라. 항상 당신이 생각하는 것보다 적게 말하라. 낮고 설득력 있는 목소리를 길러라. 당신이 무엇을 말하는 것보다 어떻게 말 하느냐가 더 중요하다.
2. 약속을 쉽게 하지 말고, 한번 약속하면 어떤 일이 있어도 지켜라.
3. 다른 사람에게 친절한 말이나 힘을 북돋울 수 있는 말을 건넬 수 있는 기회를 절대로 지나치지 말라. 대상이 누구이더라도 잘한 일

에는 칭찬해라. 만약 비판이 필요하다면 도움이 되는 방식을 선택해야지 절대로 꾸짖는 방식이어서는 안 된다.

4. 다른 사람들에게 흥미를 가져라. 그들이 추구하는 목표, 그들의 일, 가정과 가족에게 흥미를 가져라. 기뻐하거나 슬퍼하는 사람과도 어울려라. 아무리 하찮은 사람이라도 모든 사람들로 하여금 당신이 그들을 중요하게 여기고 있다고 느끼게 하라.
5. 항상 명랑하고 쾌활하게 하라. 당신의 작은 아픔과 고통, 실망감이 주변 사람들에게 짐이 되거나 그들을 우울하게 만들지 말라. 그리고 모든 사람들은 나름의 심로心勞를 가지고 있음을 기억하라.
6. 열린 마음을 가져라. 토론을 하되 논쟁은 하지 말라. 상대방의 의견에 동의하지 않을 수 있다는 것은 내 의견의 우월성을 나타내는 표시이다.
7. 당신의 덕德이 스스로 말하게 하라. 다른 사람의 악덕을 말하지 말라. 뒷담화를 피하라. 시간 낭비이며 파괴적일 수도 있다.
8. 다른 사람의 감정에 유의하라. 다른 사람의 약점을 이용하는 것은 가치가 없고, 의외의 큰 상처를 줄 수도 있다.
9. 당신에 관한 험담에 귀를 기울이지 말라. 아무도 그 말을 믿지 않도록 살면 된다. 자칫하면 험담으로 신경과민과 소화불량이 될 수 있다.
10. 당신의 평판에 너무 조급증을 갖지 말라. 매사에 최선을 다하고 인내심을 가져라. 다른 사람이 당신을 기억하도록 하라.

다음은 현대인이 집이나 직장에서 훌륭한 인간관계를 맺기 위한 5가지 습관(5A)과 마음가짐이다. 첫째는 타인을 무조건 인정acceptance한다. 남을 볼 때마다 미소를 지어라. 둘째는 매사에 감사appreciation한다. "감사합니다."를 입에 달고 다녀라. 셋째는 칭찬admiration한다. 대상 구분 없이 반복 칭찬하는 습관을 만들어라. 넷째는 동의approval한다. 남이 중요한 사람이라고 느끼게 하라. 다섯 번째는 경청attentively한다. 남이 이야기할 때 집중하고, 대답하기 전에 3~5초간 멈춰라. 잘 경청하는 자는 어디 가나 환영 받는다.

마지막으로 다섯 가지 배려配慮하는 마음心이다.

1. 의심疑心이다. 자신의 존재를 의심하지 말라.
2. 소심小心이다. 당당하고 신뢰감을 내보여라.
3. 변심變心이다. 큰마음으로부터 도전적인 자세로 성취욕을 갖자.
4. 교심驕心이다. 교만하지 말자.
5. 원심怨心이다. 스스로 믿지 못하고 원망하지 말자.

이상과 같은 인생교훈 6연六然과 노자의 인간관계 5계명, 현대인의 대인관계 10계명, 5가지 습관(5A)과 배려심 등을 참고하여 원만한 인간관계를 유지하는데 도움이 되었으면 한다.

2020.6.1. 안동권씨 종보

인생의 다섯 종류 만남과 끈

누군가가 인생은 만남이라고 했듯이 우리 인생에서 만남은 참으로 중요하다. 그런데 언제 어디서 누구를 어떻게 만나느냐는 인생에서 아주 중요한 순간이라 하겠다.

시인 정채봉 씨는 '처음 마음으로 돌아가라'는 글에서 다음과 같은 5 종류의 만남에 대해 말하고 있다.

1. 생선과 같은 만남
2. 꽃송이와 같은 만남
3. 건전지와 같은 만남
4. 지우개와 같은 만남
5. 손수건과 같은 만남이다.

그 중에서도 가장 잘못된 만남은 생선과 같은 만남이다. 만날수록 비린내가 묻어나고 악취가 나기 때문이다. 가장 조심해야 할 만남은 꽃송이와 같은 만남이다. 피어 있을 때는 환호하다가 시들면 버리기 때문이다. 가장 비천한 만남은 건전지 같은 만남이다. 힘이 있을 때는 간수하고 힘이 없을 때는 던져버리기 때문이다. 가장 시간이 아까운 만남은 지우개 같은 만남이다. 금방 만남이 순식간에 지워져 버리기 때문이다. 가장 아름다운 만남은 손수건과 같은 만남이다. 힘이 들 때는 땀을 닦아주고 슬플 때는 눈물을 닦아주기 때문이다.

따라서 인간은 태어나면서부터 죽는 순간까지 만남을 경험한다. 좋은 만남도 불행한 만남도 있다. 좋은 만남은 생명을 살리고 인재를 키운다. 그런데 인생은 살아가면서 누구를 만나느냐가 이렇게 중요하다. 인생에는 여러 가지 축복이 있지만 그 중에서 가장 큰 축복이 '만남의 축복'이라 할 수 있다. 좋은 배우자, 좋은 친구, 좋은 동업자를 만나는 것이 정말 큰 축복이다.

다음은 인간사회에서 끈이다. 흔히 '인생은 끈이다' 라고들 한다. 사람은 끈을 따라 태어나고 끈을 따라 맺어지고 끈이 다하면 끊어진다. 끈은 길이요, 연결망이다. 그리고 좋은 끈은 좋은 인맥과 좋은 사랑을 만든다. 그 가운데 다섯 가지 끈에 대해 알아본다.

1. 매끈이다. 까칠한 사람이 되지 말라. 보기 좋은 떡이 먹기도 좋고, 모난 돌은 정 맞기 쉽다. 세련되게 입고, 밝게 웃고, 자신감 넘치는 태도로 매너 있게 행동하라. 외모가 매끈하고 성품이 매끈한 사람이 되라.

2. 발끈이다. 오기 있는 사람이 되라. 실패란 넘어지는 것이 아니라 넘어진 자리에 머무는 것이다. 동트기 전이 가장 어두운 법이니 어려운 순간일수록 오히려 발끈하라.

3. 화끈이다. 미적지근한 사람이 되지 마라. 누군가 해야 할 일이라면 내가 하고, 언젠가 해야 할 일이라면 지금 하고, 어차피 할 일이라면 화끈하게 하라. 눈치 보지 말고 소신껏 행동하는 사람, 내숭 떨지 말고 화끈한 사람이 되라.

4. 질끈이다. 용서할 줄 아는 사람이 되라. 실수나 결점 없는 사람은 없다. 다른 사람을 쓸데없이 비난하지 말고 질끈 눈을 감아라. 한번 내뱉은 말은 다시 주워 담을 수 없으니 입이 간지러워도 참고, 보고도 못 본 척 할 수 있는 사람이 되라. 다른 사람이 나를 비난해도 질끈 눈을 감아라.

5. 따끈이다. 따뜻한 사람이 되라. 계산적인 차가운 사람이 아니라 인간미가 느껴지는 사람이 되라. 털털한 사람, 인정 많은 사람, 메마르지 않은 사람, 다른 사람들에게 베풀 줄 아는 따끈한 사람이 되라.

이와 같이 우리 인간사회에서는 혼자 살수 없으며 타인과 만남 속에서 서로 돕고 이끌어주는 좋은 만남과 끈끈한 끈이 정말 중요하다. 내일 5월 21일 부부의 날을 맞아 귀감이 되는 좋은 글을 참고하여 행복한 가정생활과 삶을 누리시길 바란다.

2021.8.1. 안동권씨 종보

좌우명座右銘에 관한 소고小考

좌우명座右銘은 늘 자리 옆에 갖추어 두고 반성의 재료로 삼는 격언을 가리키는 말이다. 좌우명은 개인이나 단체나 국가에서 특별한 동기 부여를 위해 만드는 표어로 중국 후한後漢의 학자 최원崔瑗에서 시작되었으며, 자리座의 오른쪽右에 일생의 지침이 될 좋은 글을 '쇠붙이에 새겨 놓고銘' 생활의 거울로 삼은 데서 유래되었다고 한다. 서양에서도 모토(이탈리아어: Motto, 라틴어: muttum, mutter)라고 부르는데, 주로 라틴어로 작성되지만 다른 아무 언어로도 작성될 수 있다. 따라서 좌우명은 주로 가슴에 새겨 둘 주요 속담이나 명언 등으로 자기가 나아가는 길에 큰 나침반羅針盤의 역할로 동서양 위인들도 즐겨 사용하여 왔으며, 오늘날에는 개인뿐만 아니라 가정, 회사, 학교, 관공서 등에서 많이 사용하고 있다.

최근에는 개인이나 여러 기관에서도 '공명정대하게 살자', '기본에 충실하자', '넓게 알고, 깊게 생각하고, 바르게 행동하라', '꿈을 갖고 뜻을 펼치자' 같은 순수 우리말로 된 좌우명도 많다.

그러나 아직도 대부분 명심보감明心寶鑑, 채근담菜根譚, 법구경法句經 등에 담긴 말을 많이 인용하고 있고, 특히 사자성어四字成語로 된 좌우명을 사용하는 경우가 많다. 예컨대 개인은 말을 삼가서 하고 행동은 신중히 하라는 근언신행謹言愼行, 말과 행동이 같아야 한다는 언행일치言行一致, 지나친 것은 미치지 못한 것과 같다는 과유불급過猶不及, 큰 그릇은 늦게 완성된다는 뜻으로 큰 사람이 되기 위해서는 많은 노력과 시간이 필요하다는 대기만성大器晩成, 선한 사람에게는 대적할 사람이 없다는 뜻으로 어진 사람은 적이 없다는 인자무적仁者無敵, 편안하게 있을 때 앞으로 다가올 위태로움을 생각하라는 거안사위居安思危 등이 많이 쓰인다. 특히 작가들은 둔필의 기록이 총명한 기억보다 낫다는 둔필승총鈍筆勝聰을 많이 사용한다. 이는 기억력이 아무리 좋아도 메모하는 사람을 따라 갈 수 없다고 하는 메모의 중요성을 잘 표현한 사자성어이다.

가정에는 집안이 화목해야 모든 일을 이룰 수 있다는 가화만사성家和萬事成, 겸손하고 사양하는 미덕을 갖자는 겸양지덕謙養之德, 건강이 가장 귀중한 복이라는 건강지복健康至福, 남을 공경하고 사랑하며 화목하고 즐겁게 살자는 경애화락敬愛和樂 등이 많다. 학교와 서원에서는 지덕체智德體, 지인용智仁勇, 인의예지신仁義禮智信, 가르치고 배우면서 서로 성장한다는 교학상장敎學相長, 처음에 세운 뜻을 끝까지 밀고 나가라는 초지일관初志一貫, 옛것을 익히고 새것을 안다는 온고지신溫故知新, 널리 인간 세상을 이익 되게 하는 사람이 되라는 홍익인간弘益人間, 천지에 가득 찬 크고 넓은 정기와 무엇에도 구애됨 없는 떳떳하고 호방한 기개를 기르라는 호연지기浩然之氣 등을 교훈으로 사용하기도 한다.

회사에서는 덕을 높이며 사업을 넓혀 나가라는 숭덕광업崇德廣業이, 관공서에는 모든 일에 미리 대비하면 근심할 일이 없다는 유비무환有備無患 등을 많이 사용한다. 음식점에는 천명의 손님이 만 번씩 온다는 뜻으로 많은 손님이 번갈아 계속 찾아오기를 바란다는 천객만래千客萬來, 꽃향기는 천리를 가고 사람 마음의 향기는 만리를 간다는 화향천리 인향만리花香千里 人香萬里 등을 많이 사용한다.

고 김영삼 대통령은 '큰 도에는 문이 없이 어디로도 통한다'는 대도무문大道無門을 사용하였고, 근래 문재인 대통령도 명나라 홍자성洪自誠이 쓴 채근담에 나오는 '남을 대할 때는 봄바람처럼 너그럽게 하고, 자신에게는 가을서리처럼 엄격해야 한다.'라는 대인춘풍, 지기추상待人春風, 持己秋霜에서 나온 춘풍추상春風秋霜이라는 사자성어를 비서실에 선물하였다.

유명한 서양 인사들을 보면, 나폴레옹은 "1퍼센트의 가능성, 그것이 나의 길이다."를, 맥아더 장군은 "그 사람이 늙고 젊음은 나이가 아니고 신념이 늙었느냐 젊었느냐 하는데 있다."를, 괴테는 "꿈을 계속 간직하고 있으면 반드시 실현할 때가 온다."를 좌우명으로 삼았다.

나는 얼마 전 조선 선조 때 성리학자로 한평생 겸양을 실현한 청백리淸白吏 오리梧理 이원익(李元翼:1547~1634) 선생의 좌우명인 '나의 뜻과 행동은 나보다 나은 우수한 사람과 비교하고, 나의 분수와 복은 나보다 못한 사람과 비교하라'는 지행상방 분복하비志行上方 分福下比'란 여덟 글자의 좌우명을 보고 큰 감명을 받았다. 그리고 선고先考께서 지어주신 '뜻(마음)은 산과 같이 높고, 입(말)은 병甁과 같이 굳게 다물라'는 입지여산 수구여병立志如山 守口如甁'과 함께 필자가 직접지은 '내 분수를 알고 본분을 잘 지키며, 내 발전을 위해 쉬지 않고 노력하리라'라는 수분지족 자강불식守分知足 自彊不息'이란 좌우명을 액자로 만들어 책상 앞에 걸어두기도 했다. 우리 안동권문님들도 나만의 좌우명을 만들어, 항상 생각하고 마음속에 되새기며 힘든 일이 닥쳐도 좌우명에 따라 헤쳐 나갈 수 있도록 권유해 본다.

2020. 11. 1. 안동권씨 종보

노년 예찬禮讚과 황혼의 길道

노인의 문제는 오늘 내일의 문제가 아니다. 근래 사람의 수명이 늘어나자 고령인구가 사회문제 시 되고 있으며, 도시나 농촌 할 것 없이 노인정과 복지관 운영 등으로 노인들의 문화도 변화되고 있다.

어느 잡지에 보면 노인의 삶의 형태를 8가지로 분류하고 있다.

1. 탐욕도 비리고 미움도 사랑도 비리고 신선처럼 사는 노선老仙,
2. 틈나는 대로 글이나 예술 작품을 펴내기도 하며 학처럼 사는 노학老鶴,
3. 청소년처럼 노인대학 등에 적을 두고 못 다한 공부를 하며, 수시로 학우들과 여행도 하며 즐기는 노동老童,
4. 집에서 손주나 봐주고 텅 빈 집이나 지키며 그냥 늙은이로 사는

노옹老翁,

5. 자질 부족에도 권력의 끄나풀이나 잡아 보려고 온갖 감투를 밑아 여기 저기 기웃거리며 미친 사람처럼 사는 노광老狂,

6. 귀한 보물 같은 아내를 잃고 쓸쓸히 외로운 삶을 사는 노고老孤,

7. 수중에 돈 한 푼 없이 집을 나와 갈 곳도 없어 공원 무료급식소에서 한 끼를 해결하며 괴롭게 사는 노궁老窮,

8. 불치의 병을 얻어 도움 없이 한시도 살 수 없는 늙고 추한 모습으로 죽지 못해 사는 노추老醜

등으로 나누고 있다.

또한 〈아름다운 노년의 생활〉에서 '황혼黃昏의 12도道'를 제시하고 있다.

제1도는 노인은 말의 수를 줄이고, 소리를 낮추는 언도言道,

제2도는 행동을 느리게 하되 행실을 신중히 하는 행도行道,

제3도는 욕심이 크면 사람이 작아 보이니, 탐욕을 금하라는 금도禁道,

제4도는 노인은 먹는 것으로 산다. 가려서 잘 먹어야 한다는 식도食道,

제5도는 삶의 규모를 갖추는 것이 풍요로운 삶보다 진실하다는 법도法道,

제6도는 대접을 받으려 하지 말고 젊은이에게도 예절을 갖추라는 예도禮道,

제7도는 삶을 즐기려하는 것은 욕망을 채우는 것에 있지 않고 간결한 삶에 낙이 있다는 낙도樂道,

제8도는 늙음은 아름다움을 잃는 것이 아니다,

절제하는 삶에 아름다움이 있다는 절도節道,

제9도는 인생의 결실은 마음가짐에서 나타낸다.

마음을 비우면 세상이 넓어 보인다는 심도心道,

제10도는 노인의 삶에도 인내가 필요하다.

참지 못하면 망령忘靈이 된다는 인도忍道,

제11도는 노인은 경험이 많지만 배울 것이 더 많다는 학도學道,

제12도는 손에 잡고 있던 것들을 언제 놓아야 하는지

이것이 마지막 기도棄道이다.

그리고 영국의 시인 셰익스피어(Shakespeare: 1564~1616)가 주는 교훈인 '말년을 즐기는 9가지 생각'에 보면

1. 학생으로 계속 남아라. 배움을 포기하면 폭삭 늙는다.
2. 과거를 자랑하지 말라, 옛 이야기는 당신을 처량하게 만든다.
3. 젊은 사람과 경쟁하지 말라
4. 부탁 받지 않는 충고는 굳이 하지 말라.
5. 삶을 철학으로 대체하지 말라.
6. 아름다움을 발견하고 즐겨라.
7. 늙어가는 것을 불평하지 말라. 가엾어 보인다.
8. 젊은 사람들에게 세상을 다 넘겨주지 말라. 그들에게 주는 순간 천덕꾸러기가 될 것이다
9. 죽음에 대해 자주 말하지 마라. 확실히 오는 것을 일부러 맞으

러 갈 필요가 없다.

또한 황혼의 나이에도 열정적인 사랑을 나누었던 독일 철학자 괴테(Goethe: 1749~1832)도 풍요로운 황혼에 대해 이야기 한 바가 있다. 그는 "노인의 삶은 상실의 삶이다. 사람은 늙어가면서 건강, 돈, 일, 친구, 꿈의 다섯 가지를 상실하며 살아가기 때문이다"라고 하였다. 따라서 괴테의 말을 음미하며 준비를 잘하면 황혼도 풍요로울 수 있다. 건강과 돈도 젊고 건강할 때 다져놓아야 하며, 죽을 때까지 삶을 지탱해 주는 것이 일과 사랑이다. 노년의 적敵은 고독과 소외이다. 노년을 같이 보낼 친구를 많이 만들어 두고, 내세에 대한 소망인 꿈을 잃지 않도록 신앙생활과 명상의 시간을 가져야 한다.

그밖에 한국 심리교육협회에서 발표한 노후를 즐겁게 보내는 법 50가지에는 첫째로 즐거운 마음으로 하루를 시작하고 마감하라부터 마지막 50번째로 시간 관리를 잘 하라고 하였다.

이상 노년의 삶에 대한 여러 자료를 보면 80세 노인이라도 꿈과 비전이 있으면 젊은이와 다를 바 없다. 실제로 인생에서 노년은 온갖 경험과 경륜을 바탕으로 멋진 삶을 펼쳐갈 수가 있다. 노벨문학상을 받은 이란 태생 영국 여성작가 도리스 레싱(Doris Lessing: 1919~2013)도 88세 때에 〈알프레드와 에밀리〉란 소설을 탈고했으며, 스페인 화가 파블로 피카소(Pablo Picasso: 1881~1973)도 90세가 넘도록 그림을 그렸다.

물론 인생은 자신이 연출하는 자작극이며 자신이 한번 쓴 각본은 고쳐 쓸 수가 없다. 그리고 우리 사회는 50대에 직장에서 은퇴하여 일자리를 잃게 되는 조로증早老症 현상이 현실이다. 노후가 되면 경제력, 건강, 활력, 역할, 친구 등이 감소하는 것은 불가피하다. 노후를 즐겁게 보내기 위해서는 황혼의 도를 참고하여 주어진 시간을 재정비하여 나만의 행복한 노후 삶의 시간표를 만들어 적극 시행해야 한다.

2021.1 시인부락 제12집

동호회同好會와 친목계親睦契

나이를 먹으면서 각종 모임이 많아졌다. 우선 초등학교, 중학교, 고등학교, 대학교 동문모임과 직장에 근무하면서 생긴 직장동료 모임 등이다. 그밖에 가족 친척들 간의 친목모임과 부모와 조상들을 위한 계契모임도 있다. 특히 나이가 들면서 등산, 골프, 바둑, 여행, 문학 활동 등 취미가 같은 친구들 간의 동호회同好會모임이 많다.

나는 가급적 여러 모임에 참석하려고 노력하고 있다. 그 가운데도 동호회 모임에는 적극 참여한다. 먼저 등산登山 모임이다. 등산은 가장 손쉽게 즐길 수 있으며, 혼자 할 수도 있지만 친구들과 가는 것이 좋다. 젊어서는 등산모임에 자주 참여했지만 지금은 가끔 참석하는 편이다. 고등학교와 대학교 동창들, 그리고 향우회 등의 정기 산행이 매주 화요일과 토요일 일요일에 있다. 보통 당일 코스로 가까운 서울 근교에 가지만, 가끔 1박 2일로 지방 유명산을 가거니 며칠간씩 해외 명산 탐방도 한다.

다음은 골프 모임이다. 골프는 최소 4~5시간 동안 모든 잡념을 버리고 푸른 잔디를 밟으며 맑은 공기를 마시면서 심신을 단련하며 즐기는 좋은 운동이다. 골프 동호회 모임도 여러 개 있으며, 매월 정기 날짜가 계획되어 있다. 그러나 골프는 비용도 비싸고 시간도 많이 걸린다. 그리고 골프는 핸디가 비슷한 사람끼리 운동을 해야 재미가 있다. 그런데 최근 나이가 들면서 비거리도 줄고 골프장에 갔다 오는 차량 운행이 부담이 되어 골프 친구들도 점점 줄어들고 있다.

다음은 바둑이다. 나는 요즘 몇몇 친구들과 바둑棋, 圍碁을 즐기고 있다. 바둑은 적은 비용으로 즐길 수 있는 아주 좋은 여가선용 방법이다. 바둑을 수담手談이라고도 하는데 친구끼리 서로 마주앉아 말이 없어도 통한다는 뜻이다. 군선전群仙傳에 의하면 중국 당나라 현종玄宗때 바둑의 최고 명수로 기대조(棋待詔: 황제 바둑상대역 벼슬였던) 왕적신王積薪이 어느 날 밤 여관에 투숙했는데 옆방에 두 여인이 바둑을 두는 소리가 들렸다. 그런데 아침에 그 연인들의 방에 가 보니 바둑판이 없기에 물어보니 그들은 머리와 손만 사용하는 수담으로 바둑을 두었다고 하여, 그 후로 바둑을 수담으로 부르기도 한다. 최근 바둑이 치매 예방에 도움이 된다 하여 나이가 들면 바둑을 즐기는 인구가 늘어나는 추세다. 고교 동문 바둑 모임이 매주 수요일에 있고, 대학동문 바둑 모임이 금요일에 있다. 그러나 바둑도 급수가 있어 비슷한 급수끼리 두어야 재미가 있다. 그밖에도 나는 분기 1회 정도 문학행사에 참석한다. 재경 합천군문인회를 비롯하여 시인부락, 담쟁이문학회 등에서 주관하는 정기 행사 및 문학탐방 활동에도 참석하고 있다. 그리고 각종 동호회도 연회비나 참가 회비가 있지만 친목계契 모임과는 성격이 다르다.

최근 어느 연구소가 분석한 결과 사람들의 장수長壽 가능성은 친구의 수와 비례한다고 했다. 나이가 들수록 가까운 친구와 자주 만나 즐겁게 지내야 하며, 같은 취미면 더욱 좋다고 한다. 최근 늙은이에게 유행하는 '누우면 죽고 걸으면 산다.'는 〈누죽걸산〉이나 〈와사보생臥死步生〉이라는 고사성어를 되새기며 각종 모임에 성실히 참석하려한다.

2019. 5. 30. 합천신문

식목일과 팔십종수八十種樹

오늘은 4월 5일은 식목일이다. 식목일은 음력으로 청명, 한식 절후와 거의 겹쳐 예로부터 나무심기에 적합한 시기로 여겨왔다. 울창한 나무는 우리 인간에게 풍수피해 예방, 공기청정, 종이 공급 등 많은 혜택을 주고 있다. 식목일은 해방 후 무분별한 벌채로 산림훼손과 생태계 파괴가 심각하자 우리 강토를 푸르게 가꾸자는 취지로 1949년부터 식목일을 공휴일로 정해서 실시하다가 국민 참여도가 지조하여 공휴일은 폐지하였다. 그러다가 1961년부터 다시 공휴일로 설정하여 2005년까지 범국민적 행사로 지속되다가 2006년부터 공휴일은 다시 폐지되었다.

오늘은 식목에 관련된 옛 말을 되새겨 본다. 박목월 선생의 수필 〈씨뿌리기〉에 호주머니 안에 은행 열매나 호두를 넣고 다니며 학교의 빈터나 뒷산에 심는 노교수의 이야기가 나온다. 이유를 묻자, 빈터에 은행

나무가 우거지면 좋을 것 같아서라고 했다. 언제 열매가 달리는 것을 보겠느냐고 하자! "누가 따면 어떤가? 다 사람들이 얻을 열매인데" 하고 대답했단다. 여러 해 만에 학교를 다시 찾으니 키 높이만큼 자란 은행나무와 훤칠하게 자란 호두나무를 보게 되었다.

예부부터 '나이 예순에 나무를 심지 않는다六十不種樹'란 말도 있지만, 고려말 송유(宋愉: 1388~1446)는 70세에 고희연古稀宴을 하면서 귤柑子을 선물로 받아 그 씨를 거두어 심게 했다. 그러자 사람들은 속으로 웃었다. 그러나 그는 10년 뒤에 귤 열매를 먹고도 10년을 더 살았다고 한다. 조선조 육조판서를 두루 역임한 황흠(黃欽: 1639~1730)이 80세에 관직에서 물러나 고향에 와서 하인을 시켜 밤나무를 심게 하였다. 그러자 이웃 사람들이 웃으며, "연세가 여든이 넘으셨는데 나무심기八十種樹가 너무 늦은 것이 아닐까요?"하니까 황흠이 대답하기를 "심심해서 그런 걸세 ! 자손에게 남겨준대도 나쁠 건 없지 않은가?"라고 하였다. 황흠이 10년 뒤에도 건강했고 그때 심은 밤나무도 밤송이가 열렸다. 그는 이웃을 불러 말했다. "자네 이 밤 맛 좀 보게나! 후손을 위해서 한 일이 나를 위한 것이 되었구먼…. "하였다 한다.

또한 송천필담松泉筆譚에 의하면 조선 전기 문신 홍언필(洪彦弼: 1476~1544)의 아내가 평양에 세 번 갔다. 어려서 평양 감사를 했던 아버지 송질宋軼을 따라 갔고, 두 번째는 남편을 따라 갔으며, 세 번째는 아들 홍섬洪暹을 따라 갔다. 아내로 처음 갔을 때는 장난 삼아 감영監營에 배를 심었고, 두 번째로 가서는 그 열매를 따 먹었다. 세 번째 갔을 때는 재목으로 베어 다라를 만들어 놓고 돌아왔다, 이들 세 이야기는 '너무 늦은 때는 없다'는 것을 시사해 주는 것이 아닐까? 오늘 하루를 유익하게 보낸 사람은 하루의 보물을 파낸 것이고, 오늘 하루를 헛되이 보냄은 내 몸을 헛되이 소모하고 미래의 보물을 심지 않았다는 것으로 큰 손실이라 볼 수 있다.

옛날에는 예순만 넘으면 노인 행사를 하며 공부도 놓고 일도 안하며 그럭저럭 살다 죽을 날만 기다렸다. 오늘날 100세 시대에는 맞지 않을 이야기 일 수 있다. 속담에 '1년 후를 보려면 봄에 곡식의 씨를 잘 뿌리고, 10년 후를 보려면 나무를 심고, 100년 후를 보려면 사람을 키우라'란 말이 있다. 씨를 뿌리면 나무는 자란다. 설사 그 열매를 먹지 못한들 어떠랴? 결코 늦은 나이는 없다. 지금부터 무엇이든지 시작해보자.

오늘은 식목일을 맞아 나무를 심었던 옛 성현들의 이야기를 성찰해 보았다.

2021. 4. 1. 합천신문

그린데이Green Day 유감

오는 8월 14일은 그린 데이Green Day이다. 우리는 매월 14일이 연인들의 기념일로 알고 있다. 1월 14일은 다이어리 데이Diary Day로 연인끼리 서로 일기장을 선물하는 날이고, 2월 14일은 밸런타인데이Valentine's Day로 여성이 남성에게 초콜릿을 주며 사랑을 고백하는 날이며, 3월 14일은 화이트 데이White Day로 남성이 여성에게 사탕을 주며 고백하는 날이다. 4월 14일은 블랙 데이Black Day로 솔로들끼리 자장면을 먹는 날이고, 5월 15일은 로즈 데이Rose Day로 연인끼리 장미꽃을 선물하는 날이며, 6월 14일은 키스 데이Kiss Day로 연인끼리 입맞춤을 하는 날이다.

7월 14일은 실버데이Silver Day로 연인끼리 은반지 은제품를 선물하고, 8월 14일은 그린데이Green day로 연인끼리 삼림욕을 하며, 9월 14

일은 포토데이Photo Day로 연인끼리 기념사진을 찍는 날이고, 10월 14일은 와인데이Wine Day로 연인끼리 포도주를 마시는 날이다. 11월 14일은 무비데이Movie Day로 연인끼리 영화를 보는 날이며, 12월 14일은 허그데이Hug Day로 연인끼리 서로 껴안아주는 날이라 한다. 이들 기념일은 대부분 영문 날짜로 쓰며, 그 중 2월 밸런타인데이와 3월 화이트데이 말고는 그 유래를 거의 찾아 볼 수가 없다.

밸런타인데이의 유래는, AD 269년 로마황제 클라우디스 2세가 결혼금지령을 내렸는데, 발렌티노 주교가 젊은 연인들을 교회로 몰래 오게 하여 결혼을 시켰다. 후에 황제가 이 사실을 알고 2월 14일 주교를 사형 시켰는데, 그날을 주교의 정신을 기념하는 날로 시작하였다고 한다. 화이트데이는 "운이 좋은 날"이란 뜻이다. 1978년 일본 전국 사탕과자공업협동조합에서 위원회를 결성하여 1980년 3월 14일부터 좋아하는 사람에게 사탕을 선물하는 날로 정해 일본 제과업계를 거쳐 한국, 대만, 중국 등지로 확산되었다. 그런데 이들 14일은 대부분 선물이 조건이어서 청소년층의 구입 부담과 상업성 논란이 제기 되고 있으나, 설문결과 청소년 87%가 찬성하여 동참하고 있다고 한다.

이 밖에도 순수한 우리날로 11월 11일을 '빼빼로 데이' 또는 가래떡데이라고 한다. 이는 1993년 부산과 영남지방에서 여중생들 사이에 빼빼로처럼 날씬해지기를 기원하며 빼빼로를 서로 교환해서 먹으면서 생겼다고 한다. 그리고 쌀의 소비를 촉진하고 전통 맛을 널리 알리려고 11월 11일 같은 날을 가래떡 데이라고 지었다고 한다.

이달 8월 14일은 그린데이Green Day로, 무더운 여름에 시원한 산을 찾아 연인과 손잡고 산림욕山林浴을 하는 날이다. 정확한 유래는 알 수 없으나 법정공휴일도 아니고 달력에 표시된 기념일도 아니다. 도심에서 살면서도 이따금 유목민처럼 자유롭게 푸른 자연 속으로 이동하며 삶을 추구하는 그린 노매드(Green Nomad: 방랑자)족의 탄생과 이들의 영향력으로 그린데이는 사실상 산업전반에 새로운 소비자 트렌드로 자리 잡고 있다. 자연의 혜택으로 만들어진 그린데이 상품인 "산림욕"은 울창한 숲속에 들어가서 나무 향기와 신선한 공기를 마음껏 마시고 호흡하고 걸으면서 피로에 지친 심신의 활력을 되찾는 자연 건강법이다. 산림욕의 신비한 효능은 '피톤치드'라는 정유물질에서 비롯된다. 피톤치드는 수목들이 각종 병균과 해충, 곰팡이들로부터 자신을 보호하기 위해 끊임없이 뿜아내는 방향물질로서 살균작용을 하여 공기 중에서 나쁜 공기를 10%까지 감소시킨다고 한다. 숲속에서 심호흡을 하면 피톤치드가 우리 몸속에 들어가서 해로운 균을 죽이고 나쁜 찌꺼기를 몸 밖으로 내보내 건강을 보호해준다. 또한 사람들은 숲속의 여러 나무들을 보면서 자연의 이치를 통해 자연스럽게 자아성찰과 사색의 시간을 가질 수 있다.

산림욕은 적은 비용으로 몸과 마음을 건강하게 하는 최고의 웰빙 상품이다. 이런 뜻에서 산림청은 많은 숲을 개방하고 있다. 그린데이는 물론 시간이 날 때마다 연인, 친구, 가족들과 삼림욕을 해보자. 우선 집 근처 공원이나 야산 숲, 또는 멀리 떨어진 유명한 수목원 등을 찾아가 보자.

2019. 8. 8. 합천신문

기러기 덕목

어느새 절후로 입동立冬이 지났으니 늦가을에 초겨울이 시작된다. 하늘에는 기러기들이 떼를 지어 날아다니는 계절이다. 우리는 예부터 기러기에 대한 말을 전해 듣고 있다. 나는 가끔 학창시절에 배웠던 박목월 시詩, 김성태 작곡의 〈이별의 노래〉를 듣는다. 이 노래 가사는 '기러기 울어 예는 하늘 구만리, 바람이 싸늘 불어 가을은 깊었네, 아아 – 아아 너도 가고 나도 가야지…'로 기러기가 나오는 슬픈 노래이다.

전해오는 고사故事에 보면 한漢나라 중랑장中郎將 소무蘇武가 무제武帝 원년BC 100에 사절로 북쪽 흉노에 갔다 체포돼 북해 기슭에서 15년간 굶주림과 추위와 싸우다가 소제昭帝 6년 BC 81에 고국으로 돌아왔다고 한다. 이 고사가 근원이 되어 편지나 문안에 기러기 안雁자를 넣어 안서雁書, 또는 안신雁信, 안찰雁札, 안백雁帛이라 부르기도 한다.

한편 톰 워샴Tom Worsham이 쓴 〈기러기 이야기The Story of Goose〉란 책을 보면 기러기는 먹이와 따뜻한 땅을 찾아 4만㎞의 먼 길을 날아가는 '기러기의 슬픈 이야기'로 사람들의 눈물샘을 자극한다.

기러기는 다른 짐승들처럼 한 마리의 보스가 지배하고 그것에 의존하는 그런 사회가 아니다. 기러기는 리더를 중심으로 'V자' 대형을 유지하며 삶의 터전을 따라 머나먼 여행을 시작한다. 가장 앞에서 날아가는 '리더의 날갯짓'은 기류氣流와 양력揚力을 만들어 주기 때문에 엄청난 에너지가 소모된다. 선두에 선 '대장 기러기'는 뒤에 따라오는 동료기러기들이 혼자 날 때보다 70% 정도의 힘만 쓰면 날 수 있도록 맨 앞에서 온몸으로 바람과 마주하며 용을 써야 한다. 그리고 이들은 먼 길을 날아가는 동안 끊임없이 울음소리를 낸다. 우리가 듣는 그 울음소리는 실제 우는 소리가 아니라 앞에서 거센 바람을 가르며 힘겹게 날아가는 리더에게 보내는 응원의 소리이다.

기러기는 부산에서 서울 간을 왕복 40회에 해당하는 머나먼 길을 옆에서 함께 날갯짓을 하는 동료와 서로 의지하며 날아가는 셈이다. 만약 어느 기러기가 총에 맞거나 아프거나 지쳐서 대열에서 이탈하게 되면 다른 동료 기러기 '두 마리'도 함께 대열에서 이탈하여 지친 동료가 원기를 회복해서 다시 날 수 있을 때까지 또는 죽음으로 생을 마감 할 때까지 동료의 마지막을 함께 지키다가 무리로 다시 돌아온다.

어쩌면 미물微物인 새가 그럴 수 있단 말인가? 만약 제일 앞에서 나는 기러기가 지치고 힘이 들어지면 그 뒤의 기러기가 제일 앞으로 나와 리더의 역할을 바꾼다고 한다. 이렇게 기러기 무리는 서로 순서를 바꾸어 '리더의 역할'을 하며 길을 찾아 날아간다. 서로 돕는 슬기와 그 독특한 비행 기술이 없다면 기러기 떼는 매일 수백 ㎞를 날면서 해마다 수천 ㎞를 이동하는 그 비행에 성공하지 못할 것이다. '빨리 가려면 혼자 가라! 하지만 멀리 가려면 함께 가라!'는 속담의 의미를 깨우치게 한다.

그리고 기러기는 예부터 부부화목과 남녀 간의 애정을 상징하고 있다. 지금은 민속촌이나 향교에서 겨우 그 명맥을 이어가고 있지만 어릴 적에 시골에서 전통 혼례식의 폐백幣帛 때는 기러기 모형을 놓고 예禮를 올렸다. 이것은 기러기가 가지고 있는 세 가지 덕목을 사람들이 본받자는 뜻이다. 첫째는 기러기가 가진 '사랑의 약속'을 영원히 지키는 덕목이다. 기러기의 보통 수명은 15~20년인데 짝을 잃으면 결코 다른 짝을 찾지 않고 홀로 지낸다고 한다. 둘째는 '상하 질서'를 잘 지키고 날아 갈 때도 행렬行列을 맞추어 앞서가는 기러기가 울면 뒤따라가는 기러기도 화답和答을 하며 예禮를 지키는 덕목이다. 세 번째는 기러기는 왔다는 흔적을 분명히 남기는 속성의 덕목이다

인간이 추구하는 삶은 어떤 삶이어야 한다고 규정規定짓기는 어렵지만 우리에겐 적어도 누군가에게 의미意味가 되는 삶을 사는 것이 바람직하다. 각자가 할 수 있는 아주 사소한 삶이라도 그것이 나 뿐만 아니라 누구에겐가 도움이 되는 삶, 모두가 공유할 수 있는 행복의 가치를 둘 수 있다면 인류는 지금보다 훨씬 행복하게 살게 될 것이다. 아픈 사람에게는 치유의 존재가 되어야 하고, 지혜가 부족한 사람에게는 지혜를 나누어 주며, 인정이 메마른 곳에는 사랑의 감동을 줄 수 있어야 한다. 누군가를 돕는다는 것도 비오는 날 우산을 들어주는 여유가 있으면

더욱 좋고, 그것이 어려우면 함께 비를 맞는 것도 큰 위로가 될 것이다. 우리는 기러기의 덕목과 슬기, 리더십을 본받아 서로 사랑하고 배려하는 마음으로 보람 있는 나날이 되길 바란다.

2021. 11. 18. 합천신문

코로나19가 바꾼 세상

요즘 우리 인간사회는 코로나19의 공포에 떨면서 많은 고통 속에 살고 있다. 작년 2019년 12월 중국 우한武漢에서 발생한 코로나19 여파로 올해는 연초부터 계속 집안에 갇힌 신세가 되고 있다. 지난 9월말 현재 전 세계 코로나 확진자가 1,350여만 명에 사망자만 58만여 명이며, 미국에만 확진자 340여만 명에 사망자가 13만 6천여 명을 넘었다. 우리나라도 2만 4천여 명의 확진자에 420여 명이 사망하였으며 앞으로 얼마나 더 늘어날지 아무도 모른다.

그리고 이번 코로나19의 여파는 헤아릴 수 없이 크고, 세상을 많이 바꾸고 있다. 코로나19는 우리 인간에게 신분, 나이, 인종, 성별, 직업을 구분 않고 누구에게나 공격하고, 누구도 막지 못한 전쟁이나 다툼도 중지시키고, 가정과 가족의 소중함을 일깨워 주며, 인간들에게 지금까지 살아오면서 자신이 잘못했던 일을 반성해 보라는 많은 교훈을 주고 있다.

특히 이번 코로나 사태는 새로운 인간사회의 생활 방식까지 바꾸고 있다. 모든 사람은 사실상 가택연금 상태로 갇혀버린 일상생활의 반복으로 새로운 생활문화가 시작되고 있다. 직장인들은 유급 휴가나 집에서 재택업무를 보는가 하면 각종 회의, 모임들도 연기 취소되고, 종교행사도 제한되고 있다. 몸이 아파도 병원을 찾기가 무섭고, 길흉사에 조문, 축하객도 발이 묶인 상태다. 모든 공장과, 상점, 음식점, 영화관도 문을 닫기 시작하고, 학교도 개학이 연기되자 인터넷 강의로 대체하는 등 우리 사회도 이미 돌이킬 수 없는 길로 접어들었다. 각종행사나, 해외여행과 출장도 취소되어 항공업, 여행업, 유통업까지 줄도산이 되고 있다. 특히 계획된 골프대회, 각종 체육대회, 심지어 올림픽까지 연기되었으니 그동안 준비해온 선수들의 마음은 오죽하겠는가?

그리고 해마다 봄이 오면 온 국민이 봄의 향연을 맘껏 즐겼지만 올해는 봄이 와도 봄 같지 않은 너무나 암울한 '춘래불사춘春來不似春'이란 말을 실감케 했다. 산과 거리에는 진달래. 개나리와 목련, 철쭉꽃이 앞다투어 피어나지만 아름다운 자태를 구경하는 사람도 보이지 않았다. 향긋한 봄 냄새와 봄 향기도 음미하지 못하고, 여름 휴가철 바캉스나 해외여행도 못가며 살아가는 현실이 너무나 원망스럽다. 특히 예부터 전해오는 최대 명절 추석에도 고향 부모님과 성묘도 못하니 너무나 답답하고 서글프다. 이럴 때 당唐나라 백거이(白居易: 772~842)가 낙양에서 은퇴하고 말년에 두문불출杜門不出하며 지은 칠언율시七言律詩인 불출문이 생각나서 읊어본다.

不出門 문밖에 나가지 않고 / 백거이白居易

不出門來又數旬 문밖으로 안 나간지가 벌써 수십 일이 되었거늘
불출문내우삭순

將何銷日與誰親 무엇으로 소일하며 또 누구와 벗하는가.
장하소일여수친

鶴籠開處見君子 학의 새장을 여니 군자를 만난 듯 하고
학롱개처견군자

書卷展時逢古人 책을 펴고 글을 읽으니 옛사람을 만난 듯하네.
서권전시봉고인

自靜其心延壽命 자신의 마음을 맑게 지니면 수명도 길어질 것이고
자정기심연수명

無求於物長精神 물욕을 버리면 정신이 맑아지는 법이라네
무구어물장정신

能行便是眞修道 이렇게 하는 것이 바로 참된 수도이리니
능항변시진수도

何必降魔調伏身 구태여 마귀를 항복시키려 조복할 필요가 있겠나?
하필강마조복신

당시 백거이는 스스로 허심탄회하고 마음을 염정廉正하게 하고 물욕을 없애면 수명을 연장延壽 할 수 있다고 생각했고, 이렇게 사는 것이 참된 도道를 닦는 것이라 여겼다. 이를 보면 세상 권력에 탐하지 않고

청렴하게 대자연 속에서 여유작작하게 살고 있는 사람들이 우러러 보일지 모른다. 그러나 당시 백거이는 모든 공직에서 물러나서 은둔생활을 할 때이다. 지금은 그때와는 달리 코로나 바이러스로 전 세계인이 활동도 제한되고 고통 속에 살고 있다.

이번 코로나19 여파로 우리나라는 지난 3월부터 사회적 거리두기'를 하다가 5월 연휴를 앞두고 '생활 속의 거리두기'로 전환되었으나, 8 · 15 연휴와 추석연휴를 계기로 확진자가 늘어나자 사회적 거리두기 2.5단계까지 전환했다가 개천절과 한글날 공휴일을 고려하여 다시 10월 10일까지 2단계로 연장하였다. 그리고 박물관 등 공공장소 사용을 통제하고 지하철에도 마스크 착용을 의무화하는 등 개인 방역수칙을 강조하고 있다. 특히 이번 코로나19 여파로 기업 활동이 위축되어 직원해고, 실직대란, 주식파동 등 전반적인 실물경제의 변화와 음식점, 커피숍, 노래방 등 유흥업소는 문을 닫거나 폐업으로 자영업자들의 피해는 말할 수가 없다. 그리고 현재로선 코로나19가 언제 종식될지 모른다. 치료제나 백신도 아직 나오지 않았다. 그리고 과학자들은 이번 코로나 사태 이후에도 새로운 전염병이 도래할 것으로 예측하고 있다.

이제 우리는 총력을 기울여 코로나 사태를 슬기롭게 극복하고, 코로나 사태 이후를 철저히 대비해야한다. 무엇보다 앞으로 닥칠 새로운 바이러스에 대처하기 위한 의료문화 변화에 대한 대비를 서둘러야 한다. 이번 사태에서 보여준 의료기관과 의료진의 진단검사와 치료체제, 자원봉사 등의 경험을 살려 취약부분을 더욱 보강해야한다. 또한 앞으로 개인이든 기업이든 생존하려면 스마트 폰의 생활화에 초점을 둔 디지

털문명의 대중화를 서둘러야한다. 그리고 전폭적인 경제회생 대책을 세워 강력히 추진해야 한다.

한마디로 이번 코로나 사태는 21세기 들어와서 가장 큰 재앙이며, 우리 인간사회를 일깨워주는 새로운 교훈을 주고 있다. 앞으로 정부는 새 환경에 맞도록 모든 정책을 과감히 바꾸고 강력히 시행해야 한다. 국민들도 대동단결하여 코로나 위기의 터널을 슬기롭게 극복하고 코로나 이후 대비에 협조와 만전을 기해야 할 것이다.

차제에 백거이의 불출문을 음미하면서 가급적 외출을 삼가고 집에서 책도 보고 가족과 함께 유익한 시간을 보내는 것이 최선의 방법이 아닌가 싶다. 하루속히 코로나19가 종식되어 즐거운 일상생활로 돌아가길 기대한다.

2021. 1. 시인부락 제 12집

무병장수 비결과 조건

우리 인간은 살면서 건강하고 멋있는 인생의 삶을 추구하고 있다. 그리고 누구나 오래살기를 갈망한다. 오늘은 멋있고 건강한 노후생활을 위한 장수의 비결과 무병장수의 조건을 알아본다.

먼저 무병장수의 비결이다. 첫 번째 비결은 좋은 친구를 많이 가지는 것이다. 근래 미국의 어느 연구기관에서 7천명을 대상으로 9년간 추적 조사에서 단명短命하는 사람과 장수長壽하는 사람의 차이는 흡연, 음주, 일하는 스타일, 사회적 지위, 경제상황, 인간관계보다 놀랍게도 '친구의 수'에 기인한다고 발표하였다. 친구 수가 적을수록 병에 걸리고 일찍 사망하는 자가 많았다고 한다. 인생의 희로애락을 함께 나누는 친구들이 많고 친구들과 보내는 시간이 많을수록 스트레스가 줄며 건강한 삶을 유지했다고 한다.

친구란 환경이 좋든 나쁘든 함께 있었으면 하는 사람이며, 어떤 문제가 생겼을 때도 저절로 상담하고 싶어 하는 사람이다. 좋은 소식을 들으면 제일 먼저 알리고 싶고, 마음이 아프고 괴로울 때 의지하고 싶은 사람이다. 쓰러지면 곁에서 일으켜주고 슬플 때도 기대어 같이 울 수 있는 사람이다. 내가 실수해도 언짢은 표정을 짓지 않고 필요시 언제나 진실된 충고도 위로도 해주는 사람이다. 작은 물건도 즐겁게 나누어 쓸 수 있고, 서로 비판하지 않고 말만 해도 마음이 좋아지는 사이다.

이런 친구를 위해 어떻게 해야 하나? 우友테크는 재財테크처럼 시간과 노력을 들인 만큼 높아진다.

1. 내가 먼저 연락하자.
2. 기꺼이 봉사하는 직책을 맡아라.
3. 젊은 친구들과 많이 만나라.
4. 매력을 유지하라. 가능한 깨끗하고 멋진 옷을 입고, 책도 읽고, 영화도 많이 보라
5. 우테크 1순위는 배우자이다. 상대방의 건강과 취미활동도 중요하다.
6. 좋은 카페에서 열심히 활동하라. 정기모임, 봉사활동 등 행사에도 참여하라.

두 번째 비결은 노쇠는 다리에서 시작하니 많이 걷고 다리를 튼튼히 해야 한다. 옛말에 '나무는 뿌리가 먼저 늙고, 사람은 다리가 먼저 늙는다.'는 '수노근선고 인노퇴선쇠樹老根先枯 人老腿先衰'란 말이 있고, 최근에는 '누우면 죽고 걸으면 산다(누죽걸산)', 와사보생臥死步生이란 말이

유행하고 있다. 쇠도 단련해야 강해지듯이 사람도 다리를 단련시켜야 건강하게 장수할 수 있다. 장수하려면 걷고 또 걸어야 한다.

다음은 무병장수의 조건이다. 며칠 전 친구가 보내준 글이다. 첫째는 쾌식快食이다. 식사는 잘해야 하며 아침, 점심, 저녁 세끼를 거르지 않아야 한다. 맛있다고 너무 과식하지 말고 생각 없다고 때를 거르지 말고, 소량이라도 맛있게 먹어야 한다.

둘째는 쾌변快便이다. 배변을 정기적으로 잘해야 한다. 변비는 좋지 않고 배뇨, 배변을 시원하게 해야 한다. 셋째는 쾌면快眠이다. 숙면熟眠을 해야 하며, 불면증은 사람을 미치게 만든다. 잠자리에 들면 푹 자고 일어나야 한다. 넷째는 쾌보快步이다. 걸음을 경쾌하게 걸을 수 있어야 한다. 관절이 좋지 않아서 경쾌하게 걷지 못하면 큰 불행이다. 몸을 똑바로 세우고 경쾌하게 걸을 수 있음은 큰 행복이다. 가능한 속보로 심폐기능을 향상시켜야 한다.

다섯째 쾌소快笑이다. 농담이나 익살을 떨어서라도 통쾌하게 웃어야 한다. 친구들과 만나면 웃음보따리를 터트려서라도 크게 웃을 수 있는 우스갯소리라도 해야 한다. 웃으면 복이 오고 한 번 웃으면 한번 젊어진다一笑一少란 말이 있다. 여섯째는 쾌애快愛이다. 아내건 애인이건 많이 사랑해야한다. 좋아하는 이성이 있으면 망설이지 말고 구애求愛해야 한다. 유쾌한 성생활은 인생을 연장시킨다. 그러나 지나친 정력 낭비는 생명을 단축시킨다. 일곱째 쾌사快事이다. 자기가 하고 싶은 일에 열중해야 한다. 자기가 하고 싶은 일은 항상 즐거움을 주고, 크나큰 성취감을 준다. 하고 싶은 일은 곧 자아실현自我實現이니 자기가 하고 싶은 일을 찾아서 만들어야한다. 여덟째 쾌비快費이다. 써야 할 때는 아낌없이 써야 한다. 수의壽衣에는 호주머니가 없다고 한다. 아낀 돈은 저승 갈 때 가지고 갈 수 없다. 먹고 싶은 것 있으면 사 먹고, 친구 만나면 밥 한 끼, 술 한 잔을 아낌없이 사야한다. 노후준비보다 사후준비를 해야 한다. 죽은 후에는 다른 산 사람이 "그 사람 정말 착한 사람이었는데" 라는 말을 히도록 적소적비適消適費해야 한다.

인생이란 알고 보면 자기와의 싸움이다. 진정으로 싸워서 이겨야 할 대상은 타인이 아니라 내 자신이다. 장수비결과 조건을 참고하여 온 국민 장수의 꿈이 반드시 실현되시길 기대한다.

2021. 12. 24. 경기데일리

槐雲

權海兆

제2부

보고 듣고 느끼며

알파고의 충격과 미래 과제

지난 3월 9일부터 15일까지 전 세계의 관심 속에 치른 이세돌 9단과 미국 구글Google의 영국 딥 마인드가 개발한 인공지능(AI: Artificial Intelligence) 프로그램 알파고(AlphaGo)의 바둑대결에서 알파고가 4승 1패로 완승했다. 이는 바둑 팬뿐만 아니라 전 세계 인류에게 충격적이다. 알파고는 작년 10월 유럽챔피언 판후이 2단을 5대 0으로 격파하고 이번 이세돌 대국까지 99%를 승리하였다. 이번 결과는 이세돌이 알파고에 미숙한 탓도 있겠지만 인공지능의 능력을 인정해야 한다. 그리고 이세돌이 비록 패했지만 1승을 거두었고 세계적 IT기업인 구글이 중국과 일본의 고수들이 아닌 한국의 이세돌을 상대로 택했다는 것이 너무나 영광스러운 일이다.

경기종료 후 이세돌은 알파고가 초반 경기 능력과 중반 승부수, 끝내기까지 인간이 둘 수 없는 수를 두어 놀랐다고 했다. 한편 에릭 슈밋 구글 회장은 대국에 앞서 '이 9단이 이기든 알파고가 이기든 모두 인간의 승리'라고 했다. 물론 컴퓨터 소프트웨어 개발이 인간이기 때문이다. 그러나 이번 알파고의 승리로 구글의 가치는 일주일 사이에 58조원 넘게 상승했으며, AI의 선두주자로 이미지를 굳혔다.

이번 대국에서 알파고가 잇따라 승리하자 알파고를 개발한 딥 마인드 CEO인 데미스 허사비스가 대국 당시 계산했던 승률과 실수부분을 흘리며 자극심을 불러 일으켰고, 이세돌이 4국에서 승리하자 구글 창업자 세르게이 브린이 등장해서 축하하기도 했다. 그리고 허사비스는 16일 '세기의 바둑대결'을 마친 소감에서 이번 승리에 만족하지 않고 정해진 일만하는 인공지능이 아닌 스스로 학습, 문제를 해결책을 찾는 인공지능을 만드는 것이 목표라고 밝히면서, 인간이 당면한 모든 문제에 유연하게 대응할 수 있는 진정한 인공지능개발에 박차를 가하겠다고 하였다.

세계경제포럼이 올 1월 다보스포럼에서 4차 산업혁명의 핵심을 AI로 꼽았다. 특히 이번 이세돌 대국으로 정보기술IT 시장에서 무게중심은 AI로 빠르게 넘어갈 것으로 보인다. AI기술은 이미 사율 주행차, 무인항공기, 금융, 의료, 법률 서비스 등 각 분야에 응용되고 있다. 특히 미국은 AI 분야에 구글과 IBM, MS. 애플, 페이스북 등 세계적인 IT기업이 참여하여 다방면으로 연구와 제품화를 서두르고 있다.

현재 영국의 바빌론이 의사나 환자 증세를 말하면 인터넷에서 의료정보를 검색하여 처방하는 인공지능 앱app를 개발 중이며 알파고와 바빌론 앱과 결합하여 의사알파고가 연말에 나올 전망이다.

한편 이번 알파고의 충격으로 우리 정부와 기업들도 AI분야 투자를 서두르고 있다. 지난 17일 정부는 앞으로 5년간 1조원의 예산을 들여 인공지능 기술개발 관련 산업육성계획과 민간 기업에 2조 5천억 원의 투자를 유도할 계획이라고 발표했다. 그리고 올 상반기에 민간기업주도 '지능정보기술연구소' 설립과 대통령 주재 민관이 참여하는 '과학기술 전략회의'를 신설할 예정이다. 그러나 AI의 승패는 인재人材에 달려 있다. 현재 우리의 우수 인재들이 의사 변호사를 중시하는 교육풍토에도 문제점이 많다.

이번 이세돌의 패배는 많은 교훈을 주고 있다. 바둑에서 직관과 영감으로 무장한 인간을 쉽게 따라오지 못할 것으로 믿었던 인공지능은 우리가 생각했던 것보다 훨씬 높았으며, 컴퓨터에 대한 인간의 도전이란 숙제를 남겼다. 그리고 장차 인공지능의 광범위한 적용이 인간의 삶에 어떤 변화를 가져올 것인지 우리의 미래에 대한 깊은 고민과 그동안 인공지능 분야에 등한시한 한국이 눈을 뜨게 했다.

앞으로 AI는 우리에게 도전이자 기회가 될 것이다. 1950년대 탄생한 인공지능은 딥 러닝(Deep Learning)으로 대표되는 기계학습의 진보와 강력한 반도체 등장, 빅 데이트 시대의 도래 등으로 빠른 속도로 발전하였다. 그러나 과학자들이 요구에 충족하는 인공지능으로 인류 자체를 위협하고 인간의 가치 또한 훼손될까 걱정이다. 그리고 앞으로 창의적 혁신적 분야를 제외한 평범한 직업에 종사하는 사람들의 일자리가 빼앗길 것으로 보인다. 따라서 기술적 진보를 사회에 올바로 환원하기 위해서는 충분한 사회, 윤리적 논의와 법제적 장치도 필요하다. 지난 15일 한국기원은 알파고가 입신入神의 경지에 올랐다고 인정하고 프로 명예 9단증을 수여했다. 알파고 개발에 참여한 분들의 노고와 이세돌 9단의 선전에 경의를 표한다.

2016. 4. 1. 안동권씨 종보

타키투스 함정과 투키디데스 함정

최근 우리 언론에서 타키투스 함정(Tacitus Trap)과 투키디데스 함정(Thucydides Trap)이란 말이 많이 대두되고 있다. 이는 오늘날 우리나라가 처해있는 상황, 즉 내우외환(內憂外患)을 웅변해 주고 있다. 여기서 두 용어의 의미와 유래를 살펴보자.

먼저, 타키투스 함정은 정부나 조직이 신뢰를 잃으면 진실을 말하든 거짓을 말하든 모두 거짓으로 받아들이는 현상을 지칭하며 내우(內憂)에 해당된다.

고대 로마의 최고지도자이자 집정관이었던 타키투스가 저술한 〈타키투스의 역사〉에서 “황제가 한번 사람들의 원한의 대상이 되면 그가 하는 좋은 일과 나쁜 일 모두 시민의 증오를 불러일으킬 수밖에 없다”고 한데서 비롯되었다. 정부나 조직이 공신력을 잃으면 콩으로 메주를 쑨다 해도 믿지 않는다는 말과 같다. 옛날 공자도 '군사兵, 식량食, 신뢰信' 중에 가장 중요한 것이 '신뢰'라고 하였고, 미국 링컨 대통령도 "민심을 얻으면 못할 것이 없고, 민심을 잃으면 아무것도 할 수 없게 된다."고 했다. 결국 타키투스의 함정은 신뢰 상실을 경계하라는 학술용어로, 이는 정부나 지도자에게 가장 중요한 필수요소이며, 동서고금을 통한 훈언訓言이라 할 수 있다.

그런데 오랜 역사를 통해보면 타키투스 함정은 선진 유럽국가 뿐만 아니라, 근래 우리나라에서도 몇 년 전 어느 교수가 "박근혜정부가 타키투스 함정에 빠졌다."고 진단한 바가 있고, 최근 현 정부의 정책에 대해서도 자주 거론되고 있다.

다음은 투키디데스 함정이다. 이는 새로운 강국이 부상하면 기존의 패권국가가 두려움을 느끼고 무력을 통해서 이 두려움을 해소하려고 전쟁을 일으킨다는 것으로 외환外患으로 볼 수 있다. 이는 2500여 년 전 고대 아테네의 장군 투키디데스가 그의 저서 〈펠로폰네소스 전쟁사〉에서 신흥 강국으로 떠오르는 아테네가 기존 강국인 스파르타에 불러일으킨 두려움이 펠로폰네소스 전쟁의 원인이라고 지목하면서부터 유래되었다. 그 예로, 20세기에 들어와 신흥강국인 독일과 기존 강국인 영국이 서로 견제하다 두 차례의 세계대전이 발생하였다.

최근 미국 중심의 패권 질서 속에서 중국이 군사 · 경제적으로 무섭게 부상하고 있고, 특히 남중국해에서 벌어지고 있는 미중 패권경쟁이 자칫 "투키디데스 함정"에 빠질 가능성을 비치고 있다. 이는 2017년에 미국 하버드 대학 엘리슨G. Allison 교수의 저서 〈예정된 전쟁(Destined for War)〉을 계기로 다시 주목받고 있다. 엘리슨 교수는 지난 500년간 '투키디데스 함정' 상황이 16번 있었으며, 그중 12번의 전쟁이 발생했고, 4번은 평화적으로 해결하였다고 했다. 평화적 해결의 예로써, 15세기말 세계무역 경쟁에서 포르투갈과 에스파냐가 교황의 중재로 대결을 피했으며, 20세기 초에 신흥강국 미국과 영국이 서로 상대방을 인정하면서 자국의 이익을 지켰다. 1940~80년대 세계 패권을 놓고 대립했던 미국과 소련도 '핵무기에 대한 공포' 때문에 전쟁을 막았다. 또한 2차대전 후에 영국과 프랑스는 독일과 함께 유럽연합EU을 만들어 충돌을 피하기도 했다.

지금 우리의 관심은 트럼프의 '미국우선주의'와 시진핑習近平의 '중국몽中國夢' 간의 충돌이다. 그리고 한일관계도 같은 맥락으로 볼 수 있다. 패권국 미국이 도전국 중국의 부상을 저지하기 위해 각종 정책을 펴고 있고, 무역에서 기술을 거쳐 앞으로 에너지, 자원, 금융을 거쳐 군사까지 갈지 모른다. 그러나 양국의 패권다툼은 단기적 해결보다 장기 경쟁 가능성이 있다. 엘리슨도 "미국과 중국 지도자가 과거의 성패로부터 제대로 배우기만 하면 전쟁 없이 양측의 이익을 충족시킬 실마리를 찾을 것"으로 전망하고 있다.

결론적으로 타키투스 함정이 대내적인 내우라면, 투키디데스 함정은 국제질서에 관련된 대외적 외환이라 할 수 있다. 따라서 정부나 조직의 지도자, 그리고 성직자들은 자신이 한 말에 책임을 져야하며, 아무리 상황이 어렵고 불이익을 당해도 진실과 신뢰를 지켜서 타키투스 함정을 막아야한다. 그리고 신흥 강국과 기존 강국의 충돌로 발생하는 전쟁을 막기 위해서는 패권 양국의 핵심 이익을 충족시켜서 투키디데스 함정을 피해야 한다. 차제에 우리의 살길은 대내적으로 계층 간 불신을 조속히 해소하고 흩어진 국민을 하나로 통합시키며, 대외적으로 험난한 국제질서를 주시하며 중견국中堅國 입장에서 외교적인 역량강화와 굳건한 한미동맹을 바탕으로 슬기롭게 대처하는 것이다.

2019. 8. 29. 합천신문

이지성의 신작 《에이트》

– 인공지능 시대의 새로운 생존전략

최근 서점가에서 베스트셀러인 이지성(45) 작가의 '인공지능AI에게 대체되지 않는 나를 만드는 법'인 《에이트(EIGHT)》를 감명 있게 읽었다.

작가는 전주교육대학과 전북대 법학과를 졸업하고 군복무를 마친 뒤 경기도 분당 서현초등학교 교사로 근무하다가 퇴직했다. 그는 오직 독서에 몰두하고 책과 싸우면서 지금까지 자기개발, 인문학, 교육 등 다양한 분야에서 30여 권의 책과 에세이, 시집 등을 출간했다. 대표적인 작품은 《20대를 변화시키는 30일 플랜》 2006년, 《여자라면 힐러리처럼》 2007, 《꿈꾸는 다락방》 2007, 《리딩으로 리드하라》 2010, 《생각하는 인문학》 2010, 《에이트》 2019 등이 있다.

지난 10월 말에 출간된 최신작 《에이트》에서 작가는 "우리는 지금 인공지능이 없으면 무엇도 할 수 없는 시대에 살고 있으며, 인류의 미래

문명도 인공지능이 될 것이고, 인간이 기계에 대체될 수밖에 없는 단 한 번도 경험하지 못한 시대가 오고 있다."고 하였다. 그리고 10년 뒤에 당신의 자리는 없다면서 미래사회는 인공지능에게 지시를 내리는 계급과 인공지능의 지시를 받는 계급으로 나뉜다. 지금 하버드, 스탠퍼드, MIT같은 세계최고 대학들과 구글, IBM같은 세계 대 기업들은 '에이트'로 전자에 속하는 인재를 길러내고 있다. 당신은 어떤가? 인공지능이 인간을 넘어서는 시대에 무엇을 준비할 것이며, 또 어떻게 살아남을 것인가?" 이를 위해 인공지능에 대체되지 않는 나를 만드는 법인 AI시대의 새로운 생존전략인 '에이트'를 제시하고 있다.

그는 인간이 기계로 대체되는 시대 속에서 진정한 인간으로 살아남는 길은 기계가 할 수 없는 인간만의 고유 권한을 다시 살리는 길이 유일한 지속 가능한 생존의 길이다. 이는 "공감능력共感能力, 창조적 상상력創造的 想像力, 그리고 정감情感이 묻어나는 배려配慮를 되살리는 것"이라고 주장하면서 다음의 8가지를 생활화 하도록 강조하고 있다.

첫째, 가능한 디지털을 차단하라. 소비자가 아닌 창조자의 입장에서 대하라. 실리콘밸리 가정과 기업에는 IT가 없다. 기계는 공간능력과 상상력도 없다. 기계의 노예가 아니라 주인이 되라.

둘째, 나만의 평생 유치원을 설립하라. '몬테소리 마피아'의 비밀과 '칼 비테 교육법'에 숨겨진 진실을 알라. 인공지능은 유년시절이 없다. 인공지능시대 리드를 기르는 교육인 어린이의 학습법을 간직하라.

셋째, 자아Knowing를 버리고 행동being and doing으로 하라, 하버드가 버린 것과 취한 것, 레오나르도 다빈치와 아인슈타인의 '생각' 공부법을 이해하고, 주입식보다 토론식으로 하라.

넷째, 사고전환思考轉換과 디자인 씽킹thinking을 하라. 기계의 길을 버리고 인간의 길을 가라. 일 중심에서 삶 중심으로 사고를 바꾸어라.

다섯 째, 인간의 고유능력을 일깨워 무기화하고 철학적 사고를 해라. 실리콘 밸리의 천재들은 철학에 빠져있다. 철학은 깊게 생각하는 능력, 생각을 정밀하게 다듬는 능력, 생각을 알기 쉽게 표현하는 능력, 다른 사람들과 공감하는 능력을 기른다. 당신의 미래는 철학에 달려 있다.

여섯 째, 바라보고, 나누고, 융합하라. 인공지능은 '트롤리 딜레마'를 판단하지 못하며, 윤리, 도덕적 문제를 판단하고 해결하는 능력이 없다. 이는 인간의 영역이다. 윤리, 도덕, 철학과 문학의 융합을 추구하라. 바라보는 책과 나누는 친절, 융합하는 인문학적 소양을 겸비한 입체적 삶을 살아라.

일곱 째, 문화 인류학적 여행을 경험하라. 문화와 연결 능력을 배양하라. 세계 수재들이 '미네르바'를 택하는 이유, 새로운 시대는 기계처럼 사는 인간의 시대가 아니고 인간답게 사는 인간의 시대이다. 당신을 인간답게 만들어주는 여행, 그것은 문화인류학적 여행이다.

마지막 여덟 째, 나에서 너로, 너에서 우리를 보라. 더불어 사는 삶을 누려라. 봉사도 공감과 창의성도 중요하다. 인간을 인간답게 만든 것이 중요하다. 더 이상 기계처럼 살지 말고 너와 우리까지 아는 삶을 살면서 기계의 주인이 되라고 당부하며 끝을 맺고 있다.

1997년 빌게이츠가 한국을 방문하여 "인류의 미래 문명은 인공지능이 될 것이다."라고 예언했듯이 우리 인류는 정보기술 발전으로 2006

년부터 새로운 정보화시대에 들어섰다. 2016년 이세돌과 바둑대결에서 인공지능 '알파고'의 위력을 보고 전 세계인은 놀랬다. 그동안 선진국들은 정보기술에 많은 예산을 투입하고 있으며, 스티브 잡스도 천문학적 돈을 아이폰 인공지능 프로젝트를 지휘하여 아이폰 4S를 발표하고 2011년 10월 세상을 떠났다.

현재 우리나라는 IT정보기술 강국이다. 그리고 인공지능이 인간을 대체하는 비율도 상위국가로 보고 있다. 오늘과 같은 급변하는 시대에 《에이트》는 우리나라의 인공지능 강국强國의 촉매제가 되고, 모든 국민이 앞으로 세상을 살아가는 길잡이가 되었으면 한다.

2019. 12. 12. 합천신문

신간 《린치핀 코리아》를 읽고

지난 3월 25일 동북아공동체문화재단에서 발간한 책 《린치핀 코리아(Linchpin Korea)》를 읽었다. 이 책은 한반도 중심축 국가건설을 위한 로드맵으로, 대한민국의 국력신장과 격상된 위상, 한반도의 지정학적 입지를 살려서 대립과 분쟁의 진원지인 한반도를 동북아 협력과 공동번영의 중심축 국가로 전환하기 위한 추진전략을 제시한 전략지침서이다. 린치핀Linchpin이 수레나 자동차 바퀴가 빠지지 않도록 축에 고정하는 연결핀을 뜻하듯이 대한민국이 동북아 평화와 안정은 물론 공동번영의 중심축 국가임을 뜻하고 있다.

책의 구성은 머리말과 6대 추진전략에 이어 정책제안, 한반도 중심축 추진 로드맵 순으로 되었다. 서문에서 통일한국의 비전과 남북한 국력의 통합승수효과, 한반도의 지정학. 지경학적 재조명과 통일국가 건설

을 위한 대전략이 제시되었다. 핵심인 6대 추진전략은

1. 한미동맹과 다자안보 병행 전략
2. 북핵 폐기추진
3. 남북경제공동체 구상
4. 한반도 물류 중심축 경제발전
5. 한반도 평화협정 체결과 법체계 정비
6. 갈등구조 해소와 통일교육 분야로 세분하고 있다.

이 책에서 한반도는 강대국에 의해 휘둘림을 당하는 희생양일 수밖에 없다는 지정학적 숙명론에 매몰되어 있다. 세계 인류문명사를 살펴보면 그리스 반도에서 아테네 문명이. 이탈리아 반도에서 로마 문명이, 이베리아 반도에서 스페인 문명이, 그리고 왜소한 국가였던 네덜란드와 영국이 인류 문명을 이끌어 왔다. 이것은 반도나 소국이 지정학적 장점을 살려서 어떤 비전과 전략을 추진하느냐에 따라 인류 문명을 주도해 온 것을 알 수 있다.

남북한은 통일신라 이후 해방되기까지 1천 3백여 년을 같이 살아온 민족이다. 해방 후 짧은 70년 사이에 대한민국은 11대 경제대국, 6위 수출국, 정치적 민주화, 문화생활, 국제적 위상에서 북한대비 압도적 우위를 보이고 있다. 이는 자유민주주의와 시장경제, 법치주의와 인권의 고귀한 가치를 바탕으로 한 국민적 의지와 도전정신, 지도자의 리더십, 한미동맹 등이 복합적으로 작용했기 때문이다.

그리고 동북아는 특정세력이 번갈아 패권을 장악했으나 지금은 미국과 중국 등 특정국가가 배타적인 영향력 행사를 하기는 어렵다. 현재 대한민국은 고도 경제성장과 정치발전, 디지털 세계선도국이자 문화국으로, 지정학적 한반도의 중심축 국가로 동북아는 물론 인류문명을 선도할 절호의 기회로 보고 있다고 주장한다.

그러나 내가 본 책의 의도와 본질은 한반도 중심축 통일국가를 위해 우리는 무슨 준비를 어떻게 해야 하는 것이다. 그리고 통일은 자유민주주의 시장경제에 기반을 둔 통일논리를 전제로 하고 있다. 따라서 이 책의 실현과 성공 여부는 북한이 얼마나 이 논리에 동조하느냐가 과제로 지적하고 싶다.

이 책을 발간한 동북아공동체문화재단은 2007년 동북아 국제협력을 통한 한반도 평화통일과 미래형 인재개발을 위하여 설립하여 통일부에 등록된 지식연대 NGO단체이다. 부설기관으로 동아시아국제전략연구소, 북방경제정책연구원, 국제의료봉사단, 도서출판사 등을 운영하고 있다. 그리고 재단은 한반도가 동북아 지역에서 중심축 역할과 특히 남북한 화해와 협력에 필요한 주요사업을 다방면으로 수행하고 있다.

어려운 여건에서도 《린치핀 코리아》 발간을 위해 지난 1년간 노력하신 동북아공동체문화재단 이승률 이사장과 집필에 참여하신 14명의 전문가들에게 경의를 표한다. 이 책이 우리나라가 동북아 중심축 국가로서 통일을 앞당기는데 촉매 역할과 함께 한국인에게 통일한국의 비전을 구현하는 길잡이 역할이 되길 기대한다.

2020. 3. 26. 동북아연구재단 서평

어제御製 위장필람爲將必覽

– 참다운 장수는 병사의 마음을 얻어야

며칠 전 육군박물관 학예총서 제1집 《어제御製 위장필람爲將必覽》을 감명있게 읽었다. 이 책은 조선 21대 영조(1694~1776)임금이 직접 쓴 책으로 '장수將帥의 지위에 있는 자가 반드시 보아야 할 책'이라는 의미를 가진다.

영조실록英祖實錄 30년 1754년 8월 30일 기사에 "임금이 《위장편람》를 친히 지어 신하들에게 보이고, 군문軍門으로 하여금 인쇄하여 여러 무신들에게 반포하였다."로 기록되어 있다. 책의 내용은 서문과 다섯 항목, 추록으로 되어 있다.

먼저 서문序文에는 책의 저술배경과 책 내용을 요약하고 있다. 무릇 장수는 삼군三軍: 訓鍊都監, 禁衛營, 御營廳의 마음을 얻어 모든 병사들이 한마음으로 뭉쳐야만 참다운 장수가 될 수 있다는 《삼국지三國志》의 '만인일심불가당萬人一心不可當'에 대한 언급으로 시작하여, 중국 명나라 병서兵書인 《등단필구登壇必究》를 저술한 의도와 같다고 언급을 하였다. 그리고 내가 임금에 오른 지 30년이 되었고, 내 나이 환갑인데도 군민軍民에게 하나도 은혜를 베풀지 못했다. 선대왕이 군민을 사랑하고 걱정하던 마음을 우러러 바라보며 선대 왕릉을 배알하고 돌아오는 날 시재試才를 주관하는 장막에서 한편의 글을 만들었는데 그 책의 이름을 《위장편람》이라 하였다.

다음은 다섯 항목의 설명이다.

첫째는 무휼撫恤이다. 장수는 즐거움과 수고로움을 언제나 삼군과 함께 하면서 삼군의 수고로움을 이해하고 이를 위안慰安해 주어야 한다.

둘째는 입위立威이다. 군대의 위엄을 세운다는 것으로 군대의 위엄을 세우기 위해서는 엄중함嚴과 신의信가 필요하고, 법령을 엄격하게 적용하여 병사들을 억제하거나 형벌을 혹독하게 하여 병사들을 두렵게 하는 것은 아니다.

셋째는 수성守城이다. 성을 지킨다는 의미이며, 단순히 성만을 지키는 것이 아니고 사직社稷과 인민人民, 나아가 한 나라를 지킨다는 뜻이며, 수성을 위해서는 근본을 견고하게 해야 한다.

넷째는 행진行陣이다. 군대의 행진을 말하며, 말을 탄 장수는 병사들의 상황을 돌아보면서 행진해야 하며, 이것이 병사들에게 은혜를 베푸는 것이다. 그리고 행진도 엄정해야 한다.

마지막 어적禦敵이다. 적을 방어하는 것이다. 장수가 위엄만 내세우면 어린아이의 전쟁놀이와 같으니 평소 훈련할 때 적이 눈앞에 있는 것처럼 엄중해야하고, 평소부터 장수와 병사 간에 신의가 있어야 가능하다.

다섯 항목에서 나라의 안위를 위해서 가장 중요한 것은 도성을 지키는 수성守城과 적을 방어하는 어적禦敵이다. 무휼과 입위는 은혜와 위엄을 동시에 베푼다는 의미이며, 수성은 종사와 군민을 위해서 도성을 지키고자 하는 의도가 담긴 것이고, 행진과 어적은 긴밀한 관계에 놓여있다. 따라서 다섯 항목은 분리된 개념이 아니라 군대를 통솔하는 하나의 축으로 서로 긴밀하게 연결되어 있으니 하나라도 소홀히 해서는 안 된다.

추록追錄은 위장편람을 쓴 3일 후에 작성하여 말미에 붙여 특별히 경계를 당부한 내용이다. 추록은 도성을 방비하고 실제 적과 싸움에서 승리할 수 있는 가장 중요한 근본으로 장수의 능력을 강조하고 도성을 방비하기 위한 구체적인 방법이 제시되어 있다. 한양漢陽은 남한산성과 연결되어 앞뒤로 적을 공격하는 형세를 이루고 있다며 남한산성의 방비를 철저히 당부했다. 북한산성과 송파나루의 중요성도 역설하면서 경계의 구체적인 방법을 기술했다. 그리고 군총軍摠뿐만 아니라 전임前任장교나 무관 및 군병軍兵들도 적절히 활용함을 역술했다. 마지막으로 실제 적과 싸울 때 용병술도 언급했다.

〈어제 위장편람〉은 평소 병사들의 고난을 이해하고 위안을 해주는 무휼撫恤과 장수의 공정함과 위엄과 신의를 세워야立威, 行陣 유사시 제대로 방어가 가능하다는 논리이다. 다섯 항목은 상호 긴밀히 연계되어 있으며 〈무휼과 입위〉가 충실히 행해진 바탕 위에 〈수성과 행진, 어적〉

이 가능하다는 논리이다. 그리고 가장 핵심은 재능을 갖춘 장수의 신중한 임명으로 볼 수 있다.

나는 생도시절부터 군문을 떠날 때까지 군사서적을 비교적 많이 읽었다. 작전요무령作戰要務令을 비롯하여 크라우제비츠 전쟁론과 리델하트의 군사이론, 손자병법을 포함한 무경칠서武經七書, 동국병감東國兵鑑과 병학지남연의兵學指南演義 등 동서양을 포함하여 우리나라의 전략, 전술, 전쟁 관련 책을 수없이 읽었다. 《어제 위장필람》은 처음 읽었다. 내용도 중요하지만 조선시대 지도자의 전쟁관을 엿볼 수 있는 귀중한 책이다. 앞으로 이 책이 후배들에게 널리 읽혀지길 기대한다.

2020. 4. 10. 육사신보 617호

김형석 교수의 〈백세일기〉

지난 4월 13일 김영사에서 발간된 연세대 명예교수이며 철학자요 수필가인 김형석金亨錫 교수의 《백세 일기百歲日記》를 읽었다. 저자는 1920년 평안북도 운산에서 태어나 올해 만 100세이다. 유년시절에는 평안남도 대동군 송산리에서 보냈으며, 성장해서는 일본 조치上智 대학 철학과를 졸업했다. 해방 후 1947년 월남하여 7년간 서울 중앙고교 교사로 근무했고 1954년부터 31년간 연세대학교 철학과 교수로 봉직하면서 한국 철학계의 기초를 다지고 후학을 양성했다. 1985년 퇴직 후에도 줄곧 강연과 저술 활동을 통해 사회에 봉사하고 있다.

그는 《철학개론》, 《윤리학》, 《역사철학》 같은 여러 철학 서적을 포함하여, 《우리는 무엇을 믿는가》, 《어떻게 믿을 것인가》 등 기독교 신앙에 대한 성찰의 서적과 《우리는 어떻게 살아야 하는가》, 《인생의 의미를 찾기 위하여》, 《백 년을 살아보니》 등 서정적인 문체에 철학적 사색이 깃든 에세이집을 펴냈다. 그리고 작년에 백수를 앞두고 《남아있는 시간을 위하여》를 발간하였다. 특히 첫 수필집인 《고독이라는 병》은 수필문학의 명작으로 평가를 받았으며 이어 출판한 《영원과 사랑의 대화》는 당시 최고 베스트셀러로 60만 부가 판매되어, 혼란스러운 시대 고뇌와 고독에 싸인 젊은이들에게 '인생의 등대'가 되기도 했다.

《백세 일기》는 2018년 3월부터 2020년 3월까지 2년간 조선일보에 연재한 '김형석 100세 일기' 글들을 추려 엮은 것으로 김 교수가 매일 잠들기 전에 써 내려간 충만한 삶의 순간들이다. 매일 밤 작년과 재작년의 일기를 읽고 오늘의 일기를 쓰는 노 교수의 성실한 삶의 자취, 날이 갈수록 짙어가는 고마움과 사랑, 그리움, 어제보다 더 새로운 내일을 기대하는 간절한 마음의 고백이다.

이 책은 231면에 머리말과 본문 4부(주제) 69개 항목, 맺음말로 구성되었다. 저자는 머리말에서 30세까지는 가정의 보호와 학교교육 중심으로 성장하면서 나 자신의 인격과 자아를 형성하고 싶었고, 40세부터 일기를 쓰기 시작하면서 내 삶의 의미와 사회적 가치를 지키면서 연장하고 싶었다. 그리고 자유로운 지성인으로 일관하려는 신념을 지키며 교수다운 교수로 살기를 원했으며, 그러기 위해서 나 자신을 스스로 살피며 반성하기 위해서 일기를 쓰기 시작했으며 일기를 쓰면 좀 더 새로운 내일을 기대하게 된다고 언급하였다.

본문의 제1부는 '한번 멋지게 살아보는 건 어떨까(특별한 일상)'주제로 18개 항목이다. 60세에 수영을 시작하였고, 작년에도 165회의 강연을 했다며 노익장을 과시했다. 나는 아직 골동품이 아니다, 보청기도 지팡이도 없이 많은 강연과 책을 쓰면서 바쁘게 살고 있는 98세처럼 살자 등이다. 제2부는 '석양이 찾아들 때 가장 아름답다(격랑의 지난 과거)' 주제로 16개 항목이다. 아내의 사랑, 꿈에서야 찾아간 고향, 가장 행복했던 순간은, 두 스승과 두 친구 등이다. 제3부는 '사랑은 언제나 아름다운 마음으로 남는다(지혜가 깃든 삶의 철학) 주제로 17개 항목이다. 오래 사는 것이 축복인가, 피보다 진한 사랑, 인생의 3단계, 100번째 새해를 맞는 마음, 사랑은 3단계로 익어간다, 100세 나의 비결 등이다. 제4부는 '더불어 산 것은 행복을 남겼다(고맙고 그리운 사람) 주제로 18개 항목이다. 고마운 사람들과 아름다운 세상, 말없이 건넨 선물, 오래 살기를 잘했다. 늦게 철드는 사람이 행복하다 등이다.

맺음말에서 우리 사회를 불행과 고통으로 끌어들인 문제의 핵심은 아주 평범한 '공동체의식'을 상실했거나 포기한데 있으며, 더불어 살줄 모르는 사회를 만들었기 때문이라고 했다. 즉 대화의 필요성과 가치를 모르는 사람들이 투쟁에서 승리자가 되면 성공했다고 자부하는 사고방식이다. 최근에는 세대 간의 갈등과 합세하는 현상으로 청년의 '지성을 갖춘 용기', 장년의 '가치관 있는 신념', 노년의 '경험에서 얻은 지혜'의 3세대가 공존할 때 우리는 행복해지며 사회는 안정된 성장을 누릴 수 있다고 했다. 이 책이 노년 독자들에게 선물이 되고 청장년 독자들에게는 우리도 100세가 될 때까지 행복하고 보람 있는 삶을 누릴 수 있다는 희망의 메시지가 되기를 바란다고 하였다.

그리고 책에서 도산 안창호와 인촌 김성수 두 분의 스승과 안병욱과

김태길 두 분의 절친한 친구를 언급했다. 또한 북녘 고향 친구인 고 안병욱 교수와 양구 파라호 부근에 〈김형석 · 안병욱 철학의 집〉을 세웠고, 근처 용머리공원 좌측에 〈안병욱 · 김형석 묘소〉까지 마련해 두었다며, '여기 조국과 겨레를 위해 정성을 바친 두 친구가 잠들어 있다. 그들의 세대는 사라지고 있으나 그 마음은 길이 남을 지어다'란 침묵의 묘비를 생각하기도 했다.

저자는 본문에서 "인생은 과거를 기념하기 위한 골동품이 아니다. 미래를 창조하기 위해 항상 새로운 출발이어야 한다." 또한 "내 나이 100세, 감회가 가슴에서 피어오른다. 산과 자연은 태양이 떠오를 때와 서산으로 넘어갈 때 가장 아름답다. 인생도 그런 것 같다. 100세에 내 삶의 석양이 찾아들 때가 왔다. 아침보다 더 장엄한 빛을 발하는 태양을 바라보고 싶은 마음이다"라고 했다.

이 책은 올해로 만 100세를 맞는 한 철학교수의 온몸으로 겪어온 역사와 소박하고 성실한 일상, 삶의 철학이 담긴 잔잔한 기록들이며, 한 세기의 무게가 담긴 단단하고 빛나는 삶의 증표證標로 많은 감동을 주고 있다.

2020. 5. 7. 합천신문

신新 열하일기

새해 벽두에 후배 저자가 보내준 《저전거로 가는 신新열하일기》를 흥미롭게 읽었다. 이 책은 윤일영尹日寧, 김종운金鐘雲 등 7명의 공동 저자가 지난 2019년 7월의 더운 여름에 연암燕巖 박지원(朴趾源: 1737~1805)의 발자취를 따라 중국 단동丹東에서 만주의 한복판인 요양遼陽, 심양沈陽을 거쳐 산해관山海關, 북경을 경유 고북구古北口의 만리장성을 넘어 당시 열하熱河인 승덕承德까지 장장 1,500여㎞의 먼 길을 한 날산 사전거로 함께 달리며 기록한 역사기행이다. 도서출판 맑은샘(2020.11.12.)이 발행했으며, 총 375면으로 머리말에 이어 본문 8부와 부록으로 구성돼 있다.

저자는 책 머리말에서 "240여 년 전인 1780년, 연암은 청 건륭제의 70회 생일을 축하하기 위해 조선의 사절단의 일원으로 당시 천자의 나라 청나라를 방문하게 된다. 그의 기행문인 《열하일기熱河日記》는 평안도 의주에서 압록강을 건너면서 시작하여 열하熱河까지 음력 6월 24일부터 8월 20일까지 56일간 2,500여 리의 노정路程을 기록한 것이다. 당시에는 교통편이 배나 말 밖에 없었고, 한여름 염천하의 여행이니 고난의 행군이었음이 짐작된다. 이 《열하일기》를 통해 연암은 당시 오랑캐라고 폄하하던 청나라의 문물과 사고를 바탕으로 조선 사회문제를 신랄하게 풍자하며 조선의 변화를 이끌었다."고 언급했다.

그리고 연암일기의 노정路程인 만주에서 북경에 이르는 지역은 명말明末 청초淸初의 왕조 흥망과 성쇠가 교차하는 역사적 풍운이 일어났을 뿐만 아니라 우리 한민족의 고대사가 숨 쉬는 곳이기도 하다. 특히 연암일기에는 포함되지 않았지만 저자들은 고구려의 대당항쟁의 현장인 안시성安市城과, 강홍립의 조선군이 패전한 부찰富察지역까지 답사하였다.

저자들은 이러한 지역을 답사하면서 우리 민족의 활동무대였던 만주지역을 잃고 한반도로 축소된 우리 역사의 아픔과 함께 지금은 아무것도 남아 있지 않은 안시성 옛터에서 역사의 허망함을 느꼈다. 그리고 강대국인 명과 청의 틈바구니에서 참전의 이유도 모른 채 죽어야 했던 강홍립의 조선군이 패전한 부찰지역에서 약소국의 설움을 온몸으로 느껴야했다.

나는 이 책을 읽고 그동안 몰랐던 《열하일기》의 내용과 연암의 사상, 중국의 역사와 오늘날의 한중관계를 재조명하는데 큰 도움이 되었다. 청나라는 '오랑캐의 나라'라는 당시 조선 사대부들의 일반 인식과는 달리 연암은 청나라로부터 배워야할 것이 많다는 실용주의적인 입장을 가지고 있었다. 이것이 조선 후기 북학파이다. 백성들에게 이롭고 국가를 부강하게 할 수 있는 것이라면 그 법이 오랑캐에서 나왔더라도 본받아야 한다는, 즉 이용후생利用厚生이 연암을 위시한 북학파의 생각이었다. 그리고 심양沈陽에서 명망청흥明亡淸興의 서막인 살이호薩爾滸전투, 심양沈陽전투와 후금後金과 청淸 건국에 관한 상세한 역사기록이 돋보였다.

그밖에 저자 윤일형의 호산장성虎山長城에서, 김종운의 요하를 건너 신민新民의 밤, 효종의 청석가靑石歌, 연암의 요동벌판을 새벽에 지나며 연암집 4권 등의 시詩를 음미하면서 역사기행을 실감나게 하였다.

저자들은 여행을 끝내면서 몇 가지를 피력하였다. 첫째는 중국은 개인의 인권보다 국가의 안전을 우선시하는 '공안公安의 나라'로 공안에 의해 파악되고 통제되기 때문에 어디를 가나 소지품 검사와 신분을 확인해야 한다. 그리고 중국은 '구호와 표어의 나라'로 어디를 가나 수많은 구호와 표어를 볼 수 있다. 중국은 기본적으로 불안한 나라로서 체제선전을 통해 사상통일을 도모하는 것이다. 둘째는 연암이 살았던 조선은 정치적 문화적인 것과 심리적인 것과의 모순이 있었다. 정치적으로는 '천자의 나라'인 중국을 변방국인 조선이 받아들어야 했고, 문화적으로도 청나라 문물을 배워야 한다고 생각했다. 그러나 심리적으로는 여전히 오랑캐나 되놈으로 멸시했다. 당시 조선은 정치적으로 강대국인 청을 무시하고 심리적으로 명을 지지하다가 정묘호란과 병자호란을 자초하였다. 오늘날에도 한국과 중국은 정치와 경제면에서 모순이 존재한다. 이러한 모순적 상황을 어떻게 지혜롭게 대처할 것인지를 생각하게 한다. 그리고 마지막으로 우리의 역사와 민족의 미래를 생각하면서 훌륭한 지도자가 나와 우리 민족의 신명과 잠재력을 일깨워 새로운 역사적 기적과 신화를 창조하자고 하였다.

결론적으로 50대 후반에서 70대의 중노인으로 구성된 저자들이 7월 한여름에 온갖 어려움을 극복하고 자전거로 장장 1,500㎞에 달하는 긴 여정을 성공적으로 마칠 수 있었던 그 열정과 체력이 놀라울 따름이다. 저자들의 남다른 노고를 치하하며 이 책이 앞으로 많은 사람들에게 읽혀지길 기대해본다.

2021.8.15. 담쟁이문학 제6집

베트남전 비무장지대 답사기

얼마 전 베트남전 참전용사 한 사람으로 베트남 전적지를 다시 찾았다. 1969년 임시 중위를 달고 맹호부대요원으로 18개월간 푸엔성 뚜이안 지탄Chi Thanh지역에서 포병부대 전포대장으로 임무를 수행하였다. 종전 후 관광이나 사업상 베트남을 여러 번 다녀왔지만 이번 방문은 오래전부터 계획해 온 것으로 베트남 전쟁 당시 최대 격전지였던 북위 17도 부근 비무장지대를 직접 답사해보고 종전 40여 년이 지난 지금 베트남 전쟁을 재조명하고 싶었다.

베트남전쟁(1955. 11. 1.~1975. 4. 30.)에 대해 이미 참전경험이나 하노이와 호치민에 있는 역사박물관, 전쟁기념관 등을 방문하여 어렴풋이 알고 있다. 특히 호치민 전쟁기념관에 전시된 포르말린에 담겨진 고엽제 후유증으로 태어난 가형아들의 사체와 무고하게 희생당한 베트남인들의 시체, 전쟁을 선동하는 각종 포스터, 당시 신문 등을 보면 베트남 전쟁의 참상을 알 수 있으며, 호치민 근교 구찌터널을 보면 베트남 전쟁 당시 베트콩들의 게릴라 전술의 노하우도 알 수 있다.

베트남전 옛 DMZ는 남북이 분열된 1954년부터 베트남 전쟁이 종결된 1975년까지 북위 17도 부근의 벤하이강 연변에 그어진 군사분계선을 기점으로 폭 10km 길이 60km에 설치된 지역으로 베트남 전쟁 최대 격전지였다. 이번 베트남 DMZ 답사는 후에Hue에서 아침식사 포함 15달러에 여행사 1일 투어로 다녀왔다.

아침 6시에 출발한 관광버스가 1번 국도로 동하(Dong Ha)를 거처 9번 도로를 타고 깜로Cam Lo를 경유 제일 먼저 DMZ 남측에 있는 미군 감시초소였던 록파일Rockpile 산 정상 로켓 기지에 들렀다. 그곳에서 옛날 DMZ 북쪽 지역을 살펴보고 산악과 구릉지로 되어있는 말로만 들었던 호치민 루트도 볼 수 있었다. 다시 까루Ca Lu를 거쳐 소수민족이 살고 있는 흐응호아 마을을 답사하고, 최대 격전지였던 케산Khe Sanh 미군 기지를 방문하였다. 케산 기지는 미군 최정예부대인 해병대가 주둔해 있었으며, 1968년 북 베트남군이 하루에 포탄 5천~7천발을 쏘며 두 달간 집중공격을 하여 많은 피해가 있었던 격전지였다. 케산 기지에는 당시 파괴된 각종 장비가 전시되어 있었고 아직도 땅을 파면 미군들이 사용하던 녹슨 총탄, 배지, 동전 등 유품이 발굴되고 있다. 베트남 전쟁 당시 미군기지가 있었던 9번 도로 주변에는 지금은 붉은 황무지로 변했고 커피 재배지가 되었다.

케산 기지 근처마을 식당에서 오찬을 하고 다시 북쪽으로 DMZ내 벤하이 강을 거쳐 짱뚜 국립전사자 묘지Nghia Trong Tu를 답사하였다. 그리고 다시 DMZ 북측으로 호싸Ho Xa를 지나 바닷가 빈목Vinh Moc 지하터널을 답사하였다. 빈목 지하터널은 베트남 전쟁 당시 주민들이 삽과 곡괭이로 판 동굴로 길이가 3km나 되며 꾸찌 터널과는 달리 통로가 비교적 넓은 동굴로 그 속에 우물과 집회소도 있었고 600여 명이 실제 생활한 거대한 요새지였다.

빈목 터널 답사 후 1번 국도 DMZ 중간 벤하이강을 연결하는 군사분계선이었던 히엔 르응교Cou Hien Luong에 내렸다. 히엔 르응 다리는 1967년까지 다리 중간 북쪽 절반은 붉은 색으로, 남쪽 절반은 노란색으로 도색되어 분단국가의 상징이었으나 당시 미군 폭격으로 붕괴되고 현재 다리는 1973년에 재건되었다. 다리 밑의 벤하이 강물은 옛날의 상처를 잊고 유유히 흐르고 있었으나, 비무장 지대에 버려진 탱크나 교회 등 건물에 선명하게 남아있는 총탄 자국들은 베트남 전쟁의 상흔과 베트남 전쟁의 비극을 말해주고 있었다.

이번 베트남전 전적지 답사는 내 생애에 다시 올 수 없는 귀중한 시간이었으며, 많은 것을 보고 느꼈다. 종전 40여 년이 지난 베트남전 비무장지대를 답사하고, 포성이 멈춘 지 60여 년이 지난 오늘에도 남북의 긴장이 감도는 우리나라의 DMZ에도 언젠가는 자유롭게 관광할 수 있을 그날을 생각하며 돌아왔다.

2010. 5. 31. 포소리

지평리砥平里 전적지 탐방

며칠 전 경기도 양평에 있는 지평리砥平里 전적지를 답사했다. 지평리는 일제 강점기 의병활동의 효시지嚆矢地이자, 6 · 25전쟁 때는 고수방어固守防禦의 대표적인 선례를 남긴 전적지였다. 먼저 지평리에 있는 〈지평의병義兵. 지평리전투기념관〉을 찾았다. 입장료는 무료이며, 법정 공휴일과 월요일은 휴관이었다. 기념관은 3층으로 세워졌으며, 1층 제1 코너에는 의병활동, 제2 코너에는 6·25 지평리 전투 상황실이었다. 2층 제3 코너는 지평리 전투의 참상, 제4 코너는 전쟁의 참혹사를 영상으로 볼 수 있도록 만들었고, 3층 전망대에서는 당시 현지 지형을 볼 수 있었다.

1층 입구에는 '1895년 희망의 횃불, 지평 의병 〈외세침략으로부터 나라를 구했던 희망의 승전보〉'와 '1951년 역전의 발판, 지평리 전투 〈전

세를 뒤엎은 역전의 승전보〉'란 글씨가 눈에 보였다. 제1 코너의 지평의 의병활동실에는 의향義鄕의 양평, 일제침략과 저항의 역사, 항일 의병의 효시, 양평지역 의병활동 등의 내용이 전시되었다. 전시된 의병활동을 보면, 조선시대 이곳 출신 화서華西 이항로(李恒老: 1792~1868)선생의 위정척사사상衛正斥邪思想운동의 영향으로 그의 문하생들로 구성된 '화서학파'에서 항일투쟁, 상해임시정부, 광복군을 이끌었으며, 그 결과 순국자 103명과 독립유공자 230명을 배출하였다고 한다. 전기 의병활동은 1895년 10월 명성황후 시해와, 1월 단발령 공포 후에 지평 출신 이춘영李春永과 김백선金伯善을 선봉장으로 400여 명의 의병들이 국가 위기를 인식하고 전국 최초로 의병을 창의했다. 의병활동 후기에는 권득수權得洙 김춘수金春洙 등으로 이어져 의병활동의 도화선이 되어 인근 강원, 충청지방까지 척사의병斥邪義兵 활동이 전개되었다.

제2 코너의 지평리 전투실은 6 · 25 전쟁의 타임머신, 새로운 전쟁과 1.4후퇴, 선생의 선완짐, 지평리 사수전투 등이 전시되었다. 지평리 전투는 중공군의 대규모 공격에 맞선 유엔군의 첫 승전보였다. 이는 1951년 2월 13일부터 16일까지 미 2사단 23연대와 미군에 배속된 프랑스군 1개 대대로 혼성된 UN군 병력 5,000여 명이 지평리에서 중공군 3개 사단 규모 약 5만 명의 인해전술과 야간 집중공격을 막아낸 고수방어전투였다. 이 전투는 중공군 참전 이후 유엔군의 계속적인 패배에서 처음으로 승리를 안겨주어 그간의 패배의식에서 벗어나 공세로 전환하는 결정적인 전투였다.

이 전투에서 펑더하이(彭德懷: 1898~1974)가 이끄는 중공군은 전사

4,946명, 포로 79명이었고, 유엔군은 전사 52명, 부상259명, 실종 42명이었다. 특히 미 23 연대장 펄 프리먼(Paul L. Freeman: 1907~1988)대령과 프랑스군 대대장 랄프 몽클라(Ralph Monclar: 1892~1964) 중령의 지휘력과 함께 미 5기병 연대장 마셜 G.크롬베즈 대령이 전차위주 특수임무 부대를 편성하여 악전고투 끝에 연결 작전에 성공한 것이 전승의 원인이었다.

특히 프리먼 대령은 박격포탄에 다리를 부상당하고도 후송을 거부하고 연결작전을 끝날 때까지 부대를 지휘했으며, "나는 내 부하를 이끌고 여기에 왔다. 내가 반드시 이들을 데리고 갈 것이다"라며 강인하고 의연한 지휘관의 면모를 보였다. 몽클라 중령도 1·2차 세계대전에서 중장까지 진급하고도 스스로 중령으로 강등하여 대대장으로 6·25 전쟁에 참전하였으며, "계급은 중요하지 않다. 곧 태어날 자식에게 유엔군의 한사람으로서 평화라는 숭고한 가치를 위해 참전했다는 긍지를 물려주고 싶나."고 했다니 놀라울 뿐이다.

다음은 양평군 서종면 노문리에 위치한 경기도 유형문화재 105호 이항로 선생 생가를 방문하였다. 이항로는 당시 주리론主理論과 이원론二元論을 주창했으며, 호남 기정진奇正鎭, 그리고 영남 이진상李震相과 더불어 19세기 주리철학主理哲學의 3대가의 한사람으로 한말 거유巨儒 김평묵金平默, 최익현崔益鉉, 유인석柳麟錫, 홍재학洪在學등이 그 문하생이다. 특히 이항로는 바른 것을 지키고, 잘못된 것을 배척한다는 '위정척사운동'의 주창자로 의병투쟁의 정신적 지주가 되었다. 지평리는 예부터 남한강과 북한강이 합쳐지는 지리적 조건으로 뱃길과 육로가 만나는 교통의 요지로 중앙 소식이 비교적 빨리 전파되었다. 그리고 근처에 용문산이 있어 일제강점시대 일본군을 상대로 게릴라 작전은 물론 의병모집과 주둔이 용이한 곳이었다. 나는 의병의 효시지요, 6 · 25전쟁 때 유엔군의 공세전환의 전기가 된 지평리 전투 전적지를 둘러보고 지평리전투의 역사적 재평가를 해보았다. 그리고 조국을 위해 목숨을 바친 순국장병들과 알지도 못하는 머나먼 이국異國땅에서 '자유와 평화'를 위해 용감히 싸우다가 숨져간 영웅들에게 삼가 명복을 빌고 돌아왔다.

2021. 5. 25. 한국전쟁문학 제8호

열대림에 묻혀있는 사이판

얼마 전 인천에서 동남쪽 3천km 떨어진 비행기로 4시간 걸리는 남태평양에 있는 사이판과 티니안 섬을 보고 왔다. 두 섬은 현재 미국의 서태평양 북마리아나제도 연방에 속하는 작은 섬이지만 전략적 가치 등을 직접 느낄 수 있었다.

사이판SAIPAN은 동경 145도45분, 위도 15도10분에 위치한 북마리아나 제도에서 가장 큰 섬으로 면적이 제주도의 10분의 1도 안 되는 작은 섬이다. 그러나 2차 세계대전 때 가장 치열했던 곳이다. 예전부터 사탕수수, 커피, 목화 재배가 활발했으나 지금은 관광이 경제의 주축이다. 인구는 약 6만5천여 명으로 원주민 1만5천, 필리핀인 1만 9천을 포함하여 우리 교민도 2천여 명이 살고 있다.

1521년 스페인이 발견하여 3백여 년(1565~1899) 스페인령으로 있다가 1899년부터 1914년까지 독일령이 되었다. 1차 세계대전 이후 일본이 점령하여 통치했으나 2차 세계대전 중인 1944년 7월에 미국이 점령하여 전쟁 후반에 미국의 주요 공군기지와 병참기지 역할을 하고 있다. 1966년부터 1986년까지 태평양 군도 내 미국이 통치하는 국제연합UN 신탁통치지역의 본부 역할을 수행했다.

티니안TINIAN은 싸이판 남쪽 육안으로 보이는 비행기로 10분 걸리는 아주 작은 섬으로 인구가 몇 명 안 되는 무인도 같은 섬이다. 선사시대부터 차모르chamoro족이 살았으며 '거인의 섬'이란 전설과 '여왕'을 섬기는 모계사회로 추장도 여성이었다. 2차 세계대전 말기 미군 공군의 전초기지로의 히로시마. 나기사키 핵폭탄 폭격기의 발진 기지였다. 지금은 전쟁의 상흔을 씻고 관광지로 변모했다. 사이판에서 6인승 경비행기로 관광객을 운반하며 시내중심에 관광호텔도 2개뿐이며 대중교통도 없다. 그러나 원주민은 국가가 주는 보조금으로 생활하며 목축업과 낚시로 생을 즐기고 있다.

사이판과 티니안을 보고 많은 것을 느꼈다. 첫째는 아름다운 자연환경이다. 거대한 태평양 바다 위에 놓인 에메랄드 빛 바다와 녹색 열대림과 각양각색의 꽃들은 남국의 자태를 뽐내고 있었다. 사이판의 새심Bird Island과 인근 세계 가장 깊은 마리아나해구(수심 10,990m), 다이빙 포인트인 그로토Grotto 주위의 아름다움과 사이판의 진주로 불리는 북서쪽 마나가하Managaha섬의 해변은 천국이 부럽지 않을 정도였다. 특히 티니안도 아직도 산업개발의 폐해가 없는 어머님 품과 같은 편안하고 조용한 곳이었다.

둘째는 2차 세계대전의 최후의 격전장을 보았다. 1944년 6월 11일부터 7월 9일까지 일본군 4만3천여 명과 미군 7만여 명이 치열한 전투를 한 곳이다. 당시 미군 사상자 1천여 명(650명 사망)과 일본군 사상자 4만여 명 3만여 명 전사이며 조선인도 1300여 명이 포함되었다. 일본 지휘관 사이토 오시쓰구齊藤義次 중장과, 나구모南雲중장도 자결하였다. 사이판 최북단 바닷가에는 1944년 7월 미군진입을 끝까지 저항하다 '천황만세'를 외치며 바다로 뛰어내린 만세절벽Banzai Cliff과, 자살절벽Suicide Cliff, 일본군 사이토 장군이 지휘하던 일본군의 최후사령부, 정상 평화 기념공원, 절벽에 부서진 포격의 흔적을 보고 전쟁의 치열성과 비참성을 피부로 느낄 수 있었다. 미국은 사이판전투의 승리로 일본의 기세를 꺾었고 일본 본토로 공격의 발판을 얻어 2차 대전에서 승리를 하게 되었다. 그리고 2차 세계대전 말기에 38초마다 발진한 티니안 미 공군기지를 보고 유사시 군용기지의 중요성을 알 수 있었다.

셋째는 내평양의 전략적 가치와 오늘날 미중美中 패권 예고를 알 수 있었다. 사이판과 티니안은 지금도 미군 군수지원시설을 갖고 근해에는 미군 호위함이 바다를 지키고 있었고, 정찰기기 지속적으로 순항하고 있었다. 앞으로도 남사군도를 포함해서 태평양 지역의 섬들은 미국과 중국의 패권 다툼의 각축장이 될 것을 예지할 수 있었다.

짧은 기간이었지만 푸른 하늘 아래 끝없이 펼쳐진 청록색 바다에 싸여 열대림과 각양각색의 아름다운 꽃들이 만발한 천혜의 청정지역 사이판을 탐방하면서 남국의 정취를 보고, 2차 세계대전의 최대 격전지요, 미래 미중패권의 각축장이 될 곳을 직접 보고 많은 것을 느끼고 돌아왔다. 군 예비역의 한사람으로 언젠가는 가보고 싶었던 서태평양의 사이판, 티니안 섬을 본 것은 생애에 최대 보람이었다.

2016. 11. 10. 녹색환경연합신문

주돈이周敦頤와 애련설愛蓮說

며칠 전 한학漢學을 공부하는 회원들과 중국 강서성江西省 남창시南昌市, 세계자연유산으로 등재된 응담시鷹潭市, 그리고 세계문화유산 구강시九江市의 여산廬山 일대를 답사하였다. 이 지역은 정토종淨土宗이 시작된 중국 제일의 불교문화 중심지였으며, 성리학의 발상지이다. 응담시 상청고진上淸古鎭은 도교道敎문화의 중심지이며, 여산에는 6~8세기에 걸쳐 많은 도가道家, 시인, 학자들이 살았다. 위진魏晋시대 전원시인 도연명(陶淵明, 365~427)을 비롯하여, 당나라 시선詩仙 이태백(李白: 701~762), 만당晩唐의 사회파 시인 백거이(白居易 772~846), 소동파蘇東坡, 왕안석王安石, 주희朱熹 등 여산을 소재로 한 1,500여 명의 4,000여 편 시가 있다

특히 이번에 이태백의 시로 유명한 산첩천三疊泉폭포, 백거이 유배지

초당草堂, 중국에서 최고 서원으로 알려진 백록동서원白鹿洞書院과 태극도설太極圖說의 창시자 주돈이(周敦頤, 1017~1073) 묘소와 기념관, 도연명의 묘소와 기념관, 남창의 등왕각騰王閣, 파양호鄱陽湖의 구강심양루九江潯陽樓를 답사한 것이 큰 보람이었다.

그리고 무엇보다 우주의 원리와 인성에 대한 형이상학적인 새로운 유교이론을 개척한 주돈이의 학문세계를 이해하는데 보람이 되었다. 주돈이는 도가와 불교의 비현실적인 이론은 버리고 주요 인식과 개념을 수용해 유교의 근본정신을 탐구하여 새로운 철학세계를 수립한 성리학의 전신인 도학道學을 창시한 사람이다. 그의 이론은 수신修身을 바탕으로 하는 수양론修養論이 근간이며, 근본 명제는 성즉리性卽理이다. 이에 반해 양명학陽明學은 심즉리心卽理를 명제로 삼는다.

주돈이는 북송 때 관리이자 문학가로서 자는 무숙茂叔, 호는 염계濂溪, 시호는 원元이다. 도주道州 영도현營道縣 출신으로 아버지를 일찍 여의고 용도각 대학사였던 외삼촌 정향鄭向의 집에서 양육되어, 1036년 20세에 홍주洪州 분녕현分寧縣 주부를 거쳐 복건성 남안南安의 사법관을 맡았다. 이때에 정향程珦이 부임하여 주돈이의 인품과 학문에 경의를 표하고 아들 정호程顥와 정이程頤 형제를 주돈이에게 배우게 하였다. 그 후에 각도의 지사를 거쳐 말년에 성자현星子縣에 머물다가 여산 연화봉蓮花峰 아래 집을 짓고 은거하면서 집근처 개울을 염계라 불렀고, 이는 자신의 호가 되었다.

주돈이의 대표적 저서로는 〈태극도설〉과 〈통서通書〉가 있으며 후학들이 '주자전서周子全書'란 제목으로 엮었다. 그리고 그의 문학작품인 군자의 덕을 연꽃에 빗대어 표현한 '애련설愛蓮說'이 후대까지 전해오며 중국의 한문학을 대표하는 글로 평가받고 있다. 송원공주염계묘원宋元公周濂溪墓園 안에 있는 애련당愛蓮堂과 묘소비석과 주돈이 동상에 다음과 같은 내용들이 새겨져 있다.

'水陸草木之花 可愛者甚蕃, 晉陶淵明 獨愛菊 自李唐來, 世人甚愛牧丹'
물이나 육지의 풀과 나무의 꽃으로 사랑스러울 만한 것이 매우 많은데, 진나라의 도연명은 오직 국화를 좋아하였고, 당나라 이후로 세상 사람들은 모란꽃을 좋아하였다.

'予獨愛蓮之出於淤泥而不染, 濯淸漣而不夭, 中通外直, 不蔓不枝, 香遠益淸, 亭亭淨植, 可遠觀而不可褻翫焉'
나는 연꽃이 홀로 진흙에서 나왔으면서도 물들지 않고, 맑은 물결에 씻기면서도 오염되지 않으며, 속이 비어있고 겉이 곧으며 덩굴도 뻗지 않고, 가지도 치지 않으며, 향기가 멀수록 더욱 맑고, 우뚝이 깨끗하게 서있어, 멀리서 바라볼 수 있어 부담 없고 싫지 않기 때문에 사랑한다.

'予謂菊 花之隱逸者也, 牧丹花之富貴者也, 蓮花之君者也, 噫菊之愛 陶後 鮮有聞, 蓮之愛 同予者何人, 牧丹之愛 宜乎衆矣'
나는 생각하건대 국화는 꽃 중의 은자이고, 모란은 꽃 중의 부귀한 자이며, 연꽃은 꽃 중의 군자라고 여긴다. 아! 국화를 사랑하는 이는 도연명 이후에 또 있다는 말을 들은 적이 드물며, 연꽃을 사랑하는 이는 나와 같은 자가 몇이나 되는가? 모란을 사랑하는 이는 당연히 많으리라.

애련설은 염계 선생이 말년에 여산에서 지내며 지은 산문이며, 전반부는 연꽃의 고결함을 묘사하고, 후반부는 연꽃과 국화와 모란을 비교하고 있으며, 모란은 부유한 자, 국화는 현명한 자, 연꽃은 군자로 평가하면서 국화와 연꽃을 좋아하는 사람이 없음을 아쉬워하고 있다. 애련설은 우리나라에도 창덕궁 후원의 애련지愛蓮池와 애련정愛蓮亭에 그 이름의 흔적이 남아 있고, 오늘날 우리 사회에도 경종이 되고 있다.

2019. 10. 담쟁이문학 제4집

자운서원紫雲書院과 화석정花石亭

며칠 전 경기도 파주에 있는 율곡栗谷선생의 성지 자운서원紫雲書院서과 근처 임진강 강변에 있는 화석정花石亭을 다녀왔다. 먼저 자운서원은 경기도 파수시 법원읍 동문리 산5-1에 위치하며, 경기도 기념물 제45호로 지정되어 있다.

자운서원은 조선 중기의 대학자인 율곡 이이(李珥: 1536~1584) 선생의 학문과 덕행을 기리기 위해 1615년(광해군 7년)지방 유림들에 의해 건립 되었다. 그 후 1868년(고종 5년) 대원군의 서원 철폐령으로 폐쇄되었다가, 1970년대 국가 지원금과 유림들의 기금조성으로 새롭게 단장되었다. 경내에는 율곡 선생의 영정을 모신 사당과 강당, 서재와 율곡 선생과 그의 모친 신사임당申師任堂의 유품 112점을 전시한 율곡기념관 등이 있다. 서원 입구에는 경기도 교육청이 새로 건립한 율곡교육연수

원이 있고, 동쪽에는 율곡 선생과 신사임당 묘소 등 13개의 가족묘가 있어 이곳은 율곡 선생의 성지聖地라고 할 수 있다.

특히 서원 내삼문 밖 우측에는 경기도 유형문화재 제 77호로 지정된 우암尤庵 송시열宋時烈이 짓고 당대 명필 곡운谷雲 김수증金壽曾이 쓴 자운서원 묘정비廟庭碑가, 경내 좌측 산기슭에는 향토유적 제 6호인 율곡 선생의 일대기를 기록한 신도비神道碑와 경기도 기념물 제15호인 율곡 선생의 묘가 평범한 묘제 형식으로 조성되어 있었다.

다음은 화석정이다. 경기도 파주시 파평면 율곡 3리 산100-1에 위치하며, 경기도 문화재 제61호로 지정되어 있다. 자운서원에서 약 8km 떨어진 임진강 강변에 위치한 곳으로 예부터 경관이 아름다운 곳이다. 화석정은 원래 개성 장단을 향했으며 앞으로 유유히 흐르는 임진강이 굽이 흐르고, 날이 맑은 때는 서울 삼각산과 개성 오관산五冠山이 보인다고 한다. 이 화석정은 1443년(세종 25년) 율곡의 5대조부인 강평공康平公 이명신李明晨이 세웠으며, 1478년(성종 9년) 몽암夢庵 이숙감李淑瑊이 화석정이라고 이름을 지었다. 율곡 선생이 어린 시절 학문을 읽히고 관직에서 물러난 후에도 이곳을 중수하여 제자들과 여생을 함께 보내면서 시와 학문을 논하였다고 한다. 특히 중국 사신 황홍헌黃洪憲도 이곳을 찾아와서 시를 읊고 즐기다 갔다고 한다. 임신왜란 때 선조 임금이 의주로 피난 갈 때 한 밤중에 이 정자를 불태워 환하게 밝혀 임진강을 건넜다는 유명한 일화가 전해오고 있다. 이 화석정은 1673년(현종 14년) 중건했으나, 6 · 25전쟁 때 다시 소실되어 1966년 파주 유림들의 성금과 1973년 정부의 '율곡. 신사임당 유적 정화사업' 일환으로 중건하고 단청을 하였다.

현재 화석정 정자에는 박정희 대통령이 쓴 화석정花石亭이란 편액이 걸려있고, 정자 내부에는 상량문 등 여러 개 현판이 걸려있다. 정자 우측 옆에는 수령樹齡 570년이 넘은 보호수 느티나무가 있고, 정자 좌측 마당에는 2001년 파주 군수가 세운 율곡 선생이 8세 때 지은 오언율시五言律詩 '화석정시花石亭詩' 팔세부시八歲賦詩 비석이 세워져 있다. 이 시는 가을 풍경을 한가롭게 표현한 시로서 율곡 선생의 유년시절 글재주를 엿 볼 수 있다.

화석정 시 花石亭 詩 / 李 珥 李栗谷

林亭秋已晚 숲속 정자에 가을이 이미 깊어드니,
임정추이만하니

騷客意無窮 시인의 시상詩想 끝이 없구나.
소객의무궁이라

遠水連天碧 멀리 보이는 물줄기는 하늘에 잇닿아 푸르고
원수연천벽이요

霜楓向日紅 서리 맞은 단풍은 해를 향해 붉게 물들었네.
상풍향일홍

山吐孤輪月 산은 외로운 둥근달을 토해내고(산 위로 달이 떠오르고)
산토고륜월

江含萬里風 강은 만리에서 불어오는 바람을 머금었네.
강함만리풍

塞鴻何處去 변방의 기러기는 어느 곳으로 날아가는고?
새홍하처거

聲斷暮雲中 울고 가는 소리가 저녁 구름 속으로 사라지네.
성단모운중

율곡 이이李珥는 조선조 중기 유명한 유학자로 명종과 선조 때 문신文臣이며, 자는 숙헌叔獻, 호는 율곡栗谷, 석담石潭, 우재愚齋이다. 어머니는 사임당 신씨師任堂 申氏이다.

율곡 선생은 외가인 강릉에서 출생하여, 파주 율곡리에서 성장했으며, 어려서부터 총명하고 글재주가 뛰어나 8세에 '화석정' 시를 썼으며, 13세에 진사초시에 합격하고, 생원시에 장원한 이래 아홉 번의 과거에 장원급제한 '구도장원공九度壯元公'이라 일컬었다, 그는 현실적 문제를 중시하는 실천적인 학풍으로 정치, 사회, 경제, 교육, 국방 등에 구체적인 개선책을 제시하여 경세가經世家로 큰 업적을 남겼다. 사창社倉설치, 대동법大同法 실시, 십만양병설 주장 등 사회정책에 대한 획기적인 선견先見은 조선 후기 실학자들에게 큰 영향을 미쳤다. 그의 주요 저서로는 성학집요聖學輯要, 격몽요결擊蒙要訣 소학집주개론小學集注改本 등이 있다.

근래 파주시는 율곡 선생의 학문적 업적과 공덕을 추앙하고 파주 시민의 애향심과 화합의 장을 마련하기 위해 매년 가을에 율곡 선생의 추향제례秋享祭禮를 비롯하여 향토문화축제를 개최하고 있다. 코로나19 때문에 오랫동안 두문불출 하다가 모처럼 옛 성인의 발자취를 되돌아보며 즐겁고 보람된 시간을 가졌다.

2021. 1. 시인부락 제12집

역사마을 하회河回와 양동良洞

얼마 전 경상북도 하회마을과 양동마을을 다녀왔다. 두 마을은 14~15세기에 조성된 대표적인 한국의 역사적 씨족마을이며, 2010년 7월 31일 브라질에서 열린 유네스코 회의에서 〈한국의 역사마을, 하회와 양동〉이라는 이름으로 세계문화유산으로 등재된 곳이다. 두 마을은 조선시대를 이끌었던 양반문화가 꽃핀 영남지역에 서로 90㎞ 정도 떨어져 있다. 그리고 두 마을은 조선시대의 대표적인 마을 입지인 북쪽으로 산을 등지고 남쪽으로 하천이 흐르는 '배산임수背山臨水'의 형태를 띠고 있으며, 유교 예법에 맞는 가옥들로 이루어져 있다. 이 두 마을은 경북 봉화읍 유곡(酉谷: 닭실), 안동 내압마을과 함께 영남의 4대 길지吉地로 꼽히고 있다.

먼저 하회河回마을은 경북 안동시 풍천면 하회리에 있다. 하회마을이란 이름은 마을 주변 낙동강이 S자 모양으로 마을을 휘돌아 감싸 안고 흐르는데서 유래되었다. 마을의 동쪽에는 태백산에서 뻗어 나온 해발 271m의 주산主山인 화산(花山: 335m)이 있고, 마을 중심부에는 수령樹齡이 600여 년인 느티나무가 있다. 하회마을은 고려시대 말에 허씨許氏, 안씨安氏, 그리고 류씨柳氏 성의 세 씨족이 살았다. 16세기 말에 류씨 가문은 유학자인 겸암 謙唵 류운룡柳雲龍과 임진왜란 때 영의정을 지낸 서애西厓 류성용柳成龍 형제를 배출했다. 17세기 말에는 허씨와 안씨 일가가 마을을 떠나면서 류씨 단독의 씨족 마을이 되었다. 하회마을의 집들은 마을 중심부 느티나무를 중심으로 강을 향해 배치되어 있으며, 큰 기와집을 중심으로 주변의 초가집들이 원형을 이루며 배치되어있는 것이 특징이다.

하회마을에는 '하회탈'로 유명하고, 서민들의 놀이였던 '하회별신굿탈놀이'와 선비들의 풍류놀이였던 '선유줄불놀이'가 지금까지 전승되고 있다. 그리고 하회마을 동쪽 4km지점에는 병산서원屛山書院이 있고, 우리나라 전통 생활문화와 고건축 양식을 보여주는 문화유산들이 비교적 잘 보존 되어있다.

다음은 양동良洞마을이다. 이 마을은 경북 경주시 강동면 양동리에 있다. 경주시 북쪽 설창산 163m에 둘러싸여 500여 년의 세월을 지나온 고색창연한 기와집들 54호와 이를 에워싸고 있는 초가집 100여 호로 이루어져 있다. 양동마을은 여강 이씨驪江李氏와 경주 손씨慶州孫氏의 혼인으로 양가가 함께 자리를 잡으면서 마을로 성장했다. 조선초기에는 남자가 처가를 따라가서 사는 경우가 많았는데 이런 연유로 양동마을은 '외손마을'이라 부르기도 한다. 이 마을에는 조선 중종 때 성리학자 우재愚齋 손중돈孫仲暾, 회재晦齋 이언적李彦迪 등 명공과 석학 등을 배출했다. 이 마을에서는 경주 손씨 종택인 서백당書百堂과 여강 이씨 종택인 무첨당無忝堂을 중심으로 낮은 토담 길을 거닐면서 역사의 향기를 맛볼 수 있다. 영화 '취화선'과 '내 마음의 풍금' 등의 배경이 되기도 했다. 양동마을에서 4km에 떨어진 곳에는 손중돈의 학문과 덕행을 추모하기 위해 세운 동강서원東江書院이 있고, 8km 되는 곳에는 이언적의 덕행을 기리는 옥산서원玉山書院이 있다.

이렇듯 하회, 양동 두 마을에는 씨족마을의 대표적인 요소인 종가와 양반들이 살았던 크고 튼튼한 목조 가옥, 정자와 정사, 유교 서원과 서당 등이 남아 있다. 두 마을 모두가 풍광이 뛰어나며, 정자와 휴식처에서 보이는 마을 주변의 산과 나무, 강의 경치는 17~18세기 시인들이 시를 읊었을 만큼 아름답다. 두 마을의 전통가옥들과 마을의 입지 및 배치가 이루는 조화는 조선시대의 사회와 분화를 보여주는 사례로 꼽을 수 있으며, 한국인의 고향 같은 한국을 대표하는 역사마을이다.

하회마을은 1999년 4월 영국 엘리자베스 여왕의 방문에 이어, 2019년 5월 14일에 둘째아들 앤드루 왕자도 방문하였으며, 양동마을은 1992년 영국의 찰스 황태자가 방문할 정도로 유명한 곳이다. 오래간만에 두 역사마을을 찾아 잊혀져가는 우리 전통문화와 한국의 정취를 맘껏 느끼고 돌아왔다.

2021. 5. 담쟁이문학 제4집

영화 모가디슈를 관람하고

며칠 전 서울 충무로에 있는 대한극장에서 영화 〈모가디슈〉를 관람했다. 코로나19의 여파로 정말 오랜만에 혼자 영화관에 들러 120여 분간의 상영시간 내내 마스크를 쓰고 보았다. 평일이라 그런지 오후 1시 상영시간인데 입장객이 단 3명뿐이었다.

이 영화는 1991년도 아프리카 소말리아 내전 당시 남북한 대사의 동시 탈출 실화를 바탕으로 제작하였다. 당시 한국대사였던 강신성(姜信盛: 84) 대사가 소말리아 내선의 실상을 쓴 장편소설 〈탈출2006년 출판〉을 근거하여 모티브로 제작한 영화이다.

나는 강 대사와 같은 시기에 주駐태국한국대사관과 주일본한국대사관에서 국방을 역임한 전임 외교관의 한사람으로서 이 영화를 꼭 보고 싶었다.

이 영화는 코로나 사태 이전에 소말리라 수도 '모가디슈'와 비슷한 해외 아프리카 모로코 '에사우이라'에서 4개월간 머물면서 100% 촬영했으며, 롯데 엔터테인먼트 배급에 제작비도 240억 원이나 들었다 한다. 원래 계획은 작년 여름에 개봉 예정이었으나 코로나19 영향으로 1년간 미루다가 지난 7월 28일에 개봉하였다. 다행히도 코로나 때문에 관광객이 줄고 개봉영화까지 줄게 되는 악순환을 막기 위해 한국 상영관협회와 한국 IPTV 방송협회가 함께 영화제작비 50%를 회수할 때까지 영화티켓 매출을 가져가지 않는다는 결정을 했다고 한다.

영화의 테마主題는 내전으로 고립된 낯선 도시 소말리아 수도 '모가디슈'에서 반군의 공격을 받고 대사관 직원들이 오로지 생존을 목표로 필사적으로 탈출하는 내용이다. 소말리아 내전이 한창이던 1991년 1월 9일 부터 4일간 소말리아 무장반군의 공격으로 신변의 위협을 느껴 더 이상 버티지 못하고 탈출을 결심하고 남북한 대사관 직원들이 함께 고군분투하며 이탈리아 대사관을 경유하여 '모가디슈' 탈출과정을 리얼하게 묘사하였다. 내전이 있기 전에는 서로 원수처럼 대하던 남북한 외교관들이 짧은 기간이었지만 위험한 상황에서 살기 위해 협력하는 '손자병법 구지편九地篇의 오월동주吳越同舟'의 실상과 인간애人間愛도 엿볼 수 있는 영화였다.

이 영화는 베테랑, 군함도의 류승완 감독이 연출까지 맡았으며, 배우 김윤석(극명 한신성 한국대사 역), 조인성(안기부 강대진 참사관 역), 허준호(림용수 북한대사 역), 구교환(태준기 북한 참사관 역), 김소진(김명희 역), 박경혜(박지원 사무원 역) 등 일류급 액션배우들이 열연을 하였다.

영화 줄거리는 당시 대한민국은 UN가입을 위해 해외파견 외교관들이 주재국과 외교활동을 강화하던 시기였다. 특히 아프리카에서 먼저 교두보를 확보한 북한보다 한국은 더 불리한 상황에서 한 표라도 더 지지표를 얻기 위해 치열한 외교공작을 벌였다. 그때 한신성(극명) 소말리아 주재 한국대사는 소말리아 고위급과 면담을 추진하지만 북한대사관의 반대 공작으로 뜻을 이루지 못하였다. 하루는 강대진 참사관이 힘겹게 주재국 소말리아 고위층과 면담일정을 잡고 선물까지 준비해 오는데 북한 공작으로 길에서 노상 테러를 당해 선물도 털렸다. 북한 소행을 안 참사관은 북한대사관이 소말리라 반군세력에 무기를 제공한다는 사진을 들고 나와 북한대사관과 대립하게 된다. 그런 와중에 1991년 소말리라 수도 모가디슈에서는 일촉즉발의 내전이 일어나 아비규환이 되었다. 통신마저 두절되어 고립된 대한민국 대사관 직원과 가족들은 총알과 포탄이 빗발치는 가운데 살아남기 위해 하루하루를 버틴다. 신변에 위협을 느낀 대사는 더 이상 버티기 어려워 서울 외교부 본부로 요청하게 되고, 그러던 어느 날 밤 북한 대사관 일행들이 대한민국 대사관을 찾아와 도움을 요청하자 이들을 고심 끝에 받아들이게 된다. 남북한 대사관 직원들은 반군들의 공격에 신변이 위험해지자 합심하여 필사적으로 '모가디슈'를 탈출하는데 성공하지만 북한참사관 태준기(구교환 역)는 총상으로 죽게 된다. 마지막 케냐 수도에 도착하면서 남북한 대사관 직원들은 비행기 안에서 서로 모르는 척하면서 기약 없는 작별 인사를 하고 영화는 끝을 맺는다.

한편 소말리아는 2차 대전 후에 영국으로부터 독립한 자유민주주의 국가였으나 공산주의자인 바레가 2대 대통령 샤르 마케를 암살하고 대통령이 되어 소말리아 혁명사회민주주의당SRSP를 세워 1969년부터 1991년까지 일당 족벌 독재 장기집권을 하게 된다. 그러나 1991년 1월 소말리아 반군 단체인 통일소말리아회의(USC/Union of Somali Congress)가 바레정권을 축출하였다. 정권을 장악한 USC 내에서 마흐디 대통령과 아이디드 의장 간에 대립이 격화되어 내전에 돌입하게 된다. 이 내전으로 40만 명이 사망하고 57만 명의 실종자와 140만 명의 난민이 발생하였다.

나는 이 영화를 통해서 당시 UN가입을 앞두고 치열하게 펼친 남북한 외교관들의 활동상, 소말리아 독재정권에 대항한 반군과의 비참한 내전실태, 남북한 대사관 직원들이 합심한 탈출시도 등을 인지하였고, 특히 해외에서 펼치는 외교관들의 고통과 활약상의 단면을 보았다. 그리고 영화 후반기에 펼쳐지는 탈출차량에 책이나 여러 물건들을 총알받이로 매어달고 반군들의 저항 망을 뚫고 액션이 넘치는 필사적인 레이싱 탈출 장면은 잊을 수 없는 명작이었다.

이 영화는 현재 전 세계 50여 나라에도 판매됐다. 이 영화가 소말리아 수도 '모가디슈'에서 터진 내전으로 인해 고립된 사람들의 긴박한 탈출기를 탄탄한 서사시로 완성시켰다는 호평과, 현재 아프간에서 내전 상황과 맞물려 시사성 있는 영화로 주목받고 있다는 뜨거운 입소문의 탓인지 흥행 가도를 타고 개봉 22일 만인 8월 18일 현재 예매율 1위에 250만 관객을 돌파하여 흥행 신기록을 세우고 있다.

이 영화는 외신들도 '진정으로 흥미진진한 사실에 근거한 스릴 있는 영화'라며 반응이 대단하다. 미국 '버라이어티'는 "스릴감 넘치는 액션과 드라마의 절묘한 조화"라며 카 레이싱 장면은 영화 '매드맥스'를 방불케 한다고 평했다. 나도 정말 오랜만에 본 멋진 영화였다고 자부하고 싶다. 이 영화는 남북한 동시 탈출이라는 실화 바탕의 각본으로 제작되어 어린이들부터 온 국민이 함께 보면서 많은 긍정적인 영향을 줄 수 있고, 특히 최근 아프간 사태로 내전과 탈출에 전 세계의 이목이 집중되는 시기와 맞물려 큰 교훈이 될 것으로 보인다. 한국 영화계의 발전을 기원하며, 영화 〈모가디슈〉를 제작한 류승완 감독과 출연진 여러분께 감사를 드린다.

그리고 이 영화를 보고 지금도 우리와 문화와 생활여건이 다른 해외 여러 나라에서 조국 대한민국의 국익을 위하여 불철주야 수고하는 외교관들, 특히 소말리아 같은 오지에서 고생하고 있는 후배 외교관들에게 선배 외교관의 한사람으로서 뜨거운 위로와 격려를 보낸다.

2021. 0. 2. 합천신문

사라지는 우체통과 공중전화 부스

길거리에 설치된 우체통과 공중전화 부스가 점점 사라져 가고 있다. 인터넷과 스마트 폰 등, 이동통신의 발달로 인하여 사용자가 거의 없기 때문이다.

먼저 우체통이다. 우편제도는 옛날 페르시아의 역마驛馬제도에서 시작되었는데 수도를 중심으로 일정거리마다 역驛을 설치하고 말을 이용해서 릴레이 경주하듯이 편지와 문서를 전달했다고 한다. 역마제도는 처음에는 개인보다 관공서에서 정보나 문서전달용으로 시작되었다. 그러나 15세기 구텐베르크의 인쇄술로 책이 늘고 글을 읽고 쓰며 개인 간에도 편지를 주고받는 일도 많았다. 그러나 처음에는 우편배달 비용이 비싸 일반대중이 사용하기는 쉽지 않았다. 1837년 영국 교육자 롤런드 힐(Rowland Hill)이 우편요금체제를 연구하여 '우체국의 개혁'이란 글을 발표한 뒤 1840년부터 합리적인 요금체제가 마련되어 근대우편제도가 생겼다. 이후 마차, 철도, 자동차, 항공기 등의 교통수단이 발달하여 더욱 발전하였다.

우리나라도 삼국시대부터 역마제도가 시행되었고 고려시대에 조직적으로 정비되었다. 그리고 개인 서신 연락들은 심부름 꾼 등 인편에 의해 대부분 전달되었다. 그러나 고종 때 일본과 미국에서 신식우편제도를 시찰하고 돌아온 홍영식洪英植의 건의를 받아 1884년 고종왕명으로 우정총국郵政總局이 설치되고 그해 11월 18일부터 근대우편제도가 실시되었다. 그러나 갑신정변으로 일시 중단되었다가 10년 뒤 1895년 6월 통신국 소속 24개의 우체사郵遞司가 설치되고 1900년에는 38개소로 확대되었다. 일제강점기에 통신권을 빼앗겼다가 해방 후 1949년 정부조직으로 전국 1면 1국 설치 원칙으로 2000년에는 시 · 읍 · 면 · 동까지 2807개 우체국이 설치되었다.

우체통 모양과 색깔도 나라마다 다양하다. 우리나라는 사각형 적색이 대부분이고 미국은 청색우체통, 영국은 녹색 둥근 원통형, 모로코는 황색 사각형 벽걸이 박스형이다. 그런데 요즘은 우체통 사용자가 급감하자 많이 철거되어 보기가 힘들다.

다음은 공중전화부스다. 수년전만 해도 전화를 걸기 위해 줄을 서서 기다려야 했는데 최근에는 이곳이 전화보다 담배를 피우는 장소로 바뀌고 있다. 그리고 옛날에는 공중전화 부스는 조용하고 청결한 곳으로 10원짜리 동전 2개면 3분 정도 안부를 전할 수 있었다. 그러나 지금은 한마디로 혐오감을 부를 정도로 도심의 흉물과 천덕꾸러기 무용지물이 되고 있다. 녹슨 바닥, 깨진 유리창, 찢어진 전화번호부, 껌과 광고 전단지, 각종 오물과 악취가 풍겨 수화기에 입을 대기가 꺼릴 정도이다. 그리고 마시다 남은 음료수를 부었는지 카드를 넣으면 작동도 잘 안되고 이물질이 나온다. 어떤 곳은 자전거 대기소나 노점상 좌판으로 사용하는 곳도 있다.

공중전화는 KT가 운영하고 KT 링커스가 관리한다. 휴대전화 보급률이 증가하면서 공중전화 수는 급격히 감소하고 있으며, 1990년대 말 15만 3천여 대가 현재 7만여 대로 줄었다고 한다. 최근에는 공중전화 부스에 전기차와 스마트폰 충전기를 설치했으나 아직 이용자가 적어 전화 부스 철거도 시간문제다.

결론적으로 우체통, 공중전화 부스도 문명의 이기 탓인지 사용자가 줄어 대부분 적자만 내고 새금 낭비만 하고 있어 특단의 대책이 필요하다. 옛날 시골에서 동네 우체통에 편지를 넣고 배달부 아저씨(집배원)를 얼마나 기다렸는지? 그리고 공중전화 부스가 생기면서 자주 선화를 걸던 시절이 엊그제 같은데 이제 옛 추억으로 남고 말았다. 정부는 공중전화 부스를 과감하게 줄이고 꼭 필요한 곳에 몇 개만 남겨서 청결을 유지하고 잘 관리하여 노년세대의 추억을 달래는 장소나 젊은 세대 교육용이나 외국 관광객이 사용할 수 있도록 탈바꿈하여야 한다.

2015. 4. 16. 합천신문

법정法頂 스님이 남긴 말

며칠 전 서울 성북동의 북악산 자락에 자리 잡고 있는 길상사吉祥寺에 다녀왔다. 이곳은 1960~70년대 고급 요정으로 꽤 유명했던 '대원각'이 있었던 자리로, 주인 진향眞香 김영한(金英韓, 법명 吉祥華: 1916~1999) 보살이 1997년 법정(法頂, 본명 박재철: 1932~2010) 스님에게 무상으로 기증한 곳이다. 법정 스님은 이곳을 길상화의 법명을 따서 〈맑고 향기롭게 근본도량 길상사〉로 이름을 짓고, 절을 지어 1997년 12월 14일 창건법회를 가진 후 생전에 기거하시다가 2010년 3월 입적하신 곳이다. 길상사는 김영한 보살과 법정 스님으로 인해 고급 요정이 도심 속 사찰로 변신했다.

나는 법정 스님이 한국전쟁의 비극을 경험하고 삶과 죽음에 대해 고뇌하다 1954년 대학 3학년 때에 진리를 찾아 속가를 떠나 수행 후 쓴

〈무소유〉 등 몇 권의 저서를 갖고 있다. 그리고 언제가 읽었던 스님의 글 중에 아래와 같은 내용이 아직도 기억에 생생하다.

아 ! 내가 바로 있는 이곳이 천당이고 지옥이다. 내 맘이 즐거우면 천당이고 내 몸이 괴로우면 지옥이다. 세상을 모르는 중생들아 하나님이 어디 있고 부처님이 어디 있느냐? 지옥과 천당은 내가 만들어 살고 있는 것을 왜 모르느냐? 여보게 친구! 산에 오르면 절이 있고, 절에 가면 부처가 있다고 생각하는가? 절에 가면 인간이 만든 불상만 자네를 내려다보고 있지 않던가? 부처는 절에 없다네. 부처는 세상에 내려가야만 천지에 널려있다네… 내 주위에 가난한 이웃이 부처고… 병들어 누워있는 자가 부처라네… 그 많은 부처를 보지도 못하고 어찌 사람이 만든 불상에만 허리가 아프도록 절만 하는가? 천당과 지옥은 죽어서 가는 곳이라고 생각 하는가? 살아 있는 지금이 천당이고 지옥이라네… 내 마음이 천당이고 지옥이라네.

내가 살면서 즐겁고 행복하면 여기가 천당이고, 살면서 힘들다고 고통스럽다고 생각하면 거기가 지옥이라네. 자네 마음이 부처고 자네가 관세음보살이라네… 여보시게 친구! 죽어서 천당가려하지 말고 사는 동안 천당에서 같이 살지 않으려나? 자네가 부처라는 것을 잊지 마시게. 그리고 부처답게 살길 바라네. 부처처럼….

그리고 법정 스님이 생전에 일주일을 좋은 날로 말씀하셨던 글도 있다.

월요일은 달처럼 살아야 한다. 달은 캄캄한 어두운 밤을 밝게 비춰주는 역할을 한다.

화요일은 불을 조심해애 한다. 수많은 공덕이라도 마음에 불을 한번 일으키게 되면 그동안 쌓아온 공덕이 모두 타버리게 된다. 수요일은 인생을 물처럼 살아가리라고 다짐하는 날이다. 물은 갈 길을 찾아서 쉬지 않고 흘러간다. 하지만 언제나 낮은 곳을 택해 가지 높은 곳으로 가는 법이 없다. 항상 사람은 물처럼 고개 숙이고 남의 말을 존중하고 어질고 순한 자세를 가져야 한다.

목요일은 나무처럼 살아야 한다. 한 그루 나무가 커서 그늘이 되고 기둥이 되듯이 그 집안의 기둥이 되고 그 나라의 기둥이 되고 대들보가 될 수 있는 사람이 되기 위해 노력해야 한다. 금요일은 천금같이 말을 할 줄 알아야 한다. 똑 같은 말을 하더라도 가치가 있고 남에게 상처를 주고 섭섭하고 괴로운 말, 죄 짓는 말을 하지 말고 진솔하고 정직한 말을 해야 한다. 토요일은 흙과 같이 마음을 써야 한다. 아무리 더러운 똥오줌이라도 덮어주고 용서해 주는 흙과 같이 마음을 써야한다. 일요일은 태양이다. 저 밝은 태양은 만물을 성숙시켜주고 있다. 여름에 태양이 없으면 곡식이 익지 않는다. 특히 냉혈동물들이 되어서는 안 된다. 밝은 표정으로 살아야 한다.

나는 몇 년 전 법정 스님이 열반涅槃하여 다비식을 가졌던 전남 순천의 송광사와 불일암을 다녀온 적이 있다. 그리고 가까운 서울의 성북동 길상사는 자주 찾고 있다. 길상사 진영각에는 법정 스님의 저서와 유품이 전시되어 있다. 스님이 남긴 "나는 누구인가 스스로 물어라"라며 8가지 명언과 여러 저서著書는 많은 사람들에 감동을 주고 있다.

저서 〈무소유〉에서 '우리는 필요에 의해서 물건을 갖지만, 때로는 그

물건 때문에 마음을 쓰게 된다. 따라서 무엇인가를 갖는다는 것은 다른 한편 무엇인가에 얽매이는 것, 그러므로 많이 갖고 있다는 것은 그만큼 많이 얽혀 있다는 뜻이다.' 라고 했다. 그리고 〈버리고 떠나기〉에서 '버리고 비우는 일은 결코 소극적인 삶이 아니라 지혜로운 삶의 선택이다. 버리고 비우지 않고는 새것이 들어설 수 없다.' 고 했다.

〈홀로 사는 즐거움〉에서는 '사람은 본질적으로 홀로일 수밖에 없는 존재다. 홀로 있다는 것은 물들지 않고 순진무구純眞無垢하고 자유롭고 전체적이고 부서지지 않음을 뜻한다.'라고 했다. 〈오두막 편지〉에서는 '내 소망은 단순하게 사는 일이다. 그리고 평범하게 사는 일이다. 느낌과 의지대로 자연스럽게 살고 싶다. 그 누구도 내 삶을 대신 살아줄 수 없기 때문에 나는 나답게 살고 싶다.'고 했다. 〈산방한담〉에서 '우리 곁에 꽃이 피어나는 것은 얼마나 놀라운 생명의 신비인가? 곱고 향기로운 우주가 문을 열고 있는 것이다.' 라는 등 주옥같은 글을 남겼다.

법정 스님이 열반하신지 수 년이 지난 오늘, 스님이 우리들에게 남긴 좋은 글들을 곰곰이 되새겨본다.

2021. 12. 15. 계간문예 겨울호

한국 골퍼들의 쾌거

– LPGA 200승, PGA 20승

요즈음 한국 남녀 골프 선수들의 활약이 정말 대단하다. 얼마 전 고진영(26) 선수가 한 국선수의 미국여자프로골프(LPGA)투어 200번째 우승이 주인공이 되었다. 고진영 선수는 지난 10월 24일 부산 기장에 있는 LPGA 인터내셔널 부산파 72에서 열린 BMW 레이디스 챔피언십 대회 마지막 날에 보기 없이 8언더 64타를 몰아쳐 최종 합계 22언더파로 우승을 하였다. 그리고 그는 우승 상금 30만 달러(약 3억5천만 원)를 받고 세계 랭킹 1위로 복귀하였으며, 나승부분 선두4승, 올해의 선수상 1위에도 이름을 올렸다.

고진영 선수는 2013년 9월 한국여자프로골프협회KLPGA에 입회하여 2017년 LPGA KEB/하나은행 챔피언십에 우승한 뒤, LPGA에 진출하여 통산 11승을 하였다. 올 시즌은 초반 조모상을 당하여 슬럼프에 빠졌으나, 지난 7월 볼런티어스 오브 아메리칸 클래식에서 뒤늦게 시즌 첫 우승을 하고, 9월 포틀랜드 클래식에 우승에 이어, 지난 10월 7~10일 LPGA 투어 코그니전트 파운더스컵 우승과 이번 부산 MBW 레이디스 챔피언십 대회 우승까지 올해 4승의 놀라운 성적을 올리고 있다.

한국 여자 골프선수들은 고 구옥희 프로가 1988년 스탠더드 레지스터대회에서 첫 우승을 거둔 뒤 33년 만에 200승의 대 합작을 이루어 냈다. 200승을 하기까지는 이번에 통산 11승을 거둔 고진영에 이어 박세리 25승, 박인비 21승, 김세영 12승, 신지애 11승, 최나연 9승, 김인경 7승에 이어 총 48명의 선수들이 힘을 보탰다. 한국 선수들은 1988년 첫 승 이후 24년만인 2012년 유소연이 100승을 거두었고, 9년 후인 올해 2021년에 200승을 이루어 냈다. 그리고 한국 선수들이 101승에서 200승 달성기간에 미국 선수들은 67승에 그쳤다. 현재까지 한국보다 많은 우승을 차지한 나라는 1,527승의 미국뿐이며, 일본은 51승이다.

또한 지금까지 한국 여자 골프선수 19명이 메이저대회 34승을 하였고, 올해의 선수상 수상 4회, 신인상 수상 13회나 받았다. 그리고 세계 랭킹 1위를 한 선수만도 신지애, 박인비, 유소연, 박성현, 고진영 등 5명이나 된다. 특히 통산 25승의 최다승을 한 박세리 선수는 1998년 LPGA에 입회하여 그해 신인상을 수상하고, 2002년 당시 최연소 메이저 4승의 기록으로 명예에 전당에 입성하였다. 박인비 선수도 2006년 LPGA에 입회하여 2015년에 역대 최연소 기록으로 LPGA 명예의 전당에 입성과, 한 선수가 활동기간 4개의 메이저 우승선수인 커리어 그랜드 슬램(Career Grand Slam)을 달성하였고, 2016년 브라질 리우 올림픽

대회에서 올림픽 사상 최초로 금메달을 획득하였다. 그리고 현재도 한국 여자 선수들 5~6명이 세계랭킹 톱10에 포진하고 있다.

한편 미국 프로골프PGA에서도 한국 남자 골퍼들의 활약도 대단하다. 2002년 5월 최경주(51) 선수가 컴팩 클래식에서 첫 우승을 시작으로, 지난 10월 7~10일 미국 라스베이거스 서멀린 TPC에서 열린 PGA 슈라이너스 칠드런스 오픈에서 임성재(23) 선수가 우승하여 한국 선수들의 통산 20승을 달성하였다. 20승 달성에는 최경주 선수의 8승, 양용은 2승, 배상문 2승, 김시우 3승, 임성재 2승, 노승렬, 이경훈, 강성훈 등이 1승을 보탰다. 특히 최경주 선수는 지난 9월 말 미국 캘리포니아 몬터레이 페블비치 골프링크스에서 개최한 50세 이상 선수들이 출전하는 시니어투어인 PGA 챔피언스 투어 퓨어 인슈어런스 챔피언십에서 13언드파 203타로 우승을 차지하여 노익장을 과시했다.

전 세계가 코로나19의 팬데믹Pandemic으로 침울한 시기에 젊은 나이에 사생활을 버리고 어려운 여건을 극복하면서 조국 대한민국의 위상을 세계 만방에 떨치고 있는 한국 남녀 골퍼들의 활약상에 뜨거운 찬사를 보낸다.

2021. 10 .25. 경기데일리

槐雲
權海兆

제 3 부

추억과 향수鄕愁에 젖다

유년시절의 회고

내일이 음력 4월 초파일 석가탄신일이다. 문득 옛날 어린 시절이 생각난다. 우리 집은 시골 유학자 지주 집안으로 해방 전 일본 관리들의 시달림을 피하고 삼촌과 형님들 공부 때문에 부모님이 고향 시골집을 남에게 맡기고 몇 년 간 고향을 떠나 대구에서 살았다. 나도 그곳에서 태어났으며 해방 후 3살 때 다시 고향으로 돌아왔다는데 대구 생활은 기억이 전혀 없다. 그래서 내가 어릴 때 봄, 여름 가을에는 머슴들과 소 먹이고 풀을 베고, 여름이면 친구들과 개울에서 물장구치고 헤엄을 치며 가재 잡고 물고기를 잡으며, 겨울이면 집 앞 미나리 논에 물을 채워 만든 얼음판 위에서 팽이 치고 스케이트를 즐겼던 시골에서의 유년시절이 주마등처럼 떠오른다.

나는 어릴 때 동네 개구쟁이로 소문난 말썽꾸러기였다. 초등(당시 국민)학교 다니기 전에 할아버지께 한문을 배웠다. 공부하기가 싫어 꾀병을 부릴 때도 많았고 할아버지로부터 회초리도 많이 맞았다. 그리고 친구들과 놀이에 빠져 식사도 잊고 밤늦게까지 놀기도 하고, 가끔 손발과 머리를 다쳐 어머니께 매도 맞고 꾸중도 많이 들었다. 작은형이 다니는 초등학교에 따라가서 여학생들에게 장난을 치고 선생님에게 야단을 받은 일도 있었다. 그리고 밤에 오줌을 싸서 키를 쓰고 이웃집에 가서 소금을 얻어오는 창피스런 일도 있었다. 이러한 철부지 어린 시절의 추억을 더듬어본다.

첫 번째 생각은 역시 지금도 잊지 못할 그때 음식 맛이다. 제일먼저 생각나는 것은 4월초파일 절에서 먹은 비빔밥이다. 아마도 6살 때 인 것으로 생각된다. 당시 우리 고향에는 교회나 성당이 없었고, 유일하게 우리집에서 약 6㎞ 떨어진 허굴산 중턱에 자리 잡은 청강사 절이 있었고, 많은 동네사람들이 청강사에 다녔다. 그날도 어머니를 따라 청강사에 가서 하얀 쌀밥에 콩나물, 미나리, 무생채에 고추장을 넣은 비빔밥을 먹었는데 너무나 맛이 있었다. 그래서 나는 지금도 가끔 미나리, 콩나물, 무생채를 곁들인 비빔밥을 즐겨먹는다.

다음은 밤늦게 먹는 제삿밥이다. 지금은 제사를 대부분 초지녁에 모여 집인끼리 조용히 모시고 있다. 그러나 옛날 시골에서 제사는 동네 친척들이 모여 대략 새벽 2시 이후인 첫닭이 울기 직전에 모셨다. 제사 후에 나눠먹던 제삿밥이 그렇게도 맛이 있었다. 흰쌀밥에 나물을 넣은 비빔밥에 문어와 홍합 무를 넣어 끓인 탕국과 같이 먹으면 정말 맛이 있었다. 그리고 제사를 지낸 뒤에는 반드시 동네 친척들과 음식을 서로 나누어 먹는 풍습 때문에 우리집은 물론 동네 친척들 제삿날도 손꼽아 기다리곤 했다.

또한 한여름 보리타작 때 먹었던 참외 맛이다. 보리타작 때가 되면 참외를 파는 아주머니가 우리집에 반드시 들렀다. 아주머니가 파는 참외 맛은 정말 꿀맛이었다. 그리고 시월 묘사 떡도 잊을 수 없다. 우리 집안은 통상 음력 시월 하순에 묘사墓祀를 지낸다. 초겨울 쌀쌀한 날씨에도 불구하고 멀리 있는 산소까지 가서 묘사를 마친 뒤에 나눠주는 곶감과 시루떡, 절편과 인절미 조각의 떡 맛은 지금도 잊을 수 없다.

두 번째는 할머니를 따라 간 장거리 도보 여행이다. 먼저 일곱 살 때 11월에 날씨도 추운 겨울에 할머니를 따라 진외가(陳外家: 아버지의 외가)를 방문한 초행길이다. 진외가는 우리 집에서 16㎞ 정도 떨어진 쌍백면 묵동으로 대병면, 가회면, 삼가면을 거쳐야 했다. 당시는 버스나 차량이 없었고 할아버지께서는 가끔 말을 타고 가셨지만 할머니는 가마를 타시기나 주로 걸어 다녔다. 그날 가는 길에 송림이 우거져 하늘도 안 보이는 진등재라는 깊은 산골짜기를 지나야 하는데 옛날에는 호랑이들이 나오고 밤이면 도깨비들이 나오는 곳으로 알려져 할머니 손을 꼭 잡고 겁을 먹고 따라간 기억이 아직도 생생하다.

다음은 6 · 25 전쟁 직전 1950년 4월에 할머니를 따라 막내 삼촌이 초등학교 교사로 첫 부임했던 우리집에서 약 12㎞ 떨어진 봉산면 옥계 마을 방문이었다. 그 마을 근처에는 금광金鑛이 있어 동네 어린이들과 금광입구 개울에 가서 금이 들어있는 돌을 몰래 주워온 것이 지금도 생각난다.

세 번째는 친구들과 즐겼던 여러 놀이다. 당시 가장 즐기던 놀이가 딱지치기, 재기차기, 자치기, 말 타기, 숨바꼭질 등이다. 그리고 줄넘기, 팽이 돌리기, 참새잡기 등도 즐겼으며, 명절에는 동네 어른들과 연날리기, 윷놀이 등으로 즐거운 날을 보냈다.

그 가운데 할아버지께서 고이 간직해온 박문수 어사나 몇몇 정승들에게 받은 편지로 딱지를 만들어 할아버지로께 꾸중을 들은 일이나, 고무새총으로 동네 아주머니들 물동아리를 깨뜨린 일도 있었다. 그리고 송판에 굵은 철사 두 줄을 밑바닥에 붙여 만든 스케이트를 두 개의 송곳을 이용하여 타던 재미는 너무나 즐거웠으며, 때로는 밥도 먹지 않고 하루 종일 타면서 물에 빠져 옷을 버려 어머니로께 꾸중을 들었던 일도 한두 번이 아니었다.

마지막으로 가장 추억에 남는 것은 당시 즐겨 불렀던 노래들이 생각이 난다. 〈산 위에서 부는 바람 시원한 바람, 그 바람은 좋은 바람 고마운 바람, 여름에 나무꾼이 나무를 할 때 이마에 흐른 땀을 씻어주대요 꾀꼴 꾀꼴 꾀꼬리는 버드나무 위에서 봄 풍경에 취했는가 노래를 하며, 먼 산에 쌓인 눈은 소리 없이 녹아서 아지랑이 꿈결 속에 진달래가 핍니다.〉 등 노래 가사가 아직도 기억이 새롭다.

오늘은 옛날 가난했던 시골생활과 그 속에서 자란 옛 추억을 더듬으며, 오늘날 너무나 눈부신 발전과 변화된 생활환경에서 자라나는 어린이들과 비교해 보면서 이 글을 추억으로 남기고 싶다.

2010. 12. 시인부락 제2집

가훈家訓과 선고훈계先考訓戒

옛날부터 우리나라는 가정에 가훈家訓이 있었다. 지금도 대부분 나름대로 가훈이 있다. 그리고 지하철 대합실이나 서울 인사동 골목 등에서도 가훈을 써주고 액자로 만들어 팔기도 한다. 최근에 흔히 쓰는 가훈으로는 정직正直, 근면勤勉, 성실誠實, 겸손謙遜, 가화만사성家和萬事成: 집안이 화목하면 모든 일이 잘 이루어진다, 고진감래(苦盡甘來: 고생이 다하면 즐거움이 온다), 일체유심조(一切唯心造: 마음이 모든 것을 지어낸다. 즉 모든 것이 마음먹기 나름이다) 등이 많다.

나는 유년시절에 시골에서 할아버지와 사랑방에서 기거하였다. 그리고 할아버지 밑에서 천자문千字文, 동몽선습童蒙先習, 명심보감明心寶鑑, 소학小學 등을 배웠다. 당시는 뜻도 모르고 무조건 암송暗誦만 하였는데 지금 생각하면 나무만 보고 숲을 몰랐던 것 같다. 할아버지 휘諱(이름)

는 재성載性, 호號는 현암弦菴으로 1890년 3월에 출생하여 1955년 9월에 별세하셨다.

그런데 당시 할아버지 방에는 항상 〈인녕부아 아무부인人寧負我 我無負人〉이란 8글자로 된 액자가 벽에 걸려 있었다. 나는 그것을 그냥 장식용이라 생각하였다. 그러나 그 내용은 할아버지의 증조부인 나의 5대조 부당부군負堂府君께서 편액에 써서 붙여놓고 경계하신 우리 집 가훈家訓이었다. 이 내용은 "남이 차라리 나를 저버릴지언정, 내가 남을 저버려서는 안 된다."는 뜻이다. 나의 5대조 할아버지 휘諱는 규奎, 호號는 부당負堂으로 1807년 2월에 출생하여 1877년 7월에 별세하셨다. 할아버지께서는 부당 할아버지께서 우리 집 살림을 이루셨던 훌륭한 분이라며 우리들에게 자랑스럽게 말씀하셨다.

한편 나의 선고先考 휘諱 옥현(玉鉉: 1912. 2.~1999. 3.), 호號 설암雪嵒부군府君께서 세상을 떠나시기 10여 년 전 1990년에 나의 6대조 할아버지 휘諱 처검(處儉: 1776. 6.~1850. 2), 호號 죽헌竹軒 부군府君 때부터 살던 고향집 목조 기와집을 헐고 새로 양옥으로 신축하여 이름을 죽헌정사竹軒精舍와 아들 6형제가 출생한 집이라 하여 육회당六懷堂이라는 현판을 걸었다. 한편 아들을 경계하는 "시제아示諸兒(여러 아들에게 보이다)."란 훈계訓戒를 문집에 남겼다.

그 내용은 다음과 같다.

行路常徐重 길을 갈 적에는 항상 천천히 무겁게 신중하게 걷고
행로상서중

接人盡信誠 사람을 대할 때에는 믿음과 정성으로 대하여야 한다.
접인진신성

誓心制嗜欲 마음에 맹세하여 기호와 욕심을 억제하고
서심제기욕

謨事謝浮榮 사업을 도모할 때에는 들뜨지 말고 허영심을 버려야 한다.
모사사부영

見折聊無屈 실패해도 굽힘이 없어야 하고
견절료무굴

遭橫必辨明 횡액을 당하면 반드시 분명하게 밝혀 말해야 한다.
조횡필변명

家傳負負訣 집안에 전하는 남이 나를 저버려도 나는 저버리지 않는다는
가전부부결

常作心頭銘 훈계를 언제나 마음속에 새겨 행하라.
상작심도명

나는 오늘 이 글을 쓰면서 오늘의 내가 있기까지 정신적 지주가 되었던 5대조 부당부군께서 지으신 가훈과 선고 설암부군 훈계의 의미를 되새겨 보며 선조들에 대한 존경과 감사를 드린다.

2018. 11. 1. 안동권씨 종보

설암공雪嵒公의 잠箴과 명銘

얼마 전 선고先考 설암부군雪嵒府君의 문집18권 6책의 내용을 후손들이 알도록 하기 위하여 중요 내용만 발췌하여 한글판 단행본으로 만들었다. 그 가운데 선고께서 남긴 잠箴 2편과 명銘 14편 가운데 한 수절씩만 소개한다.

우리는 선현先賢과 선비들이 쓴 문집에서 시詩, 서書, 기記, 발跋, 잠箴, 명銘, 찬贊등 많은 문체의 글을 볼 수 있다. 그중에서 그들의 마음에 놓은 침이라 볼 수 있는 잠(箴. 規戒)과 사물에 새기어 교훈으로 삼는 명(銘: 金石文)이 있다. 따라서 우리는 선현 선비들의 잠箴을 통해서 자연스럽게 유학儒學의 깊은 바다에서 명상에 잠길 수 있고, 명銘을 통해서 그들의 삶을 함께한 손때가 묻은 물건에서 가르침을 느낄 수 있다.

먼저 잠箴이다. 오늘날 격언格言, 금언金言, 서양의 잠언The Proverbs과도 유사하며, 스스로를 경계하거나 다른 사람을 훈계하는 전통적인 글쓰기 형식이다. 선고의 잠에는 소원과 희망의 뜻을 표현하며 마지막 구절에는 모든 원願을 사용하였다.

〈**자경잠**自警箴〉 : 스스로를 경계하는 잠.

공경하지 않으면 덕성을 잃게 되고　　不敬德失
부지런하지 않으면 학업이 폐기된다.　　不勤業廢
잘못을 고치지 않으면 허물이 자라고　　不改過長
자신을 속이면 밝은 마음이 가려진다.　　自欺明蔽
원컨대 너는 반성하고 자세히 살펴서　　願爾省察
자나 깨나 해이하지 말아야 한다.　　毋弛寤寐

이 자경잠은 기유(己酉: 1969년) 원단元旦에 스스로 마음가짐에 대해 지은 잠이다.

다음은 명銘이다. 곁에서 삶을 함께한 물건에 지켜야 할 교훈적인 글을 새긴 것이다. 선고의 명은 명을 짓게된 연유를 병서竝書 형식을 빌려 서술하고 있다.

〈**고장궤명**古藏櫃銘〉: 옛 문건을 저장한 궤의 명.

조상이 심은 뽕나무와 가래나무조차도　　惟桑與梓

옛 사람들은 반드시 공경한다 하였지　　古云必恭
하물며 조상의 손때 묵은 것을　　況乎手澤
감히 받들어 존숭하지 않으랴　　敢不奉崇
삼가 이것을 수습하여　　謹玆收拾
갈무리하고 봉하여두네　　以藏以封
원컨대 삼가고 조심하여　　願言兢兢
무궁토록 보전되길 기대한다.　　期保無窮

선대에서 남겨주신 기물과 서책 중에는 오늘날 귀중품이 될 물건이 많은데, 고조부 부당(負堂: 諱는 奎)부군府君이 축적한 것이다. 무오(1918년)년에 큰 화재로 모두 불에 타고 겨우 보존된 것이 선대의 만사挽辭와 제문祭文 2책과 인친姻親의 편지 3첩三帖뿐이다.

고장궤명은 이것을 수습하여 궤 속에 보관하며 공손한 마음을 표하며 지은 명이다.

설암雪嵒 권옥현(權玉鉉: 1912~1999)은 경남 합천 대병 태생으로 아명兒名은 준총駿驄이며, 자字는 휘원輝遠이고, 호는 설암雪嵒, 정재靜齋이다. 이이李珥 율곡栗谷선생과 우암尤菴 송시열宋時烈의 학문을 따르는 기호학파畿湖學派의 근세유학자이다.

2021. 3. 22. 안동권씨 복야공파종회지 6호

사모곡思母曲

창 밖에 비가 내리는 오늘, 문득 돌아가신 어머님이 생각난다. 어느새 어머님이 돌아가신지 68년의 세월이 흘렀다. 나의 어머님은 하동 정씨河東鄭氏로 문헌공文獻公 정여창鄭汝昌 14세손인 기현璣鉉의 1남 5녀의 막내 따님으로 태어났다. 우리 고향과 그리 멀지 않은 경남 함양군 수동면水東面 우명리牛鳴里 780번지에서 1915년 을묘년 1월 4일 출생해 1952년 임진년 1월 27일 37세로 운명하셨다. 부모님 두 분이 천생연분인지 어머님의 기제일忌祭日이 음력 정월 27일인데 47년 후에 돌아가신 아버님의 기제일은 음력 정월 26일로 하루 앞날이다.

어머님은 일제강점기였던 1933년 11월 20일, 18세 나이로 21세의 선친에게 시집 와 4남을 두었다. 내가 초등학교 2학년 때 세상을 떠나 지금도 어머님의 생전 모습이 어렴풋이나마 떠오른다. 내 기억으로는 어머님이 제법 키도 큰 편이고 상당히 인자하신 성격이었는데, 얼굴에 검은 복점 하나가 있었다. 그래서 인지 이름이 정필점鄭畢点이였다.

어머님은 6 · 25전쟁 기간에 나의 둘째동생을 출산하다 돌아가셨다. 지금 같으면 말도 안 되는 불상사다. 당시 시골에는 병원이 거의 없었다. 우리 면에는 왜정시대 일본 병원에서 근무한 경험이 있는 돌팔이 의사 한 명 뿐이었다. 어머님은 나의 5대 조부 기제일忌祭日에 떡방아를 찧다가 산통産痛이 있어 방에 들어가 조리를 했으나 끝내 운명하시고 어린 동생도 세상 구경을 못하고 말았다. 당시 선친께서도 출타하시고 형들도 학교 때문에 외지에 나가 있어 어린 내가 할머님의 재촉을 받아 2km 떨어진 서재 밑 금성錦城마을에 사는 돌팔이 의사를 서둘러 모시고 왔으나 허사虛事였다.

내가 보고 들은 어머님은 정말 훌륭한 분이었다. 몇 년 전까지 살아 계셨던 막내숙모님 말씀에 의하면 음식과 바느질 솜씨가 일품이었고, 예의범절과 사교술도 대단하였으며, 동서 간 우애도 남달랐다고 한다. 그리고 글諺文을 잘 하셔서 당시 동네에서 결혼하면 안사돈끼리 주고받은 편지는 어머님이 도맡아 쓰셨다고 했다.

나는 어릴 때 유별난 개구쟁이로 어머님의 속을 많이 상하게 하였다. 가끔 친구들과 상난치다 다치면 친구들을 만나 서로 사이좋게 지내라고 충고도 해 주시고 나를 무척 아껴주셨다. 한 번은 대구에서 유학중인 막내삼촌이 사온 흰 운동화를 보물로 여기면서 아꼈다. 하루는 친구들과 놀러가다 운동화를 아끼려고 개울가 모래속에 묻었다가 찾지못해 어머니께 꾸중을 들었던 기억이 아직도 생생하다.

어머님은 할아버지 할머니, 아버지의 한복과 우리 형제들의 양복을 직접 만들고 빨래도 하셨다. 특히 무명綿布 광목廣木을 구입해서 검정물을 들여 시집 올 때 가져온 재봉틀로 우리들의 양복을 직접 만들어 주셨다. 뿐만 아니라 당시는 식모와 막내숙모도 있었지만 6 · 25전쟁을 피하기 위해 의령으로 시집간 고모네 식구들까지 와서 머슴 3명과 매일 20여 명 식구들의 식사 준비가 보통 고역이 아니었다. 거기에다 끼니마다 걸인乞人들, 과객過客들이 줄을 이어 하루에도 몇 번씩 밥상을 차려냈으나 별로 짜증을 내는 얼굴을 보지 못했다.

어머님이 돌아가시자 동네 사람들은 염라대왕이 착한 사람을 먼저 데리고 간다고 하더니 맞는 말이라고 하였다. 지금은 어머님의 흑백사진 한 장도 없으나 어머님이 직접 쓰신 편지 몇 통은 나의 보물로 여기며 갖고 있다. 어머님이 돌아가신 후 고향인 합천군 대병면 성리城里 오동골梧棟村 안산案山 공수곡公守谷 묘좌卯坐에 안장했다가, 10여 년 뒤 삼가면三嘉面 두모리斗毛里 우이곡牛耳谷 간좌艮坐로 이장하여 그곳에서 영면하고 있다.

이제는 어머님을 다시 볼 수 없고 음성도 들을 수도 없는 불귀의 몸이 되어 고향 우이곡牛耳谷의 깊은 산속 양지바른 곳에서 깊은 잠을 자고 계신다. 어머님은 나를 낳아주시고 철부지 어린 시절 사람 되게 길러주신 고마우신 분이다. 생전에 자식의 도리를 다하지 못한 아픈 마음을 가슴에 새기며 오늘도 조용히 어머님을 생각하며 그리워한다.

2021. 1. 시인부락 제 12집

태동서사泰東書舍 석채례釋菜禮 참관기

나는 2007년 5월 11일(음력 3월 25일) 금요일 오전에 경남 합천군 초계면 유하리 소재 태동서사泰東書舍에서 20세기 말 합천이 배출한 유학의 대가 추연秋淵 권용현權龍鉉 선생을 추모하는 정해년 석채례釋菜禮에 참석하였다. 석채례란 고대古代에 입학入學하는 후학後學이 선성先聖 선사先師에게 드리는 전례典禮의 하나였다. 후대에는 후학들이 존모하는 선현先賢이나 선사에게 올리는 제전祭典으로, 향사享祀를 드리는 사당祠堂을 건립하지 못한 경우에 정사精舍나 서당 등에서 간략히 행하는 예禮이다. 사당이 없으면 봉안된 위패位牌가 없기 때문에 행사 때마다 패자牌子에 지위紙位를 모시고 단헌單獻으로 드리는 것이 통례로, 통상 소나 양의 희생을 쓰지 않고 채소 등을 벌여놓고 지내는 간소한 제례이다.

이번 석채례에는 전국 각지에서 50여 명이 참석하였는데 서부 영남

유림의 주관으로 추연이 만년까지 강학講學하던 태동서사에서 그 문인門人들의 모임인 이지계二止契 회원과 유지를 복응하는 유림 후학의 모임인 보인계輔仁契의 주관으로 음력 3월 25일을 정일定日로 행사하고 있다.

나는 이번 석채례 참석이 여러 면에서 감회가 깊었다. 나는 선생의 생시 어린 나이로 선생의 적전嫡傳 수제자이던 선고(先考: 雪嵒 權玉鉉)를 배종하여 이 서사에서 선생을 배알한 적이 있었다. 선고는 평생을 문인門人으로서 선생을 스승으로 받들었으며 선생의 장례시에는 호상護喪을 맡아 양례襄禮를 받들고 후일에는 행장行狀을 짓는 등 문집文集 편찬을 주도하였다. 이 같은 선고의 스승 석채례에 내가 선고를 대신해 참방하는 감회가 남달랐다. 이제 선생 만세후萬歲後 20년이 지났다. 선생이 기거하며 강학하던 옛 서사에서 그 후학 문인 제자들과 일박을 하면서 나는 근자에 느껴보지 못하던 감회에 젖었다. 태동서사에는 선생이 수사手寫한 다음과 같은 주련柱聯이 다섯 기둥에 걸려 있었다.

의귀호수사락민依歸乎洙泗洛閩 : 공맹孔孟과 정주程朱에 귀의하여
강명언성명이륜講明焉性命彝倫 : 성명과 이륜 강하여 밝히리.
보영광어만옥분保靈光於萬屋焚 : 수많은 집이 타도 영광전처럼 보전하고
소양덕어구야폐昭陽德於九野閉 : 온 세상이 닫혀도 양덕을 밝히어
요장피태서광조要障彼泰西狂潮 : 저 서양의 미친 물결 막아내리라.

추연은 1899년 11월 23일 초계의 유하柳下(또는 유계柳溪)에서 출생하

여 1987년 11월 19일 89세로 고종考終한 현인賢人으로 우리나라 유학의 큰별巨星이다. 선생은 안동권씨 복야공파 감정공監正公. 참봉공계參奉公系로 시조의 35세손으로 휘는 용현龍鉉 자는 문현文見이고 자호自號가 추연秋淵이다. 추연은 주역周易에서 잠룡潛龍의 뜻을 취한 것이다. 부친이 태몽에서 용을 보아 이름을 용현龍鉉으로 지으니 끝의 현鉉은 항렬자이다. 선생은 나면서부터 영특하고 자라면서 중후하여 함부로 말하거나 웃음이 적고 또래 아이들과 장난치는 일도 적었다. 말을 배우면서 천자문을 익히고 10세에 통감通鑑과 사략史略 · 사서四書에 통하고 시문詩文을 엮었다. 신장이 크고 용모가 수려하며 귀도 희고 크며 눈동자가 빛나고 집중되어 있는데 그 풍채가 시원스럽고 밝았다. 성품이 과묵하되 덕스러운 기국이 자연의 순수함으로 이루어진 듯했으며 멀리서 보면 닭의 무리 속의 학鶴인 듯하고 앞에 다가서 보면 봄볕처럼 따스하였다고 그 행장에서 묘사하고 있다. 선생은 서거하는 날까지 사이후이死而後已의 입지立志로 자기의 학문을 닦았으며 일제 시 강제로 내린 단발령斷髮令에도 굴하지 않고 보발保髮로 필생하였다. 그 훈도薰陶를 거쳐 간 사람이 4백여 명이 넘는 것으로 추산되는데 선생의 선고 만송공이 어린 아들의 학문을 대성시키려는 염원으로 선생 7세 때 심은 은행나무가 지금 태동서사 입구에 거목으로 서 있다.

추연의 학맥은 우리나라 성리학의 양대 산맥 중 율곡栗谷 이이李珥와 우암尤庵 송시열宋時烈로 이어지는 기호학파畿湖學派에 속한다. 그의 학통은 우암의 9대손으로 구한말 을사늑약乙巳勒約에 순국한 연재淵齋 송병선宋秉璿의 문인이자 족형族兄인 각재覺齋 권삼현權參鉉에게서 이었다.

그의 서실 이름을 처음에는 운화당雲華堂이라 했는데 이는 마을 뒤의 운현산雲峴山과 마을 이름 유화柳華에서 딴 것이면서 주자의 운곡雲谷과 우암의 화양華陽을 앙모하는 뜻을 보인 것이다. 그러다가 만년에 문생들이 새로이 서실을 지어 수양할 곳을 마련하자 이를 태동서사泰東書舍로 편액扁額하였다. 태동泰東으로 명명한 것은 그 북쪽에 있는 태암산泰巖山의 동쪽이라는 뜻과 서양을 태서泰西라고 하는 서양문화의 반대개념으로 동양東洋문화를 보전하려는 뜻에서 우리의 정신을 잃고 황폐케 하는 서구문물에 맞서는 동양학의 보루를 삼고자 하는 뜻에서 취한 것이라고 한다. 선생은 어느 날 꿈에 율곡을 뵙고 앙모하는 마음을 바친 바 있으며 시경詩經 백주편柏舟篇의 '죽을지언정 다른 뜻을 갖지 않겠다'는 구절을 자기의 것으로 하여 패복佩服하였다. 소시부터 명리命理에 관한 기초를 다지고 이를 천착하여 여러 학설을 변론辨論하였다. 특히 정자程子·주자朱子의 설을 참고하여 태극음양동정太極陰陽動靜의 이치와 인심人心·도심道心·본연성本然性·기질성氣質性·사단칠정四端七情의 학설과 심성정心性情의 구분을 탐구하여 논저로 정리하고 강론하였다.

추연의 만세 후 편간된 추연문집秋淵文集은 15책 45권으로 매우 방대하다. 주로 성리학에 관한 저술과 5천여 편의 묘비문 및 문집 서문 등이 대종을 이루고 있다. 나의 선고는 태동서사기泰東書舍記에서 '선생이 처음에 운화당雲華堂에서 문도門徒를 가르쳤는데 몰려드는 사람이 많아 보인계輔仁契와 사우士友의 도움으로 운화당 앞쪽에 다섯 간짜리 서사를 짓고 노년에 수양하였다. 태동泰東의 편액扁額이 지명에 따른 것이나 실제로 태서泰西 형질의 학설이 온 세상을 선동함에 대응키 위한 선생의 고심이 담겨 있고 천의天意에 보답하고자 함에 있었다. 순자荀子가, 실추된 도가 오래되면 반드시 돌아온다, 제자들이 힘써 배우면 하늘은 잊지 않는다 하였으니 이 집에 출입하는 모든 이는 선생의 가르침을 따르고 선생의 뜻을 본받아 도를 행하고 힘써 천도天道로 돌아올 날을 기다리는 것을 책무로 삼아야 할 것' 이라 썼다.

석채례를 마친 뒤 태동서사의 보인계 결산 총회가 열렸다. 보인계 총회를 마치고는 그 자리에서 사단법인 태동서원泰東書院의 창립총회가 열렸다. 사단법인 태동서원泰東書院은 추연秋淵 권용현權龍鉉 선생의 학문적 업적을 효율적으로 보존 · 계승할 목적으로 설립코자 한다. 선생이 돌아가신 지 20여 년 세월이 흐른 지금 선생의 학문 · 도덕을 존숭하는 인사들이 선생을 존모하고 우리의 전통문화를 전파할 수 있는 전당을 마련하기 위하여 서원 건립을 추진해왔다. 그러던 중 선생의 서원 건립을 위해 정부에서 2007년도 특별교부금 지급이 결정된 것을 기점으로 서원 건립 추진과 기타 추모 사업을 효율적으로 수행하기 위하여 비영리 사단법인을 설립하기로 하고, 창립 초대 이사장으로는 마산시 진전鎭田의 권오엽權五燁씨가 선출되었다.

나는 이번 석체례 참배를 통하여 선생의 심오한 정신세계가 선생이 노년에 기거하던 태동서사 입구에 우뚝 서 있는 은행나무처럼 영원히 빛날 것으로 믿으며 선생님의 덕을 기리는 태동서원이 조속히 건립되길 기원한다.

2007. 6. 1. 능동춘추

10월 묘제墓祭에 다녀와서

– 10월 상달은 시제時祭 달

지난 주말 고향에 가서 가족 친족들과 함께 시제時祭를 지내고 왔다. 오랜만에 친족들과 만나 유익한 덕담도 나누고 선대들의 고마움을 생각하는 보람 있는 시간을 가졌다.

우리나라는 오랫동안 지속된 조선시대 유교문화의 산물로 음력 10월에는 선대 묘소에 가서 묘제墓祭를 올리는 풍습이 있다. 이를 시사時祀, 또는 시제時祭라고도 한다. 물론 가법家法이나 집안 형편, 종교 등에 따라 차이가 있겠지만 아직도 대부분 집안, 문중 연례행사로 치러지고 있다.

조선시대 조정에서는 시향時享이라 하여 해마다 2월, 5월, 8월, 11월 연4회 종묘에서 제를 올렸다. 조선시대 통치 기본법인 경국대전 1485년 시행한 을사대전에 의하면 백성들도 자손의 신분品級에 따라 2대~4대로 달랐지만 사당祠堂이나 묘소에 가서 제를 지냈다. 그리고 처음에는 아들 딸 구분 없이 돌아가며 모시다가 17세기 이후 주자가례朱子家禮 영향으로 제사예법도 부계父系, 장자長子 친족 중심의 문중으로 변했다.

현행 가정의례준칙에 의하면 제례祭禮는 기제忌祭, 절사節祀, 연시제年時祭를 들고 있다. 제례는 제사를 지내는 예禮를 말하며, 제사는 선조의 사망하신 날을 맞이하여 추모의 정을 잊지 못하고 살아계실 때 봉양에 미진했던 불효의 마음을 사謝하는 추도의식으로 볼 수 있다.

따라서 우리는 통상 부모, 조부모, 증조부모, 고조부모는 4대 봉제사四代奉祭祀로 세상을 떠나신 기일忌日에 장손 집에서 기제忌祭를 올리고, 5~8대 선대들은 묘소나 마을 재실에서 묘제墓祭를 올리고 있다. 묘제는 4월 한식寒食이나 10월중에 올리지만, 통상 음력 10월중에 택일하여 지내고 있다. 그리고 4대봉제사는 아들子, 손자孫, 증손曾孫, 현손玄孫 등 8촌지간의 친척들이 모이지만, 묘제는 내손來孫, 곤손昆孫, 잉손仍孫, 운손雲孫 까지 16촌 친족들이 모여 제를 올리게 되며, 통상 각 종중별로 매년 유사有司를 정하여 제를 올리고 있다.

최근에 서양문물의 급속한 유입으로 생활전반에 많은 변화와 함께 옛날 씨족 농경사회와 유교사상의 전통에서 비롯된 관혼상제冠婚喪祭가 언제 바뀔지 모른다. 오늘날 교통이 발달되어 전국이 1일 생활권이 되었지만, 친척들이 해외나 멀리 흩어져 살고, 생업에 매달려 시제에 참석하기가 쉬운 일은 아니다. 또한 여러 곳에 흩어진 조상들의 묘소가 어디에 있는지 모르는 후손들이 많다. 그리고 앞으로 화장 문화가 급속도로 확산되고 있고 도시인들은 공동묘지에 모시는 경우가 많아 묘사도 얼마나 지속될지 문제다. 그리고 지금은 분업화된 시대로 전문 제사

음식 대행업체도 늘어나고 있다. 그러나 가능하면 제사에 올리는 음식이니까 가족들이 직접 간소하고도 정성을 들여 제수祭需를 준비하고 자손들이 함께 묘사에 참석하여 선조들의 묘소도 확인시키는 것이 좋을 것 같다.

제사祭祀는 조상을 공경하는 의식절차이지만 자손의 도리이며 효행의 발로이다. 효孝는 5천년 우리 민족 힘의 원천이며 가정과 사회, 나라를 살리는 원동력으로 우리 겨레가 가직해온 고귀한 정신문화이고 21세기를 선도할 덕목이다. 따라서 앞으로 가능한 각종 제사에 참석해서 정성을 다하여 조상들의 은덕에 감사를 드려야 한다. 그리고 차제에 오랜만에 친족들이 모여서 조상에게 제도 올리고 차려진 음식도 들면서 그동안 못했던 가족회의도 하고 덕담도 나누면서 유익한 시간을 갖는 우리의 고유 미풍양속美風良俗의 의미도 새겨볼 필요가 있다.

2014. 11. 재경합천문학 제2집

고향 어버이날 행사 참석

며칠 전 뜻있는 고향 어버이날 행사에 참석하였다. 고향인 합천군 대병면 성리 죽전竹田마을 주민들이 고향을 떠나 외지에서 살고 있는 어른 신사들을 초청하여 마련한 특별한 행사였다. 화창한 봄날에 동네 마을 가운데에 위치한 삼산재三山齋에서 가진 행사장에는 '2013년 어버이날 행사'란 현수막이 걸려있고 부산에 거주하는 권원모(52세)씨가 준비한 악단의 풍악소리가 행사장 분위기를 북돋웠다.

이날 행사에는 서울, 부산, 대구, 마산, 진주 등지에서 100여명이 참석하였다. 사회를 맡은 권영록 마을 이 장의 진행순서에 따라 고향 대표 원로 권해갱(87세) 대표의 환영 인사말과 행사배경 설명에 이어, 권재목 (77세) 부산 대표의 초청 감사 인사말과 각지에 참석한 원로들을 소개한 뒤에 준비된 오찬을 하였다.

음식은 근처 음식점에서 주문한 것도 있었으나 대부분 동네 노인정에서 마을 부인들이 정성을 다하여 직접 마련하였다. 특히 행사를 위하여 아침 일찍 돼지도 잡고, 맥주 소주 사이다 콜라 생수 등 각종 음료와 상추, 당근, 오이 등 야채와 콩나물 미나리나물 등 밑반찬도 많이 준비하였다.

그리고 식사는 흰쌀밥에 소고기 국, 비빔밥, 잔치국수 등 골고루 준비하여 모처럼 마음껏 고향의 맛을 보았다. 식사를 마친 후식으로 과일과 커피를 마시며 2부 행사인 노래자랑으로 이어졌다. 모두가 모처럼 갖는 고향의 향수에 도취되어 흥겨운 노래 소리가 죽전마을을 감돌아 악견산성까지 메아리쳤다.

죽전마을(일명 대밭골)은 대병면 성리1구 악견산岳堅山 밑에 위치한 마을이다. 옛날에는 가수현嘉樹縣 대평리大坪里로 안동권씨安東權氏 집성촌이었다. 약 600여 년 전 조선태종 때(1400년경) 16세손 휘諱 집덕執德 군자감정軍資監正공이 낙향하여 처가인 합천 이씨 고향 지역으로 와서 처음 정착한 곳이다. 그 후 21세손 휘諱 일逸(호 일신정:日新亭)공이 을사사화(1545)년 직후 호조정랑戶曹正郎을 끝으로 모든 공직에 물러나 죽전마을에 정착하면서 마을을 다시 만들었다. 공은 마을 좌측 바위에 수필手筆로 일신정이란 석각石刻을 하고 근처에 일신정 정자를 지워 후학에 힘썼다. 일신정은 임진왜란 때 소실되어 1912년 황석탄黃石灘 부근에 복원하였다가, 1944년 삼산재 근처로 이건하였다.

그 후 건물이 낡아 1989년 그 자리에 옛 모습으로 중건하였다. 그리고 안동 권씨 문중에서 이곳에 처음 정착한 감정공의 유덕을 기리기 위해 2010년 중양절에 마을 중앙에 위치한 삼산재 뜰에 유허비遺墟碑 와 세거비世居碑가 세워졌다.

나는 1959년 합천중학교를 졸업하고 고향을 떠났다. 행사가 끝나고 오랜만에 마을 집집마다 호구조사를 하는 것처럼 돌아다니며 옛날 추억을 더듬어 보았다. 당시 우리 동네는 100여 가구가 살고 있었다. 대부분 안동 권씨 들이었고 합천 이씨 몇 분과 남평 문씨 1가구가 살고 있었다. 그러나 지금은 의성 김씨도 살고 있는 다성多姓마을이 되었다. 옛날 초가집은 거의 없었고 기와집과 양옥집으로 탈바꿈하였다.

집집마다 걸려있던 지게 대신 마당에는 자동차가 주차되어 있었다. 마을 뜰에는 온갖 꽃들이 피어있고 동네 앞 넓은 들에는 옛날에는 볼 수 없었던 양파들이 푸르게 자라고 있었다. 마을 뒤편 악견산과 앞 금성산(錦城山: 일명 봉화산)과 멀리 허굴산墟窟山은 신록이 짙어가고 있었다.

죽전마을 후손들은 시세時勢의 변천에 따라 현재 경향각지에서 흩어져 살고 있지만 애향심은 변함이 없을 것이다. 특히 5월은 청소년 · 가정의 달로 어린이날, 어버이날, 스승의 날이 있다.

이런 차원에서 이번 고향의 어버이날 행사는 애향심을 고취시키고 선조들의 고마움과 효를 통한 가정의 중요성도 일깨워주었다. 앞으로 이런 행사는 참석자들에게 찬조금을 받아서라도 죽전마을뿐만 아니라 전국으로 확대되고 외지에 살고 있는 청소년까지 포함시켜 시행되기를 기대한다. 이번 행사를 위해 계획부터 주관해준 죽전마을 주민들에게 진심으로 감사를 드린다.

2017. 11. 재경 합천문학 제3집

합천 임란창의 기념관

오랜만에 합천 임란창의 기념관壬亂倡義 記念館을 탐방하였다. 이곳은 460여 년 전 임진왜란 때 조국을 위해 목숨을 바친 의병들의 영혼이 숨쉬는 곳이다.

일반적으로 창의倡義란 국란을 당하여 의병을 일으킴을 말하며, 의병은 옳은 일을 위하여 일어난 군사로, 평소 훈련된 상비군인 관군이 아닌 비정규군인 민병을 말한다. 우리나라의 의병 활동은 임진왜란 정유재란 때와 구한말 1894년 갑오경쟁 이후 전국적으로 확대되어 을사조약, 고종 퇴위와 1907년 군대해산 때까지 활약하였다.

임진왜란과 정유재란 때 의병은 전국적으로 2만3천여 명이나 되었으며, 대표적인 의병장은 영남에 곽재우, 정인홍, 호남에 고경명, 김천일, 호서에 조헌, 승병僧兵인 휴정, 유정 등이 있다. 그 가운데 의병의 효시嚆

矢는 소위 영남 3대 의병장이라 불리는 정인홍, 곽재우, 김면金沔 등 서부영남의 남명南冥의 문인 집단이었으며, 그 가운데 곽재우가 제일 먼저 의병을 일으켰다. 임진왜란이 발발하자 서부영남의 정인홍, 곽재우, 김면, 박성, 오운, 조종도, 박사재, 이노 등 남명 문하생들이 1만 명 이상이 규합하여 대대적인 의병활동을 전개하였다. 특히 합천, 초계, 삼가, 고령, 성주 일대를 장악한 정인홍이 의령 현풍지역의 곽재우와 거창방면 김면과 손을 잡고 경상우도 의병활동을 총괄하는 위치에 있었다.

먼저 합천 임란창의 기념관은 임지왜란 때 합천 지역을 중심으로 창의한 선열들의 고귀한 호국희생정신을 추모 선양하고 계승발전 시키기 위하여 세워졌다. 합천군이 1992년 3월 옛 문화원에 기념사업회 사무실을 설치하여, 기념관 건립대책 연석회의를 거쳐 1994년 1월에 경남도지사로부터 기념관 부지 공공용지로 사용승인을 취득하였다. 그해 11월 5일 기공식을 거쳐 2001년 5월 10일 준공식을 갖고 개관하였다.

기념관은 합천군 대병면 성리 539번지 합천호 옆 3만4천 48평방미터 부지에 국비, 도비, 군비와 후손들의 성금 등 모두 61억 원이 투입되었으며, 사당, 전시관 등 건물 9개동과 기념탑, 기념비 1기씩 세워져있다. 주요 건물은 정인홍 등 113위의 의병 창의장의 위패가 봉인된 창의사, 창의장倡義將들의 유품이 전시된 유물관, 임란창의의 사상적 배경과 창의장들의 의병활동을 교육할 경의당 등이 있다.

대표적인 의병장인 래암來庵 정인홍鄭仁弘은 1536년 합천 가야면에서 출생했으며, 어릴 때 기품이 뛰어나 서봉瑞鳳으로 불렀으며, 15세 때 남명 문하에 들어가 수문고제首門高弟가 되었다. 23세에 사마시司馬試에 합격했으나 학문에만 전념하다가 38세에 황간 현감으로 제수되고, 45세에 사헌부 장령으로 출사했으나 회의를 느껴 낙향하여 부음정孚飮亭을 짓고 후학 양성에 전념하였다. 임진왜란이 발발하자 3천여 명의 의병을 모집하여 곽재우, 김면 등과 연합전선을 펴면서 무계茂溪전투, 초계전투, 안언역安彦驛의 대승, 단성에서 호남의병 최경회군 지원, 진주성 부원赴援작전, 성주성 탈환작전 등에서 혁혁한 전공을 세웠다. 그는 60고령에 외아들까지 잃으며 국난극복의 일념으로 싸웠으며, 정유재란 시에도 창의모병으로 특별 수훈자로 평가받았다.

나는 이번 합천임란창의기념관을 방문하고 많은 것을 느꼈다. 첫째는 의병활동이 국가수호의 원동력이 되었음을 다시 확인하였다. 임란 전 정세 판단 과오로 전쟁 대비를 못해 관군이 패전을 거듭하자 분연이 일어난 의병활동이 큰 역할을 하였다. 둘째 의병정신 발로는 민족정기의 계승이었다. 의병들은 오직 국가를 위하여 맨 주먹으로 멸사봉공의 애국애족 정신과 지용을 겸비한 강한 결의로 용감하게 싸웠다. 그들에게 무소불위의 정의 정신, 살신성인의 도의정신, 자율 자조의 창의정신들을 배울 수 있었다. 셋째는 임란 기간 의병활동은 서부영남에서 중심지였다. 당시 전국적으로 2만 3천여 명의 의병활동이 전개되었는데, 그 가운데 경상우도 병력이 1만여 명이나 되었고, 그 중심이 서부경남인 합천 의령, 거창지역이 중심이었다. 이는 합천창의 기념관에 전시된 113명과 의령 충익사의 18인 장령들의 행적에서도 찾아볼 수 있다. 넷째는 오랫동안 역사 속에 묻혀 있던 남명 조식, 래암 정인홍 선생의 참모습을 조명할 수 있었다. 조선조에 영남유학의 양대 산맥인 강우强右

남명학파와 강좌强左 퇴계학파 간의 대립으로 오랜 세월 지탄을 받아온 남명 선생과 말년에 영창대군 죽인 죄와 인목대비 폐출 죄를 뒤집어쓰고 지탄을 받아온 래암 선생의 우국충정을 찾아 볼 수 있었다. 다섯째는 사필귀정事必歸正의 역사 교훈을 알았다. 역사는 진실과 정의, 그리고 선악善惡의 기준에 의해 반드시 재조명되고, 반드시 심판을 받는다는 교훈이다. 따라서 역사는 반드시 공과功過를 객관적으로 기술하고 바르게 가르쳐야한다.

합천 의병창의기념관의 건립은 임란. 정유재란 당시 풍전등화의 위기에 처한 나라를 구하기 위해 분연히 일어섰던 우리 의병들의 활약상을 널리 전하고 후손들에 애국심을 육성하는데 목적이 있다. 앞으로 지방자치단체에서는 지역 선대들이 남기고 간 아름다운 유산과 위대한 애국충절을 적극 발굴하여 국가 장래를 책임질 청소년들의 국가관 확립과 향토발전에 매진해야 할 것이다.

이번 임란기념관을 탐방하여 선현들의 발자취를 더듬어 보면서 지금도 남북관계와 한일관계가 극도로 악화되어 마음이 무겁다. 먼저 가신 선열들에게 후대들이 할 일은 몸과 마음을 바쳐 조국 대한민국을 튼튼히 지키고 애국하는 길이며, 올바른 역사의식으로 국가안보의식을 높이고 애국심 발휘와 의병정신과 민족정기를 계승하는 것이다. 고향 합천의 선열들의 숭고한 혼이 담겨있는 임란창의 기념관倡義祀의 영구보존을 기대하며, 임진왜란 때 조국을 위해 목숨을 초개와 같이 바친 선열들에게 머리 숙여 명복을 빈다.

2013. 9. 1. 안동권씨 종보

남명南冥선생 사적지史蹟地

며칠 전 고향 합천 삼가에 있는 남명南冥선생 생가지生家地와 산청 시천면에 있는 남명 선생 사적지史蹟地를 방문하였다.

남명 조식(曺植: 1501~1572) 선생은 합천 삼가면 토(兎洞: 현 외토리) 외가에서 승문원 판교承文院 判校를 지낸 부친 언형彦亨과 모친 인천 이씨李氏의 3남 2녀 중 2남으로 태어났다. 5세 때 벼슬길에 오른 부친의 임지를 따라 한양에서 성장하며 학문을 배웠으며, 백성들의 궁핍한 생활과 정치의 폐단을 목격했다. 30세 때 처가가 있는 김해의 신어산 아래에 산해정山海亭을 짓고 학문에 정진하면서 제자들을 가르쳤다. 여기서 선생은 벼슬길을 접고 오로지 산림에 은거하며 성현들의 학문에 전념하면서 스스로 호를 남명南冥이라 하였다. 48세에 모친상을 당하여 다시 고향 삼가 토동으로 돌아와 뇌룡정雷龍亭과 계부당鷄伏堂을 짓고 제자들을 길렀다. 이때 선생은 사림士林의 영수로 나라에서 벼슬에 제수되었으나 나아가질 않았다. 55세 때는 유명한 단성소丹城疏를 명종에 올려 조정을 격동시키고 사림의 기개를 높였다.

그는 상소문에서 나라가 부패하여 민심은 흩어지고, 빈번한 왜국의 침략으로 성은 쉽게 무너지고 유능한 장수와 쓸모 있는 군졸 하나 없다며, 허술한 국방정책의 강화를 충언했다. 특히 문정왕후를 과부로, 명종을 선왕의 외로운 후계자인 고사孤嗣로 표현하고, "천 가지 백 가지 천재天災와 억만 개의 민심을 무엇으로 수습하겠습니까?"라고 직언하면서 당시 정치와 사회의 위기의식을 과감히 지적하였다. 61세에 지리산 천왕봉이 보이는 산청 덕산으로 옮겨 산천재山天齋를 지어 후학 양성에 힘쓰다가 72세에 운명하였다. 선생은 사후 대사간에 추증되고 1615년(광해군 7) 영의정으로 증직되었으며, 문정文貞이란 시호가 내려졌다.

나는 먼저 선생의 합천 생가지역을 방문하여 뇌룡정雷龍亭, 용암서원龍巖書院, 그리고 남명교육관을 둘러보았다. 토동兎洞 생가生家는 1970년도 새마을 사업으로 철거되었으며 현재 안채, 사랑채, 대문채 등이 복원 중이었다. 뇌룡정은 남명 선생이 48세에 고향으로 돌아와 계부당鷄伏堂과 함께 지어 학문을 연구하며 제자들을 가르쳤던 곳으로 1900년대 초에 허유許愈 등에 의해 중건되었다. 뇌룡정이란 장자莊子에 나오는 '시동尸童처럼 가만히 있다가 때가 되면 용처럼 나타나고尸居而龍見, 깊은 연못처럼 묵묵히 있다가 때가 되면 우뢰처럼 소리친다 淵默而雷聲'라는 뜻이다.

용암서원龍巖書院은 1576년 노흠盧欽 등 제자들이 남명 선생의 제향祭享을 위해 인근 회현(晦峴: 가회면 장대리)에 세운 회산서원晦山書院인데 임진왜란 때 소실되어, 1605년 봉산면 봉계리로 옮겼으며, 1609년 광해군 때 용암龍巖으로 사액되었다. 그후 대원군의 서원 철폐령으로 폐기되었다가 2007년 뇌룡정 옆에 복원되었다. 남명교육관은 남명 선생의 경의사상敬義思想과 선비정신을 후세에 전승시키고자 2016년 12월에 준공하였다. 교육관 앞에는 선생의 흉상胸像과 단성현감사직소丹城縣監辭職疏 비석이 세워져 있었다. 현재 선생의 생가지는 경상남도 시도기념물로 지정돼 문화재로 관리되고 있다.

다음은 산청 남명 선생 사적지를 방문했다. 이곳에서 산천재山天齋, 덕천서원德川書院과 남명기념관을 보았다. 산천재는 선생이 만년에 평생 닦은 학문과 정신을 제자들에 전수하고, 사림士林의 중심이 되어 임난 의병을 일으켜 국난극복의 선봉이 되었던 곳이다. 서북쪽으로 지리산 천왕봉이 보이며, 그곳에서 발원한 물이 중산中山, 삼장三壯으로 흐르다가 양당兩塘에서 합쳐 덕천德川을 이루는 아담한 곳에 위치하고 있었다. 덕천서원德川書院은 남명 선생의 학덕을 기리려고 1576년 문인들이 세웠으며, 임란 때 소실되어 1602년 중건되었으나, 대원군 때인 1865년 철폐되었다가 1926년에 복원 되었다. 옥산, 도산서원과 더불어 삼산서원으로 불리며 강우江友 48가를 영도해온 유서 깊은 곳이다. 남명기념관은 남명 선생의 학덕을 기리고 유물을 보존하기 위하여 남명 탄신 500주년에 설립이 추진되어 2004년 완공되었다. 내부에는 서책을 비롯한 유품과, 외부에는 신도비神道碑, 남명 선생 석상, 제사를 드리는 여재실如在室, 강가에 세심정洗心亭, 뒷산에는 묘소墓所가 있었다.

특히 기념관 출입문을 성성문惺惺門으로 부르고, 기념관 내부 벽의 신명사도神明舍圖는 남명 선생의 사상을 담고 있었다. 남명사상의 핵심은 경敬과 의義로, 자신의 창문과 벽에 두 글자를 붙여두고 제자들을 가르쳤다고 한다. 그리고 선생은 항상 경의검敬義劍이란 장도粧刀을 차고, 성성자惺惺子라는 작은 쇠 방울 두 개를 옷고름에 매달고 다녔다고 한다. 칼에는 '안으로 마음을 밝히는 것이 경內明者敬이요, 밖으로 행동을 결단하는 것이 의外斷者義'라는 글귀를 새겨두고 칼을 만지며 자신의 마음을 단속하였고, 성성惺惺은 '마음이 별과 같이 항상 깨어 있는 청명하고 맑은 자아를 의미하여' 움직일 때 방울소리를 들으며 스스로 정신을 차려 한 치의 흐트러짐이 없는 생활을 통해 성인이 걷던 길을 걷고자 했다. 그리고 신명사도는 마음의 작용을 임금이 신하를 거느리고 정사를 보는 이치로 도식화 한 것이며, 성곽 안쪽은 사람의 마음이고 바깥은 외부세계를 의미하는데, 뇌룡정을 짓는데 설계도로 활용하였다고 한다.

조선 후기 실학자 성호星湖 이익李瀷이 남명이 위대한 성리학자가 된 것은 '성성자' 덕분으로 평가하듯이 남명은 항상 스스로 경계하며 깨어 있는 삶을 살았으며, 평생 권력에 굴종하지 않고 직언할 수 있는 힘을 가졌었다. 남명은 조선시대 좌左퇴계, 우右남명의 양대 산맥을 이룬 영남학파의 거두이다. 온건하고 합리적인 이론가인 퇴계와는 달리 과격하고 직선적인 언어를 구사하는 독특한 성품을 가졌으며, 개인보다는 공동체를 완성하는데 목표를 두었다. 의경義敬을 존중하고 배운 것을 실천하는 선비정신을 강조하여 임란壬亂때 정인홍鄭仁弘, 곽재우郭再祐 등 의병장義兵將도 배출하였다. 개인의 성찰보다 물욕에 눈먼 현시대에 큰 귀감이 될 합천이 낳은 위대한 유학자이며 큰 인물이다.

2021. 5. 재경합천문학 제 4집

무학 대사 재조명

무학 대사(無學大師: 1327~1405)는 우리 고장 합천이 낳은 역사상 큰 인물이다. 합천신문이 무학대사에 대해 관심을 갖고 지난 2020년 11월 26일부터 4회에 걸쳐 〈무학대사 찾기〉를 시리즈로 연재한 바 있다.

나는 이 연재 기사를 읽고 많은 감회에 잠겼었다. 이유는 무학대사 고향이 바로 우리집 근처 대병이기 때문이다. 지금은 마을이 없어졌지만 임난장의 기념관과 합천댐 아래 평학동 입구 옛날 상천上川 구리방求理房인 천평川坪마을이 대사의 출생지로 알려져 있다. 나는 그곳과 그리 멀지 않은 악견산 아래의 성리 대밭골竹田에서 태어났다. 따라서 어릴 때부터 어른들로부터 무학대사에 관해 많은 이야기를 듣고 자랐으며, 지금도 합천댐 밑의 천평마을 입구에는 무학대사가 살았다는 선고부군先考府君이 쓴 무학대사 유허비遺墟碑가 세워져 있는 그런 인연을 갖고 있다. 여기서는 지면 관계로 무학대사의 업적이나 사상보다 고향에 관련 사항을 재조명하고자 한다.

그간 무학대사에 대한 사료 발굴 등을 통해 그의 생애나 업적, 사상을 밝혀내려는 노력이 간간이 있었던 것으로 알고 있다. 그러한 노력의 일환으로 이번 합천신문 연재(4회: 2020. 11. 26~12. 24) 외에도 여러 문헌이나 구전에서 찾아볼 수 있다. 합천신문에 고故 학산學山 박환태 사장의 역사논문이 〈마지막 왕사 무학대사〉란 제목으로 2002년 2월 11일부터 12회에 실렸으며, 합천문화원 총서 46(2008. 8. 1.발행인) 박환태 편저 〈합천의 전설과 설화(335~357면)〉에도 상술되어 있다.

그리고 재경향우 정현규전 행정안전부 의정담당관의 무학대사 관련 연구서가 작년 5월 14일 합천인터넷뉴스에 실리기도 했다. 또 경기 양주 회암사에 남아 있는 대사의 부도탑과 국가 공식기록인 〈태조실록太祖實錄〉외에도 〈석왕사기釋王寺記〉, 〈오산설림초고五山說林草稿〉 같은 야사野史 또는 설화류說話類에 그의 흔적이 남아 있어 무학대사에 대한 연구 자료로 크게 도움이 되고 있다. 여기에다 근래 황인규 교수의 〈무학대사 연구無學大師 硏究〉와 같은 노작勞作이 발간돼 다행이다.

지금까지 무학의 가계와 혈통에 대해서는 정확히 알 수 없다. 그러나 합천문화원 총서 46권과 경기도 양주 회암사에 위치한 무학대사의 부도탑인 〈묘엄존자탑명妙嚴尊者塔銘〉에 의하면 무학대사는 경상도 삼기현三岐縣 출신으로 아버지는 박인일朴仁一이고, 어머니는 고성 채蔡씨이다. 어머니 채씨가 꿈에 아침 해가 품속에 들어오는 것을 보고 임신하여 1327년(충숙왕 14) 9월 20일에 무학을 낳았다고 한다.

무학대사의 이름은 자초自超, 호는 무학無學 또는 계월헌溪月軒이다. 그는 어려서부터 하나를 배우면 열을 깨치는 총명한 아이였다고 한다. 18세(1344년)에 출가하여 소지선사小止禪師로부터 구족계具足戒를 받고 충목왕 2년에 화엄경을 읽다가 문득 깨달은 바가 있어 4~5년을 수도에 힘쓰다가 진천 길상사吉祥寺, 묘향산 금강굴金剛窟에서 수도에 정진하여 이름을 얻었다. 공민왕 2년(1353년)에 원나라로 가서 인도승 지공선사指空禪師를 만났으며, 돌아와 조선 태조 원년에 왕사로 봉해지고 묘엄존자妙嚴尊者라는 법호를 하사받았다. 그리고 태조3년 3월에 왕사 출생지인 삼기현을 군으로 승격시키고 부친 빅인일을 문하시랑門下侍郎의 벼슬을 추증하였다고 한다.

한편 1989년 12월 충남 서산군수 박융화朴隆和가 서산에 세운 비문을 보면, 무학대사 부모가 고려말 왜구들에 잡혀 가면서 선상에서 격투 끝에 왜구를 죽이고 배가 표류하여 서산 간월도看月島에 정착하였다. 관전官錢 50냥을 차용하여 갚지 못하여 어머니가 관가에 끌려가면서 서산 인지면仁旨面 애정리艾井里 우물가에서 아기를 낳았는데 학鶴들이 춤을 추며 아기를 보호하고 있어 아기 이름을 무학無鶴이라 하고 우물을 쑥우물艾井이라 불렀다. 그리고 무학이 3살 때 부친이 사망하자 모친이 무학을 데리고 고향 삼기현대병으로 돌아갔다고 한다.

또 한편으로는 금강산 어느 절에서 무학舞鶴은 부모 없이 자란 고아인데, 늙은 선비가 청상과부 며느리와 살면서 며느리가 절에서 불공을 드리고 집에 오니 마루에 천도복숭아가 있어 먹었더니 애를 낳아 시아버지와 불륜의 씨앗이란 소문으로 아이를 몰래 갈대 숲속에 버렸는데

학鶴들이 보호하고 있어 다시 집에 데리고 와서 키웠다는 전설도 내려오고 있다.

무학대사의 출생지가 어디든 3세 때부터 18세에 출가하기 전까지 15년 간 유년시절을 대병에서 모친 밑에서 자란 것은 확실하다. 그리고 합천신문에서는 유허지遺墟址가 대병면 대지리라고 보고 있는데 이는 근처 부도사浮屠寺, 사나사舍那寺의 사찰의 유물에 근거를 두고 있다. 그러나 나는 유년시절 성리 죽전마을에 살면서도 허굴산 청강사에 다닌 것과 마찬가지로 무학도 유년시절 합천댐 아래 천평지역에서 거주하면서 대지리의 그 절에 다닌 것은 아닐까 하고 생각해 볼 수 있다. 오늘날 합천댐 아래 지역에서 무학과 관련된 여러 이야기가 얽혀 전해 내려오고 있는 점으로 미루어 볼 때 그의 출생이나 생활 근거지가 천평마을이 더 설득력이 있어 보인다.

무학대사 관련 전해지는 몇 가지 이야기를 소개하면, 향강香江 강변에서 놀면서 목이 말라 물을 먹으려니 미지근한 물 밖에 없어 찬물을 먹으려고 도술道術을 부려 숟가락으로 샘을 팠는데 그 샘이 유명한 호박臼샘이며 일명 무학천無學泉이라 하였다. 이 물은 한여름에도 얼음처럼 차고 겨울에는 더운 김이 무럭무럭 나며, 이 물로 목욕을 하면 여름에도 땀띠가 다 죽는 다고 한다. 그리고 무학이 집을 떠날 때 동네 길섶에 돌감나무를 심어놓고 "이 돌감나무가 죽으면 내가 죽은 줄 알아라." 며 집을 떠났는데 그 나무가 600여 년간 살다가 2001년에 고사하였다.

또한 천평마을에서 성리 개목정介木亭까지 큰 개울이 돌로 깔려있는 무학탄無學灘은 그의 모친이 무학을 기다리다 돌을 옮겨 생긴 것으로 아무리 비가 와도 물이 바위 밑으로 스며들어 홍수가 나지 않는다는 전설이 있다. 그리고 천평마을 근처 악견산 하단부에는 무학이 벽면수도壁面修道로 득도得道한 2개의 무학굴이 있고, 개목정과 여순목 중간에 무학이 천서天書 3권을 묻어둔 무학바위無學巖도 있다. 또한 금성산 정상에는 무학이 직접 그렸다는 바둑판 그림이 있는 돌북石鼓도 있다.

아무튼 무학대사의 출생지도 중요하지만 그가 세상으로 나가 조선 태조의 왕사로 조선의 건국과 수도를 한양으로 옮기는 풍수 역할과, 조선조의 최고의 고승으로 서천국조사 지공西天國祖師 指空대사, 공민왕사 나옹懶翁대사와 함께 태조국사太祖國師로 유명 사찰의 삼화상진영三和尙眞影으로 추앙받고 민중들에게도 큰 인기와 많은 설화까지 전해지고 있어 우리 합천이 배출한 큰 위인임이 틀림없다.

이번 합천신문 연재에서도 '무학과 관련된 연구는 이제 시작이다. 지역에서도 무학대사 관련 유적지를 계속 발굴 보존하는 현창顯彰의 노력이 뒤따라야 한다.'고 했듯이

앞으로 합천군민들은 물론 합천문화원이나 관련 행정당국과 대한불교 조계종에서도 우리 역사에 큰 족적을 남긴 무학대사에 대해 더 많은 관심을 갖고 그의 생애와 사상을 재조명하는 기념관을 세우는 등 그의 업적을 널리 일리는데 앞장서야 할 것이다.

2021. 2. 15. 합천신문

살기 좋은 합천

합천은 예부터 푸른 산과 유유히 흐르는 황강黃江을 끼고 산수山水가 수려秀麗하여 살기 좋은 곳이며, 많은 문화유산과 함께 훌륭한 인물을 배출했다.

조선 후기 실학자 청담淸潭 이중환(李重煥, 1690~1756)이 1751년에 쓴 〈택리지擇里志〉에 보면 우리나라에서 가장 살기 좋은 곳으로 경남 합천, 전남 구례, 전북 전주, 대전 유성, 경북 하회 등을 추천했다. 택리지란 어느 마을里에서 살면 좋은지 고르는擇 기록志이란 뜻으로 원래 책명은 사대부 가거처士大夫 可居處로 사대부가 살 수 있는 곳이다. 이중환은 사색당파가 격심하던 조선조 남인출신의 명문가 선비로 23세에 과거에 급제한 촉망받던 인물이었다. 38세(1728년)에 '이인좌의 난'에 연루되어 관직이 박탈되어 굶지 않고 살기 위한 절박한 상황에서 살 곳을 찾아

전국을 다니면서 지형, 기후, 물자, 교통, 인심, 산수 같은 여러 시각을 분석하여 사대부가 살 만한 곳을 찾은 것이다. 물론 그 당시는 농경사회로 지금과 생활환경이 다를 수 있다. 그러나 〈합천읍지〉나, 고故학산學山 박환태朴煥泰 사장이 쓴 〈합천의 전설과 설화〉를 보아도 합천은 역사와 전통에 빛나는 살기 좋고 아름다운 곳임을 알 수 있다.

합천군의 역사는 선사先史시대부터 시작해 삼한시대에는 변한弁韓에 속했고, 삼국시대 초기에 대가야국大加耶國에 속했다가 진흥왕 때 신라에 영속되었다. 신라초기에는 대야주大耶州라고 부르다가 경덕왕(757년)때 강양江陽으로 개칭하고, 고려 현종 2년(1018년)에 12개현을 포함 합주陜州로 승격시켰다. 조선시대에는 태종 13년(1413년)에 주州를 군郡으로 바꾸고 합천군陜川郡이라 하였으며, 합천군, 초계현, 삼가현으로 분리되었다가 1914년 4월에 16개면 1개 읍을 합병하여 합천군이 되었다.

합천의 자연환경을 보면, 가야산과 홍류동 계곡, 황매산 모산재, 황계 폭포 등 소위 합천 8경이 있다. 그리고 법보종찰 해인사와 국보 제52호 8만 대장경판전, 사적 326호 옥전고분군, 보물 353호 영암사지 쌍사자석등, 천연기념물 289호 묘산 소나무가 있고, 유형문화재로 93호 삼가 기양루岐陽樓와 156호 홍새암 등 문화유산도 많다. 또한 합천은 삼국시대 죽죽 장군을 비롯해 조선시대 무학대사, 신재 주세붕, 남명 조식, 래암 정인홍, 근래 대한민국의 전두환 대통령을 비롯해 국가와 사회 각계각층에 훌륭한 인재들이 많이 배출되었다.

그런데 합천은 1980년대까지 인구 20만 명에 이르던 경남에서 가장 넓은 군이었다. 그러나 국가 산업화에 따른 이농현상과 1980년대 합천댐 건설로 인한 수몰 등으로 현재 인구 4만 6천여 명에 불과하다. 다행이도 근래에 합천댐과 88고속도로 건설, 합천영상테마파크 조성, 합천박물관 개장, 각종 축제, 관광유치활동 등으로 합천의 브랜드가 크게 변모하고 있다. 특히 2012년부터 서울 지하철에 게시된 해인사 소리길을 포함하여 〈나를 살리는 길 합천 활로〉란 합천 선전광고, 2013년부터 시작한 〈새로운 물결〉로 시작한 신년 영재바둑대회를 비롯하여, 매년 4월초 벚꽃마라톤대회, 5월 초 황매산 철쭉제, 8월 황강레포츠 축제 및 여름캠프운영, 가을 대야문화제와 팔만대장경의 날 기념행사가 열리고 있다. 그리고 2019년부터 개장한 합천대통령학교, 농촌체험장 운영, 농축산물 산업육성, 경부선 KTX와 SRT 김천역에서 합천까지 일일관광 개발, 합천군의 꿈과 희망이 담긴 새 합천건설의 미래상과 〈수려한 합천〉 홍보활동 등을 통해 합천의 이미지가 크게 달라지고 있다.

다행히도 근래에는 자연경관이 수려한 합천호수 주변을 위시한 지역에 맞는 영농단지 조성과 귀농 귀촌 지원정책 등으로 인구가 늘어나고, 앞으로 건설 중인 함양—울산 간 고속도로 완공과 김천-거제 간 남북내륙철도KTX 건설과 합천역사驛舍유치, 2021년까지 '합천국보. 영상테마파크 체험특구' 조성사업, 공공승마시설 사업유치, 황강직강공사 추진 등으로 합천의 미래에 큰 변화가 있으리라 예상된다.

앞으로 청산여수靑山麗水의 내 고향 합천이 더욱 살기 좋고 행복한 고장으로 발전하길 기원하며, 합천의 미래 발전을 위해 청사진을 펼쳐 헌신하는 역대 군수님과 관계관, 합천군민과 재외향우, 각급 언론인들의 노고에 경의를 표한다.

그리고 합천군은 지난해 12월 새로운 합천읍지陜川邑誌를 발간하였다. 현재까지 규장각에 보관중인 1899년 발간된 경상남도 합천군읍지와 1914년 일제 강점기 때 만든 합천읍지 이후 106년 만에 새로 출간했다. 이번에 발간된 읍지는 2018년 7월부터 18개월간 합천 주민이 직접 참여하여 만든 주민 참여형 읍지로 선조들의 얼과 혼이 담긴 보물이다.

지난 1월 21일 출판기념회에서 이헌진 편찬위원장은 "과거와 현재를 기억하며 미래를 설계하는 읍지, 문화유산 발굴과 전통문화를 계승 보전하는 읍지, 어제와 오늘, 내일을 약속하는 살아 숨 쉬는 읍지를 만드는데 노력을 기울였다"고 했다. 각고 끝에 펴낸 합천읍지가 고향 합천 지역의 향토사 변화와 역사를 재조명하고 문화유산과 전통을 보존할 읍지로 오래오래 보존되어 많은 합천인들에게 미래의 거울이 되길 기대한다. 합천읍지 발간에 참여한 관계관들에게 감사를 전하고, 읍지의 후속편으로 이번에 새로 펴내는 〈합천의 향기〉 또한 많은 사람들이 읽기를 기대한다.

2021. 7. 합천의 향기

합천군 초청 영재바둑대회

새해 연초부터 '국수國手의 고장 수려한 합천'에서 '합천군 초청 2013년 새로운 물결'이란 제목으로 국내 최고 영재와 정상들의 바둑대회를 개최하고 있다. 대단히 자랑스러운 일이다.

나는 바둑에는 초보이지만 틈틈이 TV '바둑채널을 애용하고 있다. 지난 1월 4일부터 6일까지 영재들의 대국과, 11일부터 13일까지 영재와 정상 간 대결이 있었다. 이번에 출전한 영재소년들은 15세 이하의 신예 프로 기사 중 한국바둑의 미래를 이끌 유망주로 변상일(15), 신민준(13), 신진서(11)이고, 정상은 현재 한국 바둑의 최고 선수들인 이창호, 최철환, 이세돌 선수이다. 1차 영재 대결에서는 가장 나이 어린 신진서 영재가 우승, 2위는 신민준, 3위는 변상일 영재가 하였다. 2차 영재와 정상대결에서는 신진서 군이 이창호 9단을 꺾고, 신민준 군도 최철환 9단을 물리쳤다. 마지막 대국에서는 이세돌 9단이 변상일 군에게 반 집 차로 승리하여 정상의 체면을 살렸다.

이번 대회를 위하여 지난 12월 22일 서울 홍익동 한국기원 2층 대회의실에서 하창환 군수와 합천 바둑협회 안동환 회장, 한국기원 양재호 사무총장, 바둑 TV 강헌주 국장과 영재와 정상바둑선수 6명이 참석하여 개막식 및 조인식을 가졌다. 합천군수는 개막 인사말에서 "영재 정상 바둑대결은 한국 바둑 유망주들의 실력과 가능성을 확인하고 국제무대에서 한국바둑의 경쟁력을 강화하기 위해 마련되었다."면서 "이 대회가 국민적 관심을 불러 모아 한국바둑과 합천군을 보다 잘 알릴 수 있는 계기가 되기를 희망한다."고 밝혔다.

이번 대회는 1차 3명의 영재 대결과 2차 최철한 9단과 서민준 초단, 이창호 9단과 서진서 초단의 영재와 정상 대국은 한국기원 1층 바둑TV 스튜디오에서 개최되었고, 마지막 1월 13일 이세돌 9단과 변상일 2단 대국은 합천 대장경 테마파크에서 열렸다. 제한시간은 각자 30분이며 초읽기 40초 3회가 주어졌다.

상금은 총 3천5백만 원으로 영재 대결 1위 3백만 원, 2위 2백만 원, 3위 1백만 원이며, 영재와 정상 대결은 정상에게는 3백만 원, 영재들은 30만 원씩이며 영재와 정상 대결에서 영재가 승리하면 보너스 30만 원을 받게 되었다.

이번 바둑대회는 합천출신 (고)하찬석 국수國手를 기리고 합천을 널리 알리는데 큰 의의가 있다. (고)하찬석 국수는 1948년 합천에서 태어난 한국 바둑계의 거목으로 2010년 9월 62세 일기로 세상을 떠났다. 합천

중학 19회로 1963년 일본 기타니木谷 문하생으로 유학하여 입단했으며 1970년 귀국하여 국내 무대에서 활약하였다. 특히 1973년~74년 제 18기, 제 19기 국수전에서 2연패하여 초대 조남철(1956년~64년), 2대 김인(65~70), 3대 윤기현(71~72)에 이어 제4대 국수가 되었다. 그리고 국내외 큰 대회에서 우승 5회 준우승 14회를 한 한국 바둑계의 거성巨星이다. 그는 바둑계에서 '합천거사, 가야산 도사, 무딘 칼날의 명검'등의 애칭으로 불렸으며 2003년부터 대구 경북지역 바둑 발전을 위해 평생을 헌신하였다.

이번 바둑 대국 간 틈틈이 합천 자랑 활로 및 합천 관광명소 소개 등은 국민과 바둑 팬들에게 합천의 변모를 널리 홍보하여 합천의 관광 인프라를 구축하는데 큰 역할을 하였다. 특히 합천군수은 13일 합천 대장경테마파크에서 승리한 이세돌 9단에게 오는 9월에 열리는 '2013 대장경세계문화축전' 명예홍보대사로 위촉하기도 하였다.

이번 바둑대회를 통하여 합천을 널리 알렸고, 앞으로 해인사 소리길, 합천호 둘레길, 남명조식 선비길, 다라국 황금이야기길, 황강 은빛 백사장길, 영상테마 추억길, 정양늪 생명길, 황매산 기적 길과 같은 "나를 살리는 길 합천활로'도 각광을 받을 것이다. 그리고 수년전 '태극기 휘날리며, 에덴의 동쪽'을 거처 최근 MBC '빛과 그림자', KBS '각시 탈, 사랑아 사랑아'에 이어 현재 '삼생이'를 촬영하고 있는 합천 영창테마파크와 인근 테마 공원, 올레길 탐방산책로, 볼거리 체험관 등으로 종합관광단지로 조성하면 지역경제 활성화에 기여할 것이다. 그기에 함양– 울산 고속도로와 김천– 진주 간 KTX가 완성되면 해인사, 황계폭포, 황매산, 옥전고분, 합천댐 등 주요 관광지가 산재되어 있는 합천은 서부경남의 관광명소로 새로운 탈바꿈을 할 것이다.

무엇보다 이번 합천군 초청 영재정상바둑대회가 국민들 관심 속에 성공적으로 마치고 합천을 널리 알리는데 크게 기여하여, 향우로서 대단히 기쁘다.

2013. 1. 17. 합천신문

한마음 체육대회

지난 11월 10일 서울 잠실운동장 보조경기장에서 재경합천군 향우회가 주최한 제 35회 〈한마음체육대회〉에 참석하여 보람되고 행복한 시간을 가졌다. 아침 일찍 간편한 복장으로 행사시작 1시간 전에 경기장에 도착하니 벌써 대부분 선수들과 참관자들이 도착하였다.

먼저 이번 행사를 위해 아침 일찍부터 멀리 고향 합천에서 올라온 군수님을 비롯하여 합천군 17개 읍면 대표들과 풍물단, 이번 체육대회 행사를 준비하고 진행하는 향우회 집행부의 노고에 감사를 드린다.

재경합천 향우회가 1968년 창립되어 올해로 51년이 되었으며, 초대 송도영(대병면 출신) 회장 이후 현재 14대 문희주(대병면 출신) 회장이 맡고 있다. 〈한마음 체육대회〉도 올해로 35년간의 전통과 긴 역사를 갖고 있으며, 그동안 한강부지와 여의도 국회후문 운동장 등지에서 개최되었으나, 근래 인 근주민들의 풍악소리 소음 거부로 몇 년 전부터 잠실 운동장 보조경기장에서 열리고 있다.

올해 체육대회 식순은 향우회 사무국장과 여성국장의 동시 사회로 작년도 우승팀인 쌍백면을 선두로 가나순 면단위로 기수단을 앞세우고 풍악단, 선수단 순으로 입장을 하였다. 선수들이 입장 후 합천군 홍보대사인 봉산면 출신 '정은' 가수의 선창으로 흥겨운 노래로 축제분위기를 만든 후 전종목 부회장의 개회사로 행사가 순조롭게 진행되었다. 국민의례에 이어 문희주 대회장의 내빈소개와 군수, 도민회장, 향우회장의 감사패를 전달하고 문희주 회장의 대회사, 문준희 군수의 격려사, 강석진 국회의원, 최효석 경남 도민회장, 지정도 재외합천군 향우회 연합회장, 석만진 군의회의장, 김용균 전 국회의원의 축사를 마치고 선수단 대표의 선서를 하고 체육대회가 진행되었다.

준비된 시간 계획에 따라 면 대항 줄 당기기, 400미터 계주 등의 전 종목을 마친 뒤 합천군 풍물한마당 잔치를 열었다. 오후 3시경 성적발표로 종합우승은 초계면이 준우승은 쌍백면이 하였다. 시상식과 폐회식을 마치고 내년을 기약하고 경기장에서 철수했다. 최근에는 예산이나 안전상의 이유 등으로 〈한마음 체육대회〉를 부정적으로 생각하는 향우가 있다. 그러나 체육대회를 통하여 재경 향우들과 고향 친지 선후배들이 오랜만에 함께 어울려 향수를 달래고 행복한 시간을 갖는 축제의 한마당이다. 그리고 30여 만 명의 재경향우들이 애향심을 모아 소통하고 화합하고 단결하는 합천인의 자랑거리이다. 다함께 우렁차게 '합천군가'를 부를 때와 풍물 한마당 잔치를 하면서 북 꽹과리 소리에 두둥

실 춤을 추는 합천군민이 하나가 된 기분은 무엇으로 비유할 수가 없는 기쁨이다.

나는 이 행사에 수년간 참석하였다. 해마다 10월 초에 실시했으나 올해는 장소 협조로 11월에 개최하여 날씨를 걱정했으나 날씨도 화창하고 온화하였다. 특히 10월 상달이라 시사墓祀 때문에 걱정을 했으나 다행스럽게 많은 인원이 참석하였다. 나는 행사를 시작하면서 본부석에 있다가 공식 행사를 마친 뒤 각 면 단위 천막에 들러 오랜만에 지인들과 해후하며 떡과 음료수를 들며 즐거운 시간을 만끽하였다. 특히 고향 대병면 천막에서 여러 친지 향우들과 오찬을 하면서 즐겁고 행복한 시간을 가졌다.

이번 행사를 안전하게 마칠 수 있도록 시작부터 종료까지 치밀하게 계획한 재경향우회 회장단 관계관과 바쁘신 시간에도 참석한 군수님과 내빈, 풍물단, 향우님들에게 감사드린다. 그리고 앞으로도 〈한마음 체육대회〉가 합천군민의 행사로 지속되길 기대한다.

2019. 11. 21. 합천신문

황강레포츠 축제

2016년 황강레포츠 축제가 7월 29일부터 31일까지 고향 합천 황강에서 개최하였다. 나는 모처럼 재경향우회 고문으로 재경향우회 회장단 일행과 함께 축제 기간에 시행하는 '재외 향우 고향방문단행사'에 참석하였다. 이번 재외 향우 고향방문단 행사에는 향우연합회 최효석 회장을 비롯하여, 서울, 부산, 대구, 울산, 창원, 사천, 김해, 거창, 포항, 거제 향우 등 모두 50여 명 참석하였다.

행사계획에는 축제 첫날인 7월 29일 일행들은 오후 6시 30분에 일해공원 근처 3.3 국밥집에 모이게 되었다. 하필이면 29일 중부지역에는 억수 같은 폭우가 쏟아져 6시간 만에 합천 회의 장소에 겨우 도착하였다. 도착 후 주최측으로부터 행사 계획을 소개 받고 준비된 저녁식사를 마치고 7시 30분부터 10시까지 황강변에 설치한 MBN가요 특설무대에서 축제 전야제 축하공연에 참석하였다. 하창환 군수를 비롯하여 군의회 의장, 각급 기관장들과 군민 3천여 명이 모인 가운데 장윤정 사회로 흥겨운 시간을 보냈다.

전야제를 마치고 준비된 숙소에서 취침을 하고 다음날 숙소 근처에 준비된 〈한 돈 숯불구이 집〉에서 조찬을 하였다. 우거지국에 사골 냄새가 풍기는 맛있는 조찬이었다. 조찬 후에는 준비된 버스로 용주 레프팅 장소로 가서 2시간 정도 레프팅을 하고 근처 태백산맥에서 오찬을 하고 오후 귀가하였다. 나는 레프팅 시간에 연호사 맞은편에 준비한 레포츠공원을 거닐면서 여러 레포츠시설들과 합천의 각 단체들이 준비한 음식, 특산물들을 관람했다.

우리 고향 합천은 옛 부터 산자수려한 지역이다. 지금은 산업화의 물결에 밀려 농촌 인구가 감소하여 많은 문제점을 안고 있다. 그러나 합천은 해인사를 포함한 합천영상테마파크 조성, 합천박물관 건립 등 관광지 개발과 4월초 벚꽃 마라톤대회, 5월 중순, 황매산 철쭉제, 7월말 황강레포츠 축제, 9월말 대장경 세계문화축전 등으로 합천을 브랜드를 높이고 있다. 그 가운데 이번에 실시하는 황강레포츠 축제는 연어잡기, 전국에서 유일하게 수중 마라톤 대회로 전국에서 가장 무더운 합천에서 '뜨겁게 놀고, 쿨하게 쉬자'는 합천의 도시 색갈을 보여주는 대표적인 이벤트였다. 그리고 맑은 물과 깨끗한 모래사장을 갖추고 있는 레포츠 공원에 설치된 야영장과 래프팅, 카누, 카약 등 다양한 수상레저를 즐길 수 있는 최적지였다.

특히 황강은 옛날부터 합천인의 생명의 젓줄이었으며 지금도 백 여리에 이르는 맑은 물과 양질의 모래는 합천의 자랑이며 큰 자원이다. 나는 모처럼 황강레포츠 전야제에 참석하여 제외 향우들과 합천군민들이 즐거움에 도취되어 하나 된 모습을 보고 무한한 기쁨과 고마움을 느꼈다. 그리고 많은 예산을 들여서 이러한 좋은 자리를 만들어 준 합천군수님과 관계관 여러분들에게 고마움을 전한다. 앞으로도 이런 이벤트가 성공적으로 계승 발전되길 기대한다.

2016. 8. 합천신문

다시 본 내 고향

이번 5월은 나에게는 의미 있는 한 달이었다. 고향 합천을 두 번이나 다녀왔다. 처음은 5월 초순, 중학교 총동창회 모임에 참석하였고, 다음은 5월 중순, 폐교로 없어진 삼산초등학교 모교 옛터 교적비 제막식에 참석하기 위해서였다.

그런데 이번 방문으로 평시에 알지 못했던 몇 가지를 보고 느꼈다.

첫 번째는 변화된 고향 농촌의 모습이었다. 초등학교를 졸업 후 60년 만에 찾은 모교는 폐교되어 학교 건물조차 헐어 없어졌으나, 그곳에 게이트볼 장이 개설되어 지역 주민들의 쉼터로 활용되고 있었다. 집(성리)에서 학교까지 걸어 다니던 오솔길은 포장도로가 되어 승용차로 10분 이내 갈 수 있었고, 주위 마을에는 초가집과 달구지 대신 양옥, 기와집들과 곳곳에 차량들이 주차되어 있고, 마을마다 노인정과 마을회관들이 있어 옛날의 시골이 아니었다.

두 번째는 합천의 관광명소를 다시 알게 되었다. 지금까지 합천하면 가야산 해인사, 함벽루, 용문정, 황계폭포가 대표적인 관광명소였다. 그러나 이번에 중학교 동창 모임을 하면서 남정교를 지나 합천읍에 들어가면서 새로 세운 장엄한 대야성을 보았고, 난생처음으로 황매산 철쭉꽃을 구경하고, 영상테마파크 근처 신축중인 청와대와 쌍책 합천박물관을 관람하며 가슴이 벅찼다. 그리고 종전에 혼자 승용차로 주마간산走馬看山처럼 구경했던 임난창의 기념관彰義祠과 합천 영상테마파크 등도 안내원의 소상한 소개로 새로운 진면을 보았다.

대야성大耶城은 합천군 통합 100주년 기념사업으로 작년 연말 준공하였다. 앞으로 본성누각과 성곽성축을 완성하여 옛 대야성의 실체를 살리면 삼국통일의 토대가 된 역사성을 재조명하게 되고 지금까지 잘 알려지지 않았던 옥전고분과 합천박물관은 황금 칼의 나라 옛 다라국의 역사와 합천의 숨은 역사들을 알리는 새로운 관광명소가 될 것이다.

얼마전 나는 합천군청 홍보과로부터 합천군 홍보대사로 임명되었다는 문자를 받았다. 그때는 별다른 생각을 안했는데 이번 방문을 통하여 고향 합천 홍보의 중요성을 알게 되었다. 앞으로는 시간이 되면 손자손녀를 포함한 가족들부터, 그리고 고교, 대학 동창생들과 여러 모임에서까지 고향 선전과 방문을 독려하려고 한다.

세 번째는 열악한 시골 학교 사정을 알게 되었다. 내가 다니던 삼산초등학교가 1940년 10월 8일 삼산간이학교로 설립되어 1948년 3월 삼산국민학교로 정식 개교한 이래 농촌인구 감소로 1998년 9월 1일부로 폐교되고 대병초등학교에 통합되었다. 이번에 전국 동문들의 정성을 모아 어린 시절 함께 배우고 뛰어놀던 마음의 고향 모교 옛터에 동문들의 영원한 희망의 등불이 될 모교를 상징하는 교적비를 세웠다. 그런데 교적비 제막식에 참석한 하창환 군수로부터 수년 전까지 합천군 내에 초등학교가 54개였는데 현재는 19개로 줄었으며, 그곳마저 10여개 학교는 학생수가 20여 명밖에 안 된다는 말을 듣고 너무 놀랐다.

이를 해결하기 위해 전 군민이 합심하여 풀어가야 한다. 그 일환으로 지난 4월 2일 강만수 합천고향발전위원회 위원장(전 기획재정부 장관)이 주창한 고향 발전 '남정강 구상'을 조속히 활성화시켜야 한다. '청산여수靑山麗水 샹그릴라 합천, 활기찬 고향, 돌아가는 고향'의 아이템에 명시된 전략전술에 따라 진흥사업, 애향사업, 문화사업, 귀향사업 등에 따른 각종 아이디어를 수집 심층 분석하여 최소비용으로 최대효과를 얻도록 해야 한다. 모든 군민과 출향 인사들도 자기 특기와 능력에 따라 적극적으로 참여해야 하며, 합천군도 지속적인 참여운동을 벌여야한다. 이것만이 농촌소득을 증대시키고 농촌 인구를 늘려 폐교를 막고 합천을 발전시키는 지름길이 될 것이다.

나는 이번 고향 방문을 계기로 고향 합천을 다시 알게 되었고 새로운 애향심을 가지게 되었다. 내 고향 합천의 무궁한 발전과 새로 세운 삼산초등학교 교적비가 오래오래 보존되길 기원한다.

2020. 3. 1. 합천신문

추억이 담긴 군사우편

얼마전 중학교 은사님으로부터 45년 전에 내가 쓴 편지 한 장을 돌려받았다. 육사생도시절 보낸 편지인데 정리하시다가 버리지 않고 나에게 보내온 것이다. 지금은 대부분 전화나 문자, 메일로 소식을 주고받고 있지만 당시만 해도 편지가 소식을 전하는 주요 수단이었다. 그때는 타자기나 복사기도 귀하고 컴퓨터도 없어 대부분 친필로 써서 보냈으며, 편지를 복사하여 보관하지도 않았다. 그래서 지금도 남에게 받은 편지는 많지만 내가 보낸 편지는 거의 없어 이번에 받은 편지는 정말 귀하고 뜻있는 편지였다.

나는 그 편지를 받고 많은 것을 느꼈다. 봉투에 군사우편이란 도장이 찍혀 있어 퍽 인상적이었다. 그리고 흰색 바탕에 뒷면에는 청록색 학교 주소가 새겨진 규격봉투와, 봉투 안의 편지지는 연한 청록색으로 줄이 그어졌으며 앞면 상단에는 모표와 뒷면 끝에는 예모가 그려져 있었다.

편지 내용을 보면 당시 육사생도 생활의 단면과 우리의 사회상을 알 수 있었다. 지금은 없어졌지만 당시만 해도 사신私信 검열이 있어 하고 싶은 이야기를 쓰지 못하는 경우가 많았다. 생도시절에 매일 일기와 편지 쓰는 시간이 지정되어 있었고, 주 1회 부모님과 은사, 친구들에게 편지를 쓰게 하였다. 여자 친구나 여동생이 있는 생도들은 가끔 분홍색 편지를 받기도 하여 부럽기도 하고 가슴이 설레기도 했다.

임관 후 전방부대 초급장교시절과 월남 전장에서 많은 편지와 위문편지를 주고받았다. 당시 고된 하루 일과에도 편지를 받아 읽는 순간만은 피로가 풀리고 가장 즐거운 시간이었다. 그래서 전방 초급장교시절에는 멀리 사단우체국에서 갖고 오는 문서배달 병을 눈이 빠지도록 기다릴 때가 많았다. 특히 월남 전장에서 위문편지는 향수를 달래는 최고 선물로 파병장병 모두가 많이 주고받았다.

생도시절부터 초급장교 때까지 내가 주고받은 대부분의 편지는 군사우편이다. 군사우편은 6·25 전쟁이 한창이던 1950년 9월 22일 부산에 최초의 야전 우체국이 생기면서 시작되었다. 생사가 엇갈리는 전장에서 장병과 가족 사이 연락이 끊기면 장병들의 사기가 저하되기 때문에 사기진작을 위해 국방부가 체신부에 요청하여 군사우편국을 설립하였다.

처음에는 대구 육군중앙야전우체국과 부산 해군중앙야전우체국을 비롯해서 육군 13개와 해군 5개의 야전우체국을 설치했다. 휴전 후 연간 3,000만 통이었으나 베트남 파병 후 1960년대 후반에는 무려 5,000만 통에 육박했다고 한다. 최근 어느 언론에 보면 지금도 군사우체국이

20여 곳이 있는데 대부분이 강원도에 있다고 한다. 1953년 2월 20일 개국한 97군사우체국은 현재에도 하루에 1,700여 통의 편지나 특배가 배달되고, 특히 지난 5월은 가정의 달로 부모님의 효도 편지나 선물로 물량이 폭주했다고 한다.

한때 '행주치마 씻은 손에 받은 님 소식은, 능선의 향기 품고 그대의 향기 품어, 군사우편 적혀있는 전선편지지에 전해주는 배달부가 싸리문도 못가서, 복 바치는 기쁨에 나는 울었소.' 란 '향기품은 군사우편'이란 노래가 유행했다. 군사우편은 예나 지금도 필요하다. 바깥세상과 단절된 채 죽음의 공포와 고독을 견디며 임무를 수행하는 장병에게 가족이나 친구의 편지는 세상 무엇과도 바꿀 수 없는 즐거움이 있기 때문이다. 그리고 휴대전화기 문자에 능숙한 신시대 장병들도 서툰 손 편지를 쓰면서 또 다른 새로운 감성을 돋울 수 있다.

편지란 어떤 특정한 상대에게 전달할 말이 있을 때 말 대신 보내는 글로서 안부, 초대, 주문, 위문, 축하, 소개, 교제, 사과 편지 등 종류도 많다. 그리고 편지는 쓴 목적과 격식, 종류나 상대에 따라 표현방법이 다르다. 나는 생도시절부터 전역 후 지금까지 비교적 많은 편지를 주고받았다. 그 가운데 군사우편을 동한 전방 소급장교시절과 월남전에서 편지가 대부분이다.

최근 언론에 공개되고 있는 6·25전쟁이나 월남전에서 부모님이나 친구에게 써놓고 '부치지 못한 편지'나 북한에 억류중인 '국군포로 편지'의 사연을 보면 눈시울을 뜨겁게 한다. 편지 속에는 아무리 사소한 내용이라도 개인의 생각, 역사와 추억이 담겨있다. 그래서 '편지를 불태우면 개인의 역사도 사라진다.'라는 말이 있다. 그래서인지 나도 아직까지 받은 편지를 버리지 못하고 생도시절, 전방초급장교시절, 월남전, 영관시절, 해외생활, 전역 후 주고받은 편지들을 가족, 친구 선후배 등 장르별로 분류하여 엮어두었다.

그리고 선생님의 편지를 받고, 시간 있을 때마다 옛날에 받은 편지를 복사하여 살아있는 친구들에게도 가끔 돌려보내기도 한다. 월남전 때 위문편지 100여 회를 주고받은 한 여고생이 지금은 중견 여류 소설가가 되었다. 얼마 전 그녀가 쓴 편지를 모두 모아 복사하여 책으로 제본하여 그녀에게 보낸 일이 있다. 오늘은 모처럼 추억이 담긴 군사우편을 읽어보며 내가 살아온 옛 추억에 젖어본다.

2013. 9. 시인부락 제 5집

반 세기만에 찾은 첫 근무지

나는 며칠 전 반 세기만에 강원도 철원에 있는 나의 군대생활 첫 근무지를 방문하였다. 그동안 코로나19 여파로 오랫동안 집안에 갇혀 꼼짝도 않고 지냈다. 지난 3월부터 정부 방침인 사회적 거리두기에서 5월초 연휴를 맞아 잠깐동안 생활적 거리두기로 바뀐 덕분에 좋아하던 골프도 며칠 전에 처음 나갔다. 그러나 또다시 지역 확진자의 확산으로 마음이 불안하다.

엊그제 모처럼 차를 정비하고 시운전을 하다가 날씨도 너무 좋아 바람도 쐴 겸 문득 옛날 첫 근무지가 가고 싶었다. 강원도 철원군 갈말읍 지경리이다. 종전 같으면 비포장도로라서 하루 종일 걸릴 것 같았는데 내비게이션을 쳐보니 2시간밖에 걸리지 않았다. 반포대교를 건너 동부간선도로를 타고 경기도 의정부를 거쳐 43번 국도를 타고 소흘읍 송우리, 포천읍, 영중면 만세교, 영북면 운천을 경유하여 강원도 철원군 갈말읍 문혜리를 거쳐 지경리까지 단숨에 달렸다. 평일이라 차량도 별로 없었고, 가는 길도 포장이 잘 되어있었다. 그리고 조금 큰 마을은 우회도로가 생겨 너무나 편히 갈 수 있었다. 중간에 휴게실에서 한번 잠깐 쉬었지만 두 시간 만에 정학하게 목적지인 지경리에 도착하였다.

지경리는 1968년 8월부터 월남전에 참전하기 직전인 1969년 12월까지 나의 군대생활의 첫 근무지이다. 마을 입구 부대 앞 주유소에 차를 세우고 주유를 하면서 주유소 아저씨에게 자초지종을 물었다. 그는 그곳에서 태어나 60평생을 그곳에서 살았다는 지경리 토박이였다. 당시 나는 육사를 졸업하고 육군 포병학교 기초보수 과정OBC 교육을 마치고 첫 근무지로 경기도 포천 이동에 있는 모 사단에 동기생 2명과 함께 발령을 받았다. 휴가를 마치고 계획된 일정에 사단사령부에 도착하여 사단장에게 신고식을 마친 뒤 간부식당에서 사단장님과 함께 오찬을 하였다. 같이 간 동기생 한명은 근처 보병 연대로, 나는 최전방 포병대대로 보직을 받아 부대차량으로 이동하였다.

마침 육사 1년 선배 한분이 근처 다른 부대에 근무하여 그 선배를 만나 저녁을 같이하고 선배가 정해준 집에 짐을 풀었다. 그리고 그 집에서 첫 밤을 보내고 다음날 아침 일찍 부대로 들어가 부대장에게 보직신고를 한 뒤 기나긴 나의 전방근무가 시작 되었다. 당시 간첩들이 수시로 출몰하여 거의 비상상태로 짐만 그 집에 두고 대부분 영내에서 병사들과 침식을 같이 하면서 지냈다.

마침 주유소 주인의 안내로 바로 옆에 있는 나의 옛 하숙집을 찾았다. 당시 부대 바로 입구에 집 두 채가 나란히 있었는데 좌측 길가의 한 채는 현재 양옥집으로 새로 지어 점포로 사용하고 있었고, 내가 살던 우측 집은 50년 전의 모습 그대로 슬레이트집으로 초라하게 찌그러져 있었다. 사람은 살 수 없어 비료, 사료 같은 농기구 물건들만 쌓아 놓은 헛간으로 사용하고 있었다. 우선 그 집의 앞뒤를 배경으로 사진을 몇 장 찍고 다음은 내가 근무하던 부대로 갔다.

평생 내 머릿속에 잊혀 지지 않아 지금도 가끔 꿈에 나타나는 589고지 밑에 자리 잡은 자랑스러운 00부대 ! 오랜만에 나의 첫 부임지를 찾은 나의 마음은 무엇으로 표현할 수 있을까 ? 그러나 옛날 우리 부대는 다른 곳으로 이전하고 새로운 부대가 들어 왔다. 그러나 코로나19 때문에 외부인 출입은 일체 불허하여 하는 수 없이 정문에서 우뚝 솟은 589고지를 바라보며 사진 몇 장만 찍고 돌아서야 했다. 다시 마을로 돌아와서 옛날 잠사나마 정들었던 지경리 부락을 시찰했다. 마을 뒤편에는 아직도 옛 모습 그대로 있었으나 폐허된 건물이 많았고 도로변 일부는 새로운 건물을 지어 깨끗하게 보이는 음식점도 있었지만 아직도 시골 냄새를 풍기고 있었다.

내가 이곳 지경리를 잊지 못하는 첫 번째 큰 이유 중 하나는 나의 최초 주민등록지가 강원도 철원군 갈말읍 지경리로 되어있다. 1969년 9월 우리나라가 처음으로 주민등록증 제도가 실시되자 그해 9월 1일자로 문혜리 면사무소에 들려 전입신고(주민등록)를 신고하였다. 그러나 이번에 살던 집을 찾아보고 정확한 주소는 지경리 290번지로 확인하였다. 두 번째 이유는 그 당시 추억에 가장 남는 것은 부대에서 약 12㎞

떨어진 철원군 서면 자등리에 있는 포병사령부에 업무협조와 회의 때문에 수시로 다녀온 곳이라서 그곳을 꼭 가고 싶었다.

옛날에는 비포장도로 이어서 한 시간 정도 걸린 것 같았는데 지금은 20분도 안 걸렸다. 당시 구 도로를 타면 좌측으로 안암산(507m) 밑으로 남대천이 흐르고 오른편에는 대득봉(630m)아래 연동, 청하동, 학사 들판을 지나 학포리 다리를 건너 김화 와수리를 지나 송동, 석현동을 경유하여 좌측에는 서면 신술리가 있고, 우측에는 자등리가 있다. 당시 회의를 마치고 가끔 자등리에서 싸리골과 텃골을 거쳐 문혜리를 지나 가로고개를 넘어가기도 했다. 그러나 그 길은 조금 가깝지만 도로가 협소하고 당시 싸리골에서 간첩 몇 명이 사살되어 기분이 좋지 않아 가능한 멀어도 좋은 길로 다녔다. 사령부와 다른 부대들도 코로나 때문에 출입이 제한되어 근처에서 눈으로만 보고, 송동 부근에 새로 지은 팬션 주차장에서 차를 점검하며 잠시 휴식하기도 했다. 그리고 돌아올 때는 47번(옛날 3A) 도로를 이용하여 포천군 이동, 일동을 거쳐 내촌 퇴계원을 거쳐 편안하게 돌아왔다.

이번에 모처럼 전방을 방문하면서 몇 가지를 느꼈다. 첫째는 전방에 이르는 외곽도로가 너무나 잘 발달되어 있었다. 두 번째로 지금은 코로나19 때문에 이용객이 적지만 도로 주변 곳곳에 많은 팬션 등 위락시설이 잘 조성되어 있었다. 셋째로 옛날에 전방에 갈 때 있었던 철정검문소, 성동검문소, 문혜리 검문소 등이 없어졌다. 넷째로 도로 곳곳에 설치된 대전차장애물이 거의 철거되고 눈에 보이지 않았다.

지금부터 반 세기 전에 석양이 지고 어둠이 깔릴 때면 낙엽과 장작으로 밥 짓는 연기가 마을 초가지붕 위로 피어오르던 한 폭의 수묵화 같은 최전방 첫 근무지의 아름다운 정경들과, 부대에서 사령부를 갈 때 멀리 대성산 아래 남대천을 끼고 김화평야의 아침 안개 자욱한 비포장 43번 국도를 군용차로 달리면서 길가 곱게 핀 코스모스 향기와 아침이슬 머금은 황금빛 들판의 벼 이삭과 콩밭의 고개 숙인 수수 등의 옛 풍광들은 찾아볼 수 없었다. 그러나 모처럼 나의 군대 고향을 찾은 기쁨은 무엇으로 비길 수 있겠는가? 이렇게 가까운 곳을 왜 진작 찾지 못했을까 뉘우치면서 앞으로 자주 이곳을 찾기로 마음을 먹었다.

오늘 화창한 날씨 속에 모처럼 내 생애 최고의 보람된 날을 만끽滿喫하고 돌아왔다.

2020. 9. 10. 담쟁이 문학 제5집

槐雲
權海兆

제 4 부

세상과 나라 걱정

호국보훈의 달 의미 되새기자

6월은 '호국보훈의 달'이다. 전쟁의 참화에 시달렸던 우리의 역사를 뒤돌아보고, 수많은 전투에서 국가를 위하여 고귀한 생명을 바친 호국영령護國英靈과 순국선열殉國先烈들의 거룩한 넋을 기리고 호국정신과 국가안보의식을 고취시키는 달이다. 올해는 광복69주년, 6·25전쟁 64주년이 되는 해다. 조국광복을 위해 말할 수 없는 고초를 겪으신 순국선열과 애국지사, 6·25전쟁에서 자유 수호를 위하여 젊음을 바친 참전용사, 그리고 불의에 항거하여 민주주의를 꽃피운 영령들의 공헌을 결코 잊어서는 안 된다.

특히 6·25 전쟁의 포성이 멈춘 지 64년이 지났으나 전쟁은 끝나지 않고, 휴전상태로 지금도 200만 명의 남북한 정규군이 초현대무기로 무장하여 군사분계선에서 대치하고 있다. 6·25전쟁으로 국군 13만 7천여 명과 유엔군 5만여 명이 전사하였다. 부상자 포함 쌍방 500만 명

(군인 200만, 민간이 300만)의 인명피해와 가옥과 산업시설이 대부분 파괴되어 엄청난 재산피해를 냈다. 당시 홍안으로 전선에 참여하여 생존한 용사들도 대부분 80세 이상의 고령이이거나 세상을 떠났다. 그리고 아직도 200여 명의 국군포로가 북한에 억류되어 있고, 상이용사, 유가족, 이산가족들의 아픔이 허물지 않고 있다.

그러나 북한은 휴전 후에도 적화통일을 목표로 1968년 청와대 습격, 울진 삼척지역 무장공비침투, 99년과 2002년 1차, 2차 연평해전, 2010년 천안함 폭침사건 등 무수히 도발을 하였다. 특히 북한 김정은 국방위원장이 작년 11월 20일 적공敵攻부대를 방문하여 베트남 무력통일을 거론하며 '무력통일은 2년 안에 완성한다면서 핵. 미사일. 사이버 등 3대 수단으로 남조선 괴뢰부대를 와해시키기 위해 심리전을 펼치라'고 지시한 바 있다. 그리고 지난 2월부터 신형방사포 사격을 시작으로 서해5도 지역 방사포사격, 무인항공기 침투에 이어 새로운 형태의 핵실험 예고 등 일련의 복합적 도발 행태를 벌리고 있다.

그러나 아직도 많은 청소년들과 국민들이 6·25전쟁이 언제 왜 일어났는지 모르고 전쟁 불감증에 걸려 전쟁의 비극을 모르고 있다. 그리고 지금 우리 사회는 맹목적 자유와 허상의 평화, 황금만능주의에 빠져 이기주의와 부정부패, 이념갈등으로 국가기강과 법질서가 무너져 6·25전쟁과 월남 패망 직전 상황과 흡사하다.

지난 3월 레이먼드 미 육군참모총장이 미래에 일어날 수 있는 긴급상황 가운데 가장 위험한 사태가 "한반도에서 전쟁"이며, 우려하는 부분은 북한의 오판이라고 예고했다. 한반도에 또다시 전쟁이 발발하면 남북한 모두가 공멸하게 될 것이다. 따라서 이 땅에서 또다시 전쟁이 있어서는 안 된다. 남북은 분단 후 지금까지 너무 많은 국력을 소모하였다. 이제 남북은 분단비용을 줄이고 통일을 준비해야 한다. 통일만이 우리 민족의 미래 번영과 살 길이다.

우리의 역사를 보면 국방태세와 국민들의 안보의식이 강화되었을 때는 평화를 누리며 찬란한 문화를 꽃피웠다. 그러나 국방태세 미비와 국론이 분열 되었을 때 임진왜란, 병자호란, 한일합병. 6·25전쟁과 같은 비극을 맞았다.

지금까지 수많은 선열들의 투철한 호국정신으로 용감히 싸워 나라를 지켜온 덕분으로 우리 후손들은 찬란한 문화를 간직하고 자유롭게 살고 있다. 오늘날 세계 10대 경제대국으로 성장도 건국 1~2세대들의 굳건한 안보의식과 애국심, 튼튼한 한미동맹과 국방력이 뒷받침한 결과로 볼 수 있다.

최근 북한의 위협이 거세지고 중국과 일본의 패권 움직임이 심상치 않다. 언제 닥칠지 모르는 외세의 침입과 제2의 6·25전쟁에 철저히 대비해야 한다. 그리고 오늘의 대한민국이 있게 해준 선열들의 값진 희생을 한시도 망각해서는 안 되며, 6월 한 달만이라도 보훈의 의미를 되새기며 선열들의 위훈(偉勳)을 기리고 추모와 감사의 마음을 가져야 한다. 오랫동안 투병중인 상이군경이나 이웃에 있는 애국지사, 전상 군경, 전몰 유가족들에게도 따뜻한 위로를 보내야 한다. 호국보훈의 달을 맞아 국민 모두가 국가안보의식을 한층 높여 이 땅의 자유와 평화를 굳건히 지켜야 한다.

2014. 6. 30. 국방전우신문

구멍 뚫린 안보현실

최근 대한민국의 안보와 보안상태가 심각하다. 북한과 대치한 최전방 군사분계선 철조망이 뚫리고 우리나라 행정중심부 정부종합청사의 허술한 경계상태 등 안보현실을 보고 국민들을 불안하게 하고 있다.

그렇지 않아도 올해는 미국을 위시한 주변국들의 정권교체와 우리나라도 대선을 앞두고 안보의 취약 시기로 전망하고 있었다. 예상대로 근래 중. 일의 영토분쟁과 북한의 연속적인 NLL도발 등으로 우리의 대외안보문제는 최고 위기상태다. 이런 시기에 전방 경계상태나 수요 공공기관들의 보안실태를 보니 걱정이 앞선다.

여기에 우리 안보의 핵심축인 한미연합군 사령부가 2015년 해체 예정이고 이에 따른 국방 개혁도 표류하고 있다. 그리고 계속적인 국방예산의 소폭 증가로 전력증강에도 문제가 많다. 더욱 문제시 되는 것은 차기 정부를 책임질 대선 후보자들은 표심을 고려한 병력감축, 병무단축 등 선심성 약속만 쏟아내고, 국가의 존립에 관한 안보문제나 미래에 대한 비전 공약은 보이지 않는다.

아직도 많은 정치가나 국민들은 안보의 중요성을 피부로 느끼지 못하고 있다. 언제부터 우리 국민들은 생사生死문제는 생각하지 않고 복지에만 관심을 두고 있는지 알 수 없다. 인간이 살아가는데 삶의 질을 향상시키는 복지문제도 중요하지만 우선 개인과 가정, 국가의 안위安危문제가 우선이다. 튼튼한 안보가 뒷받침한 자유로운 국가, 평화로운 사회, 가정과 내가 없으면 모든 것이 무용지물이다.

일련의 사건을 보면서 열악한 환경과 부족한 병력으로 전방 철책을 지키는 장병들이나 후방에서 아파트나 주요시설에 종사하는 경비원들의 노고와 고충도 알 수 있다. 예부터 '전투에 실패한 자는 용서될 수 있어도 경계에 소홀하여 실패한 자는 용서받지 못 한다' 는 말을 하고 있다. 앞으로 경계를 맡은 초병이나 경비원들은 자기의 책무를 더욱 철저하고 성실하게 수행해야하며, 국민들도 그들의 노고를 이해하고 적극 협력해야 한다.

이 번 사건이 모든 국민들에게 안보의식을 높이고 안보의 중요성을 일깨워주는 좋은 교훈이 되었으면 한다.

2012. 11. 1. 능동춘추

현대판 사색당파의 만성적 정쟁을 보며

–조선조 당쟁의 재현인가?

작금 우리의 정치현실을 보면, 조선시대 사색당파가 무색할 정도로 정쟁政爭이 심각하다. 우리의 정치가 개항 이래 근대화되어 많은 발전을 이룩하였지만 아직도 구시대의 폐습이 잔존하여 진정한 의미의 국리민복을 추구하는 민주화된 대한민국의 정치문화를 보여주지 못하고 있다.

회고하건대, 조선조의 당쟁은 1575년(선조8년) 이조전랑吏曹銓郎 인선 문제로 동인과 서인으로 갈라신 이래, 계속적인 분파를 거듭하여 동인은 남인과 북인으로, 그리고 서인은 노론과 소론으로 분파되어 이른바 '사색당파'라는 극한적인 분열과 대립양상을 보여주게 되었다. 광복 이후 대한민국도 이승만 대통령 때 시작된 자유당과 민주당의 대립이 지금까지 계속되어 정세변화에 따라 당명만 바뀌었을 뿐, 만성적인 정쟁만 계속되고 있다.

조선조 당쟁은 동쪽 건천동에 살고 있는 김효원金孝元을 중심으로 한 동인과 서쪽 정릉방貞陵坊에 살고 있는 심의겸沈義謙을 중심으로 한 서인으로 시작하였다. 동인은 1591년(선조24년) 세자책봉문제로 물러난 서인 영수領袖 정철鄭澈의 처벌수위문제로 남인온건파 유성룡과 북인강경파 정인홍으로 갈라졌다. 1599년(선조32년) 홍여순洪汝諄이 대사헌에 천거되자 남이공南以恭이 반대하여 북인은 대북과 소북, 골북, 육북, 중북 등으로 갈라지고, 남인도 정남(강경파)과 탁남(온건파)으로 갈라졌다. 한편 서인도 1638년(숙종9년) 숙종외척 광산김씨 김익훈에 대한 처분문제로 노론(노장파 송시열)과 소론(소장파 신진사류)으로 갈라지고, 1762년(영조 38년) 사도세자 문제로 옹호파인 시파時派와 반대파인 벽파僻派로 갈라졌다.

조선조의 연속적인 분당의 원인은 표면적으로는 주자학상의 의리론義理論과 예론禮論에 바탕을 둔 명분논리에 의거하여 자기 정파의 정당성을 내세우고 상대 정파의 부당성을 공격하기 위한 명분경쟁 양상을 보여주고 있었지만, 현실적으로는 각 정파가 추구하는 정치적 이해관계, 예컨대 관직임명권이 걸려있는 인사권이나 공론公論상의 정당성을 확보하기 위한 간쟁권諫諍權의 장악에 주안점이 있었다. 그리하여 진정한 의미의 국리민복보다는 당리당략에 집착하는 양상을 보여줌으로써 많은 폐단을 남겨주게 되었다.

오늘날 대한민국도 건국 후 이승만 대통령의 자유당과 호헌동지회 중심의 민주당으로 시작되었다. 자유당은 민주공화당, 민주정의당, 민주자유당, 한나라당을 거쳐 새누리당으로 이름이 바뀌었고, 민주당도 신민당 신한민주당을 거쳐 1987년 평화민주당(DJ)과 통일민주당(YS)로 갈라졌다. 평민당은 다시 새정치국민회의, 새천년 민주당, 열린 우리당을 거쳐 민주당과 국민 참여당으로 분리되었다가 다시 새정치 민주연합으로 통합하였다. 그리고 3당 합당 후 1995년 충청도 중심 보수성향의 자유민주연합(JP)이 등장하였으나 한나라당과 합당하였다. 한편 1956년 조봉암이 주도한 진보당도 민주노동당, 진보신당, 정의당, 급진 진보세력인 통합진보당(해체)까지 생겼다. 최근 새누리당 원내대표와 새정치민주연합의 당대표 선거에서 여당의 친박(박근혜), 비박과 제1 야당의 친노(노무현), 비노 간의 정쟁을 보면 조선조의 노론 소론, 남인 북인의 사색당파가 재현되지 않을까 걱정이다. 또한 근래 정치문화도 조선조와 같이 학연, 인맥, 지연 등을 총 동원하여 자당세력을 늘려가며 집권 권력싸움에 혈안이 되고 있다.

우리는 조선조 사색당파의 폐해를 잘 알고 있다. 유능한 인재들을 역적으로 몰아 숙청肅清하고, 귀양 보내거나 죽였다. 그리고 임진왜란 전에 조선통신사로 파견된 정사正使 서인 황윤길과 부사副使 동인 김성일이 귀국 후 서로 다른 의견을 진술하자 집권세력인 동인은 부사 말을 믿고 일본의 침략 대비도 못했다. 지금도 마찬가지다. 여야는 무조건 타당의 의견을 무시하고 흠집을 내어 유능한 인물들은 청문회 때문에 주요공직까지 거부당하고 있다.

그리고 미국, 일본 등 선진국은 수십 년 간 당명을 바꾸지 않고 사용하는데 우리는 선거철이 되면 새로운 당이 생기고 기존 정당도 당명을 바꾸고 있다. 그만큼 정당의 기능과 역할을 못하고 있으며, 정치지도자들의 철학이 부족하고, 지역중심, 보스 중심의 사당私黨의 굴레를 벗어나지 못하고 있다.

오늘날 안보 상황도 임난壬亂전, 구한말, 6·25전쟁 직전과 비슷하다. 미국을 위시한 주변 강대국의 패권싸움과 북한의 위협이 어느 때보다 악랄한데 정치인들은 안보문제는 멀리하고 벌써부터 내년 총선과 내후년 대선 준비만 하고 있으니 걱정이 된다.

역사학사 카(E.H Carr)는 '역사는 반복된다.'고 했다. 임진왜란이나 6·25 전쟁의 전철을 밟지 않기 위해서는 정치권이나 언론의 대오각성과 특단의 대책이 필요하다. 대통령과 국회, 국민들도 주자학에서 말한 분별과 질서의 원리를 지향하는 예禮와 조화와 통합의 원리를 지향하는 악樂을 잘 융합한 올바른 소통으로 우리의 정치문화를 정착시키고 국가위기를 극복해야 한다.

2015. 4. 신문고

탈북자 대책 미흡하다

국내에 입국한 탈북자(북한이탈 주민)가 11월 15일에 2만 명을 넘었다. 통일부 발표에 의하면 지난 11월 15일 태국에서 출발한 탈북자 50명이 도착함에 따라 우리나라에 입국한 탈북자가 2만50명이라고 발표하였다. 국내 입국한 탈북자는 1990년까지 1천명이 넘었고, 2007년에 1만여 명을 돌파에 이어 3년 만에 2만 명을 기록하였다. 특히 지난해에 2,927명, 올해 벌써 2,066명이 들어왔다.

탈북자들은 80년대까지만 해도 주로 휴전선을 넘어 귀순했으나, 90년도 초에 동구 공산권이 무너지면서 동유럽 유학생을 비롯하여 고위층 인사들의 탈북이 증가하였고, 특히 90년도 중반 북한의 식량난과 아사상태 후 제 3국을 통해 급속히 증가하고 있다. 그리고 90년대 이전 탈북자들은 대부분 군인들이었다. 1953년 9월 노금석 공군 대위가 미

그15기를 몰고 귀순한데이어, 83년 2월 25일 이웅평 공군대위가 미그19기를 몰고 귀순하였고, 83년 5월 7일 북한군 13사단 민경대 소속 신중철 대위가 귀순하였으며, 1996년 이철수 중령이 미그19기를 몰고 귀순하였다.

또한 국군 포로로 지난 1994년 "돌아온 망자亡者 조창호 소위"에 이어, 지난 4월 북한을 탈출한 84세의 김모 씨가 지난 11월 2일 중국 선양 영사관을 거쳐 귀국하였다. 그리고 1987년 1월 14일 가족 11명을 태우고 "따뜻한 남쪽나라"를 찾아 북한 청진항을 출발하여 풍랑을 만나 일본을 경유 2월 8일 입국한 김만철 씨 가족이나, 1997년 중국에서 망명한 황장엽 씨, 2005년에 입국한 원정화 같은 위장 귀순자도 있다.

지금까지 탈북자를 분석해보면 여자가 68%, 20대~30대가 60%이다. 대부분이 중국 접경지역 출신들이며 압록강 주변보다 두만강 주변 함경도 출신이 77%이다. 문제는 "코리안 드림"을 안고 남한 땅을 밟은 그들에 대한 대책이 미흡하다. 물론 정부에서 가구당 기본금 600만원과 직업훈련 자격증 취득, 취업 장려금 2,440만원, 주거지원금 1,300만 원 등을 지원하고 중고생, 대학 등록금면제, 의료지원확대, 취업알선 등의 혜택을 주고 있다. 그러나 탈북자들의 애로사항을 들어보면 영어를 포함한 언어 장벽, 학력수준 차이로 인한 첨단기술 경험부족, 특히 재테크 등 경제 분야에 무지상태다. 그래서 그들 대부분은 월평균 근로소득 127만원으로 단순노무직이나 기계조작 등에 취업하고 있고 고용율도 50% 이하다. 그리고 탈북 대학생들도 영어문제 등으로 40% 이상이 휴학하고 있다.

탈북자들은 하나원에서 소정의 교육을 받고 있지만 지금까지 문화, 의식, 생활방식이 너무나 다른 체제에서 살아왔기 때문에 남한 사회에 적응하기는 쉬운 일이 아니다. 그러나 그들 대부분은 총구를 피해 두만강을 건너와 생에 대한 의지는 강한 사람들이며 앞으로 우리와 함께 살아갈 사람들임에는 틀림없다.

탈북자 대책은 미래 통일시대를 대비해서도 반드시 거쳐야할 과제다. 정부에서 더욱 치밀한 계획으로 교화, 생활지도를 하야 하겠지만 우리 국민들도 같은 동족으로 그들에게 반감이나 혐오감을 주지 말고 감싸주고 격려하며 세심한 배려와 계도를 해야 한다. 최근 언론 보도에 탈북자들의 유흥업소, 보험사기 등은 부끄러운 일이다. 탈북자들도 어려움이 있겠지만 하루속히 자각하여 자포자기하지 말고 사회적 편견을 버리고 대한민국 국민으로서 자부심을 갖고 취업 의지를 불태워 우리 사회에 신속히 즉응하고 동참해야 한다.

2010. 12. 16. 합천신문

사이버전 대비 서둘러야

지난 3월 20일 KBS, MBC 등 주요 방송국과 신한은행, 농협 등 국가 금융기관에 동시다발 사이버 공격으로 3만 2천여 대 전산망이 마비되었다. 사건 발생 20일이 지난 4월 10일 미래창조과학부 브리핑실에서 민관군民官軍 합동 대응팀이 기자회견을 열고 북한 소행이라는 조사결과를 공식 발표하였다. 조사결과 해커들은 북한 인터넷주소를 사용하는 PC를 최소 6대 이용하여 작년 6월 28일부터 피해 방송사와 금융사에 최소한 1,590여 회를 접속하여 악성코드(바이러스)를 뿌렸다고 한다. 그리고 공격을 위해 거쳐간 IP 49개 중 22개와 악성코드 76종 중 18종이 2009년 이후 북한이 대남 해킹에 사용한 것과 같았다고 하였다.

바야흐로 세계는 새로운 사이버 전쟁에 돌입하였다. 러시아와 중국은 일찍 사이버 부대를 창설하여 대규모 사이버 군사활동을 하고 있고, 미국도 사이버테러를 미래 최고 위협으로 보고 육 · 해. · 공 · 우주에

이어 제 5의 전장戰場으로 규정하고 국방투자를 집중하고 있다.

사이버전은 1999년 코소보 분쟁을 시작으로 2008년 러시아와 그루지야의 영토분쟁부터 본격적으로 시작되었다. 러시아가 그루지야 대통령, 정부 및 금융, 언론사, 군 정보시스템 등에 디 도스(D DOS: 대규모 분산서비스거부)공격으로 모든 정보망을 마비시키고 지상군을 투입하여 5일 만에 그루지야를 장악했다. 미국도 2010년 이란 나탄즈 우라늄농축시설에 악성코드 스턱스넷stuxnet 공격으로 원심분리기 1,000여 기를 파괴하여 우라늄 농축 프로그램을 2년 정도 지연시켰다. 2009년 61개국에서 435개 서버가 한국, 미국 등 35개 주요기관에 이틀간 집중 공격을 하였고, 2011년에도 70개국 474개 서버가 국내 여러 사이트를 마비시켰다. 최근 미국의 워싱턴포스트, 로이터 등 언론사와 록히드마틴, 코카콜라까지 약 140여 개 단체가 사이버 공격을 받았으며 그 배후로 중국 인민해방군을 지목하면서 중국과 새로운 갈등을 빚고 있다.

미국은 2010년 5월 국가안보국장을 책임자로 사이버사령부를 설치해 군과 정부는 물론 민간 사이버시스템 보안에 최대 역점을 두고 있다. 미 국방부도 정부예산의 감축에도 불구하고 사이버군軍을 제4군으로 하여 사이버 인력을 현재 900명에서 2015년까지 13개 부대 5,000명 규모로 늘려 공격과 방어능력을 갖추려 하고 있다. 러시아 푸틴 대통령도 올해 초 '사이버공격 예방과 무력화를 위한 시스템개발'을 지시했고 중국도 상하이上海에 본부를 둔 인민해방군 61398부대를 비롯한 최대 해커부대와 5,000여 명의 병력을 운용하고 있는 것으로 알려지고 있다.

북대서양조약기구NATO도 지난 20일 사이버공격을 '무력분쟁'으로 보고 사이버전 대응 매뉴얼인 교전수칙을 성문화하였고, 대만도 지난 20일 중국의 사이버공격에 대비하여 사이버전 부대를 발족했다. 이스라엘도 국방부가 사이버전 부대 입대를 전제로 200명의 엘리트 고교생을 선발하여 주 2회 실습 위주 사이버 방어기술을 교육시키고 있다.

북한은 경제난으로 전통적인 군사력 확충의 어려움과 중국 러시아의 사이버부대 창설에 자극되어 1990년부터 사이버전을 겨냥해 해킹 인력을 집중 양성하여 현재 3만여 명에 이르며, 군 총참모부 정찰총국에 1천여 명 규모의 사이버전 전담부대를 운영하고 있으며 중국 동북부에 10여 개를 포함하여 해외 여러 곳에서 활동 중이라고 한다.

우리나라는 2003년부터 10년째 사이버공격을 당하고 있다. 2006년 안보부처 장관급 인사 이메일 해킹을 비롯하여 2008년 청와대 국가안보회의 바이러스 오염, 2009년 7월과 2011년 정부 주요기관 사이트에 디도스 공격, 2011년 4월 농협전산망, 11월 고려대 정보보호 대학원, 2012년 6월 중앙일보 등 2008년 이후 사이버 공격이 7만3천여 건에 달한다.

우리나라는 세계 최강의 정보기술IT국가로 안보, 경제, 경영, 각종시설들을 정보기술망에 의존하고 있다. 앞으로 IT 강국인 우리나라가 사이버전의 무대가 될 것이지만, 사이버 안전을 지킬 보안 연구 수준과 투자가 미흡하다.

정부는 이번 사태를 국가안보 비상사태로 인식하고 최우선 대책을 세워야한다. 무엇보다 국가차원의 사이버 전문요원 양성과 민군관이 모두 참여하는 국가차원의 종합 사이버테러 컨트롤 타워를 만들어야한다. 새 정부 신설 국가 안보실에도 사이버 담당부서를 두고, 총리실 산

하에 국방부, 국정원(정부, 공공기관), 경찰, 방통위(금융위, 민간기업) 등 국가 전체의 사이버업무를 유기적으로 총괄하는 '컨트롤 타워'를 만들어야 한다. 그리고 해킹을 차단하거나 안티 해커로서 '화이트전사' 확충도 시급하다. 현재 국군사이버 사령부 500여 명과 방통위 산하 한국 인터넷진흥원KISA 150여 명으로 기업 347만 곳, 인터넷과 스마트폰 가입자 3천만 명, 서버 570만 대의 감당이 어렵다. 군 경, 민간 기업 등에서 근무하는 모든 보안전문가들의 역량을 모아 효율적인 운용체제를 갖추어야 한다. 그리고 18대 국회에서 폐기된 '사이버테러 법'을 처리하고 사이버 안전관리규정, 정보통신망법, 교전규칙 등 관련 법체계를 정비하여 철통같은 사이버 보안시스템을 유지해야 한다.

로스코프 '포린 어페어' 편집장이 이제 핵위협으로 대표되는 냉전cold war에서 첨단기술을 동원한 저강도 충돌의 쿨워cool war 시대의 도래를 예고했고, 클래프 미 국가정보국DNI 국장도 '직면한 가장 큰 안보위협은 사이버 공격과 스파이 활동'이라 하였다. 앞으로 전면전을 벌리지 않고 고정간첩이나 사이버 기술을 통해 상대방 기업과 인프라에 타격을 입히는 쿨워가 빈번할 것이다.

이제 사이버전 대비는 국가의 운명을 결정짓는 핵심적인 요소다. 그리고 사이버 보안은 단순한 규제가 아니라 우리의 안전과 생명을 필요한 최소한의 조건이다. 정부도 더 이상 사이버테러 공격을 허용하지 않겠다는 강력한 의지를 보여야하며, 지능적이고 정교한 방법으로 우리 사회의 전복을 노리는 어떤 사이버테러도 막아야 한다. 그리고 우리 국민들도 사이버 보안 불감증에서 탈피하여야한다.

2013. 3. 28. 합천신문

국민 안보의식 제고提高할 때다

작금 우리나라의 안보환경은 심각한 위기에 처해있다. 한반도 주변 중국과 일본의 강대국의 등장, 작년부터 세계적인 경제위기 속에 미국의 정권교체와 한국 사회의 남남갈등, 최근 북한의 마사일 발사와 대남 강경 정책으로 남북관계 경색 등 국내외적으로 국가안보가 위기에 처해있다. 이런 가운데 현재 많은 국민들은 설마 전쟁이 일어나겠는가하는 안보불감증에 빠져 있으며, 특히 최근 청소년들의 의식조사에서 57%가 6·25전쟁이 언제 누구에 의해 일어났는지를 모르고, 64.2%가 북한의 전쟁도발 가능성이 낮다고 보며, 장차 우리의 위협국을 미국, 일본, 중국, 북한 순으로 보고 있어 국가 안보의식이 걱정이다.

그런 가운데 지금까지 지탱해온 우리의 안보축이 무너지고 있다. 현재 우리 안보의 축은 예비역을 포함한 국군, 한미동맹을 근거로 한 주한미군과 한미 연합군, 그리고 국가보안법을 포함한 국민들의 안보의식이다. 지난 10여 년간 국가보안법은 유명무실 되고, 국민들의 안보의식도 감소되었다. 예정대로 한미연합사 해체와 전시작전통제권이 이양되면 한미동맹도 약화되어 국가안보 의식의 제고와 안보역량의 총집결이 필요하다.

첫째로 국민들에게 안보차원의 역사교육 강화가 필요하다. 우리의 역사를 보면 우리 주변에 대국이 등장하면 거의 전쟁과 정변을 겪었다. 중국에 한漢나라가 등장 후 고조선이 망하였고, 당나라 등장 후 고구려, 백제가 망했다. 원나라 등장 후 거란 몽고 의 30년간 침략이 있었고, 20만의 남녀가 끌려갔다. 명나라 등장 후 고려가 망하고, 청나라 등장 후 병자호란과 5만의 젊은 여자들이 잡혀가 늙고 병들면 환향녀還鄕女로 돌아왔다. 일본도 도요토미 히데요시가 일본을 통일하자 임진왜란을 일으켜 한반도를 초토화하고 종전 10만의 유학자와 기술자를 끌고 갔다. 명치유신 후 한일합병의 치욕을 당했으며, 36년간 식민지 생활로 창씨개명과 67만의 젊은이들이 강제징용 되고 20여 만 여성들이 종군위안부로 끌려갔다. 이 모든 치욕의 역사가 위정자들이 국제 감각 부족과 당파싸움의 정쟁에 휘말리고 국민들의 단결력이 부족했기 때문이다.

그리고 월남공화국의 패망교훈도 중요하다. 당시 미군이 남겨준 세계 최신 장비를 보유했지만 미군 철수 2년 만에 맨발로 소총으로 무장한 월맹군에게 백기투항하고 말았다. 당시 월남 사람들의 향락주의와 위정자들의 부정부패가 만연하였고, 평화 민족주의를 위장한 월맹의 간첩들이 월남의 곳곳에 침투해 있었기 때문이다. 근래 중국과 일본은 경제 군사대국으로 등장하여 우리의 위협이 되고 있고, 자국의 역사미화 왜곡과 역사교육 강화로 젊은이들에게 애국심을 발휘하도록 하고 있다.

둘째로 한미동맹의 강화다. 앞으로 전쟁은 혼자 싸울 수 없다. 양자, 다자간 안보협력, 동맹이 필요하다. 미국은 6·25전쟁에서 피로 맺어진 혈맹관계다. 주한미군은 우리나라를 식민지에서 해방시켜주고, 대한민국 건국을 주도하고, 6·25 전쟁에서 공산침략을 저지하고, 지난 50년간 우리의 안보를 지원하며 경제발전을 도왔다. 한미연합사는 세계에서 가장 공고한 연합군으로서 지난 20여 년간 우리 안보의 핵심 축으로 북한의 침략의지를 억제시키는데 크게 공헌하였다. 그리고 독일을 통일시키는데 결정적인 역할도 미국이 했으며, 일본도 2차 대전의 적국인 미국과 손잡고 미일 안보동맹을 더욱 강화하고 있다. 우리의 안보와 통일을 위해서도 중국 일본이 될 수 없고 미국이 절대적으로 필요하다.

셋째는 국민들의 대북필승 안보의식 고취다. 북한의 적화야욕은 변함이 없으며, 대남압박은 더욱 강화할 것이다. 그러나 빈곤과 폐쇄된 북한체제보다 우리는 월등한 자유민주체제로 세계 13위의 경제력, 우수한 인력자원과 잘 훈련된 국군과 한미연합군이 있다. 그리고 우리가 바라는 통일도 성급하게 헐벗고 굶주리는 적화통일이 아니라, 우리 가족과 자손들이 행복하게 잘사는 자유민주시장경제체제의 평화적인 통일이다. 앞으로 북한의 어떠한 술책에도 말려들지 말고 유사시 북한에 대항할 필승의 신념과 자신감을 가져야한다.

국가안보는 생존을 보장하는 산소와 같다. 산소가 결핍되면 개인의 생명을 잃게 되듯이 국가안보가 무너지면 나라를 잃게 된다. 국민들의 안보관이 해이해지고 국가가 망하면 어떻게 되겠는가? 우리는 지나간 역사를 통해 힘과 의지가 약한 민족과 나라는 패망한다는 진리와 함께 현실을 외면하는 자는 현실로부터 소외당한다는 사실을 명심하고, 이 땅에 다시는 전쟁의 비극이 일어나지 않도록 철저히 대비해야 한다. 지난달 세계 야구선수권대회 후 김인식 감독이 "국가가 있어야 야구도 있다"고 했듯이, 자유도 경제도 좋지만 나라를 잃으면 모든 것을 잃는다. 이제 모든 국민은 더 이상 북한에 동경심을 버리고 내일 당장 전쟁이 일어난다는 절박한 각오로 총 단결하여 이 위기를 극복해야 한다.

천하가 아무리 태평해도 전쟁을 잊으면 반드시 위기가 오는 법이다.

天下雖安 亡戰必危

'역사를 기억하지 않은 자는 그 역사를 다시 경험하게 될 것이다.'

라는 유대인의 경구警句를 다시금 되새겨본다.

2009. 4. 30. 합천신문

국가 전략가 육성이 시급하다

– 한국판 싱크탱크 발족을 보고

지난 3월 26일 조창걸 한샘 회장이 미래의 세계적 리더를 키우기 위해 미국 싱크탱크 브루킹스Brookings 재단과 같은 한국판 싱크탱크를 만들겠다고 밝혔다.

선진국들은 오래전부터 미래전략을 만들어내는 싱크탱크를 많이 운영하고 있다. 미국 펜실베이니아 대학이 매년 싱크탱크 지명순위를 매기고 있다. 2014년도 전 세계 6,681개의 싱크탱크가 지명되어있고 미국이 1,830개이다. 미국은 브루킹스재단, 헤리티지재단 등 워싱턴DC에만 500여 개가 있다. 싱크탱크는 특정집단이나 정파의 입장을 대변하는 이익단체가 아니고 정책 현안에 대한 전문지식을 제공해서 정부나 의회 정책결정과정에 영향력을 행사하는데 목표로 하고 있다. 주로 정파 간 갈등이나 관료 간 합의가 안 되는 회색지대에 놓인 정책과제를 연구주제로 삼는다. 브루킹스 연구소는 1927년 설립되어 현재 1만여 명의 연구원을 두고 대부분 재단과 기업, 개인 기부금 등으로 연간 예산 1억3200만 달러(약 1,460억 원)를 사용하고 있다. 브루킹스 재단은 1.2차 세계대전 이후 황폐된 유럽 재건을 위한 마셜플랜 기초를 만들고, 2000년대 중반 사회 양극화 해결을 위한 해밀턴프로젝트를 제안했고, 1981년 리더십 지침보고서는 레이건 대통령의 운영방침으로 채택되기도 했다. 그리고 싱크탱크 출신들이 정부 주요공직에 임용되고, 공직을 마치고도 싱크탱크에서 연구하고 있다.

우리나라는 현재 166여 개의 연구소를 운영하고 있는데 이중 35개가 지명되어 있다. 대부분 정부 산하 국책연구기관과 대기업 전략기획실이나 소규모의 민간 연구기관이다. 국책기관들은 세계적 수준의 예산을 쓰고 있지만 연구과제나 질에 공익성이나 전문성이 떨어진다. 따라서 우리는 아직도 국제적으로 이름 있는 싱크탱크가 없으며, 은퇴한 각 분야 전문가들도 갈 곳이 없다. 군에서도 4성 장군이 많이 배출되어도 전술가는 많으나 뛰어난 전략가는 거의 없다.

이번 한샘재단의 발표는 싱크탱크 부재의 우리로서는 대단히 고무적이다. 한샘은 2012년 설립한 '재단법인 한샘드뷰'를 미국 브루킹스재난의 모델로 육성하기 위해 자신이 보유한 회사주식 4,500억 원 상당을 출연하여 한 · 중 · 일의 정 · 재 · 학계 전문가들로 구성하여 지속가능한 선진국으로 갈 수 있도록 장기적인 미래전략을 수립하여, 동서 가치의 융합, 디지털 기술 활용과 생활혁명, 중국의 격변과 동아시아 생활방식의 창조 등을 연구하기로 하였다.

우리는 역사를 통해서 미래전략의 부재로 많은 손해를 보았다. 예를 들면 병자호란 후 청나라 볼모로 가서 서양문물을 배워온 소현세자昭顯世子가 죽지 않고 왕위를 계승하였다면 일본보다 먼저 개화가 되었을 것이다. 또한 구한말 신미양요 후 고종이나 관료들이 동북아의 지정학적 전략적 안목에서 청나라 외교관 황준헌黃遵憲이 제시한 사의조선책략私擬朝鮮策略을 긍정적으로 수용하고 대비하였다면 한일강제합병은 없었을지 모른다. 조선책략은 당시 청清의 실권자 이홍장 견해이며 청나라 외교노선이었다. 핵심내용은 국제질서가 세력균형에 의해 결정되기 때문에 러시아의 침공을 막으려면 '약한 자에 붙지 말고 강한 자에 붙어야 한다.'며 친親중국, 결結일본, 연聯미국으로 미국을 우방으로 끌어들이면 조선은 화를 면할 수 있다는 내용이다. 이는 원교근공遠交近攻의 외교의 기본원리이다.

지금도 우리는 예나 다름없이 미국, 중국, 일본, 러시아의 강국에 둘러싸여 있으며 동북아를 중심으로 세계 변화를 예측하고 올바를 해결책을 제시하는 국가 미래 대전략이 절실히 필요할 때다. 국가전략은 포퓰리즘(전술적)에 관여해서는 안 되지만 세계는 지금도 포퓰리즘의 울타리를 벗어나지 못하고 있다. 우리가 당분간 동아시아를 선도하려면 중국과의 관계유지도 중요하지만 미국과 같이 가야한다. 미국은 아직도 세계 초강국 경찰국이다. 그리고 일본과는 관계개선을 위하여 과거 양국이 맺은 공식협약을 준수하고 통 큰 양보도 필요하다. 수년 전 주은래가 일본 수상에게 '과거에는 잘 못 지냈지만 앞으로 잘하자'고 했듯이 우리도 지난 과거사 문제는 1984년 9월 6일 일왕이 직접 유감을 표명하였으니 더 이상 제기 말고, 위안부 문제는 한일 양국이 각기 국내적 차원에서 다룰 수 있다. 독도문제는 DJ정부 때 공동관리 구역 설정에 문제가 있지만 생존문제로 끝까지 주장해야한다.

새로 발족하는 '한샘드뷰 연구재단' 을 축하하며 요동치는 한반도 주변 정세에서 우리나라를 구하고 발전시킬 위대한 전문전략가를 많이 양성하여 미래국가 전략구축과 새 모델제시 등 명실 공히 한국판 싱크탱크로 발전하길 기대한다.

2015. 7월호 나라사랑

군의 새로운 모습을 기대한다

최근 군에 불미스런 사건이 연달아 발생하고 있다. 지난 6월 22사단 GOP초소 임 병장 총기난사사건에 이어, 28사단 윤 일병 폭행치사, 6사단 남 상병 폭행사건, 1군사령관의 만취 추태, 13공수여단의 질식사망사건 등이 연발하고 있다.

헌법에 명시된 국군의 사명은 국가안보와 국토방위이며, 전평시를 통하여 전쟁수행과 전쟁억제, 사회개발 기능을 담당하는 특수조직으로 엄정한 군기와 철두철미한 교육훈련을 필요로 한다. 군대는 자유분방하고 혈기 왕성한 젊은이들로 구성된 집단이라 여러 사고가 있을 수 있다. 그러나 최근 상식을 초월한 비인간적인 구타, 폭행, 총기난사, 성추행, 음주, 자살 등 군기문란에서 비롯되는 인재人災 사고임에 주목할 필요가 있다.

특히 윤 일병 폭행사건 이후 군에 대한 국민의 불신이 팽배해지고 국민 개병제 하에서 신성한 국방의무를 수행하도록 군에 자식을 보냈거나 보낼 부모들의 불안감이 증폭되고 있으며 분노와 우려의 목소리가 높아지고 있음은 예사롭지가 않다. 국민의 혈세로 운영되는 현대사회의 민주군대가 아직도 전 근대적인 패쇄적 조직문화를 청산하지 못하고 지휘관이 권위주의적 리더십 일변도의 의사결정과 물리적 제재가 자의적으로 횡횡한다면 지휘관과 부하 간의 자발적인 존경과 신뢰는 물론 복종과 협력은 이뤄질 수 없으며, 부대원의 군기와 단결심 그리고 사기와 충성심은 와해되고 말 것이다.

이번 윤 일병 사건은 언론과 정치권에서 미필적 고의에 의한 명백한 살인사건으로 단정하여 추궁하자 군에서는 뒤늦게 가해자 4명에게 살인죄를 적용하여 기소하는 등 사후약방문死後藥方文식의 조치를 취하고 있으니 참으로 답답하다. 문제가 커지자 사단장부터 참모총장까지 직위가 해제되었고, 국방장관도 급기야는 군 지휘관 회의를 소집하여 긴급처방으로 ① 전국 차원의 병영 내 구타와 기혹행위 색출 근절작전 시행, ② 보호 관심병사 관리시스템 개선사항 조기시행, ③ 병사고충 신고 및 처리시스템 전면 개선, ④ 민 · 관 · 군 병영문화 혁신위원회 운영 등의 대책을 내놨다. 그리고 대국민 사과 성명으로 "우리 군은 윤 상병의 희생과 교훈을 잊지 않겠으며, 절박한 심정으로 국민들이 안심하고 신뢰할 수 있는 선진 병영문화를 조성하겠다."고 결연한 의지로 다짐하였다.

최근 군내 사고의 근본원인은 무엇보다 양심과 자아, 그리고 본능이 통합된 인격자로서의 집단적 공동체 의식과 윤리 도덕적 성품의 약화를 초래하는 현대사회의 분위기 때문이다. 특히 세계 최저 출산율을 시현하는 한국사회의 가족구성 추세에 따라 군 입대 가능한 적령기의 건전한 자원이 줄고 불건전 자원이 늘고 있음은 물론, 설상가상으로 정치권의 포퓰리즘 공약으로 복무기간도 21개월 단축됨으로써 한국군은 병력현상유지조차도 난관에 봉착하고 있는 실정이다. 거기에 언론에 보도된 대로 전체 사병의 20% 정도가 관심병사이며 10%가 중점관리 대상이라 하니 보통문제가 아니다.

우리군은 창설 후 지금까지 시련과 고난의 역경 속에서도 명실공히 '국민의 군대'로서 사명을 다해왔다. 현재 주변 열강들의 움직임도 심상치 않고 북한의 대남 위협도 어느 때보다 심각하다. 이런 시기에 전투 실패도 아니고 병사관리 부실 책임으로 오랜 전투 경륜을 쌓은 고급지휘관들의 전력 상실이 안타깝다. 언론도 군의 특수기능과 사기를 고려하여 왜곡된 편중보도를 삼가야 할 것이다.

우리군은 이번 사건을 반면교사로 삼아 뼈를 깎는 성찰과 대오각성으로 다시는 불미스러운 사고가 발생하지 않도록 병영 내 악습을 발본색원하고 변화된 사회 환경에 능동적 대처로 국민의 신뢰를 조속히 회복해야 한다. 그리고 흐트러진 군 기강을 다시 확립하고 강한 전투력 육성을 통해 만신창이滿身瘡痍가 된 군의 위상을 회복하고 적과 싸워 이길 수 있는 강하고 미더운 국민과 국가의 군대로 다시 태어나야 한다.

2014. 9월호 나라사랑

선장 없는 배가 된 대한민국

– 미일중 삼각 파고 조기 극복해야

지난해 9월 최순실 사건 이후 우리나라는 선장 없는 배와 같은 처지가 되었다. 이에 따라 연초부터 나라 안팎이 혼란스럽다.

나라 안에서는 촛불시위가 끊어지지 않고 법치와 사회질서가 무너지고 있다. 정부는 탄핵정국으로 동력을 잃고 있고, 국회는 정부 위에 군림하여 오직 정권탈취를 위한 정쟁에 휩싸여있고 벌써부터 대권에 올인하고 있나. 모든 언론은 중심을 잃고 사회의 공기公器와 목탁木鐸의 사명을 망각하고 무관無冠의 제왕帝王인양 24시간 최순실 비리 캐기에 선동하고 있다. 이런 가운데 국민들은 부모를 여읜 자식들처럼 목표를 잃고 방황하고 있다.

나라 밖의 주변 강대국들도 우리나라를 무시하고 압박하기 시작하였다. 최대 우방국인 미국은 트럼프 새 대통령 취임 전에 신임 중국대사와 일본 대사는 임명했으나 주한 대사는 임명을 보류하고 있다. 이는 탄핵심판중인 상황에서 트럼프의 대리인을 보낼 필요성을 느끼지 못한 것으로 판단된다.

중국도 사드 배치를 이유로 한류 연예인 방송출연을 금지한 한한령限韓令을 시작으로 문화, 경제 보복을 확대하고 있다. 그리고 지난 1월 3일에는 한국산 화장품 19개 종목 11여 톤을 수입 불허하고 반품시켰으며, 9일에는 중국 군용기가 이어도 상공 한국방공식별구역 내에 5시간 동안 수차례 침범하기도 했다.

일본도 1월 6일 부산의 일본 총 영사관 앞에 위안부 소녀상 설치문제로 한 · 일 통화 스와프 협상을 중단한다고 발표하고, 9일에는 나가미네 야스마사長嶺安政 주한 일본대사와 모로토 야스히로森本康敬 부산 총영사를 일시 귀국 시키는 등 초강경 조치를 취하고 있다.

이와 같이 미국의 미온적 태도와 중국과 일본이 강수로 들고 나온 것은 우리나라가 대통령 탄핵으로 국정이 사실상 마비되고, 정치권도 사분오열되어 이것을 최대로 이용하겠다는 의도로 보인다. 국내의 불안정한 시일이 지속되면 북한의 김정은 더욱 강력한 대남 위협과 사이버 테러를 포함한 각종 도발을 자행 할 것으로 예상된다.

한 가정에도 기둥 역할을 하던 부모가 갑자기 유고有故되면 집안이 엉망인 것처럼 하물며 국가야 오직 하겠는가? 모든 국민은 하루 빨리 정신을 차려 나라 살리는데 총력을 기울여야한다. 이제는 언론이나, 정치권에서도 여야나 보수 진보의 이념문제로 싸울 때가 아니다. 나라가 생존하느냐 멸망하느냐의 기로에 서있다. 이런 격변기에 하루속히 정치권과 정부도 정파의 이해관계를 떠나 거국적인 합의를 통해서 정치, 외교, 경제 전반에 대한 총합적인 전략을 세워야 한다.

특히 중국과의 갈등의 핵심사항인 사드배치는 북한의 핵미사일 위협에 대응하기 위하여 작년 7월에 발표한 '국가안보 차원의 정책'이다. 사드는 한미동맹을 기초로 한 한미연합전력의 일환으로 북한 핵미사일 방어와 주한미군의 안전을 위해서 미군의 예산으로 배치한다. 따라서 사드배치는 주한미군과 한미동맹의 근간으로 볼 수 있기 때문에 한·미간에 결정한 정부 정책으로 쉽게 변경하기는 어렵다.

일본과의 위안부 문제도 2015년 12월에 '불가역적 합의'로 어렵게 해결되었기 때문에 대승적 차원에서 우리가 이해하고 양보해야 한다. 지나간 과거사를 계속 주장하며 미래를 망치면 손해는 우리에게 돌아 올 것이다.

정부는 하루속히 국내갈등을 잘 봉합하여 정상적인 대한민국의 모습을 국제사회에 보여야 한다. 그리고 실추된 외교 채널을 복원해 국제사회의 일원으로서 대한민국의 위상을 높여야한다. 정치권도 국가 위기상황에서 정부를 흔드는 것은 바람직하지 못하며, 국제적인 신뢰를 위해서도 외교정책의 일관성을 유지하도록 협조해야 한다.

국민들도 개인의 사욕과 불평불만을 과감히 버리고, 더 이상 정치 싸움에 휘말린 각종 시위도 자제하고 오직 조국 대한민국의 먼 미래를 바라보고 대아大我를 위해 대동단결해야 한다. 그리하여 이 시점에서 무엇보다 부국강병富國强兵만이 험난한 미일중美日中 삼각 파고三角波高를 극복하는 길이다.

2017. 1. 16. 통일신문

일본을 바로 알고 대처하자

최근 한일관계가 급속도로 냉각되고 있다. 올해가 을사늑약 100주년, 해방 60주년, 한일국교정상화 40주년이 되는 해로써 양국정부는 '한 · 일 우정의 해'로 정하고 연초부터 다양한 교류행사를 추진하고 있다. 그런데 갑자기 일본은 시네마島根현에서 '다케시마竹島의 날 조례 제정안을 만들어 통과시키고, 지난 2월 23일 도시유키高野記元주한 일본대사는 외신기자들에게 "역사적으로, 국제법상 다케시마는 일본 영토"라고 주장하여 우리 국민들의 분노를 터트렸다. 그리고 금년부터 사용할 일본 중학교 역사교과서에 일제 치하에서 조선인의 고통과 희생에 대해서는 한마디도 없이 창씨개명도 조선인의 자발적인 요청에 의한 것으로 기술되고 "조선의 근대화를 도운 일본"이란 별도 항목까지 만들어 식민 지배를 정당화시키고 있다.

이에 온 국민들은 충격과 분노에 쌓여 시민단체들은 일본 대사관 근처에서 연일 시위를 하고 있다. 국회 한일위원연맹이 해결책을 모색하기 위해 일본에 급파되었고, 정부에서도 독도문제는 영토와 주권문제로 한일 외교관계의 상위개념으로 강력히 대처하기로 하였다.

그런데 왜 이 시기에 일본은 억지 주장을 하고 있을까? 일본은 한국내 정정이 불안하거나 일본내 위기가 있을 때 문제를 일으키고 있다. 이번에도 모처럼 무르익은 '욘사마' 한류열풍을 잠재우기 위해서인지, 우리 정부의 친일 진상규명에 보복차원인지, 차제에 독도를 국제적 해결을 유도하기 위한 것인지, 아니면 한미관계의 악화조짐 6자회담의 빌미로 또 다른 의도가 있는지 그 배경을 냉철히 판단하고 대처해야 한다.

일본인은 역사적으로 보면 몇 가지 특성이 있다. 첫째, 황국사관皇國史觀에 젖어있다. 천황을 구심점으로 단결력이 강하다. 대다수 일본 국민들은 천황을 일본 통합의 상징으로 여왕벌처럼 인간의 신으로 여긴다. 둘째, 역사적으로 문文보다 무武를 중시하고 있다. 아직도 사무라이 정신이 살아 군충애국君忠愛國정신이 충만해있다. 셋째, 개인보다 집단을 중시하며, 조직에 대한 소속감을 중시하고 있다. 횡橫적 조직보다 종縱적 조직을 중시한다. 따라서 상관의 지시에 무소신 맹종하는 무서운 힘이 있다. 넷째, 이중성격의 집단이다. 명분과 본심이 다르다. 일본 속담에 '긴 것에는 감겨라'란 강자 존强者 存 사상이 강하여 강한 자에게는 굴복하고 약자에게는 무시한다.

다섯째, 콤플렉스와 주체성이 강하다. 섬 안에서 혼자 씨름하고 자기

주의의 독불장군 근성이 남이 있다. 아집이 강하고, 융통성이 없으며, 특히 남에게 비웃음恥을 당하는 것을 최대의 치욕으로 여긴다. 여섯째, 일본인은 대부분 운명론적 인생관을 갖고 있으나, 아직도 민족혼〈야마토 타시미大和魂〉이 살아 있다. 지금도 분발할 때 다 같이 분발하자堅忍不拔를 외치고 있다. 그리고 자기 직분에 충실하고 최선을 다하는 정신〈잇쇼 껜메이一生懸命〉과 전문성을 중시한 천하 제일의 장인정신匠人精神이 강하다. 그 결과 기술대국을 이룩하였다. 일곱째, 외교와 정보를 중시하며, 일본 고유의 전통을 살리는 화혼양재和魂洋才 사상을 중시한다. 1871년 메이지유신明治維新초기에 '아는 것이 힘이다. 배워야 산다.'란 슬로건으로 100여 명의 시찰단을 서구열강 12개국에 22개월간 시찰하여 국제 외교활동과 정보를 수집하였다. 임진왜란 전에도 우리나라에 60여회에 사절을 보내 정보를 입수하였고, 19세기 말에도 조선 침략을 앞두고 외교관, 기자, 장사꾼들이 혼연일체가 되어 우리나라를 정탐하였다.

이와 같이 일본은 독특한 개성을 가졌고, 지금도 경제적 군사적으로 무시할 수 없는 힘을 가진 나라다. 일본 자위대가 우리보다 먼저 이라크에 파병되었고 인도네시아 쓰나미 복구에도 투입되었다. 일본은 2차대전의 적군으로 원자탄 세례까지 받은 미국과 손잡고 세계 최강의 미일 군사동맹을 유지하고 있다. 일본 학자들은 지금도 한반도 연구에 열중하고 있고, 한국 내 일본 언론인, 사업가들은 한국 사정을 거울처럼 보고 있다.

일본은 정말 가깝고 먼 나라다. 우리도 이젠 옛날 선조들이 왜소한

몰골에 훈도시(褌:들보)를 찬 보잘 것 없는 왜놈으로 비하하지 말고 경계해야 할 무서운 나라임을 깨달아야 한다. 일본은 밖으로는 미소를 지으면서도 안으로는 힘을 키우는 무서운 나라이다. 1993년 박태혁朴泰赫이란 가명으로 쓴 〈추한 한국인〉이란 책에서 보듯이 일본은 아직도 우리를 무시하고 있다. 일본은 전통적인 관점에서 보면 호전적이고 교활한 약탈자이다. 배타적인 집단으로 옮은 도덕성과 절대자에게는 아부하는 결함이 있다. 일정한 거리를 두고 최소한의 관계를 유지할 변덕스러운 이웃이다.

일본은 우리와 가까운 이웃으로, 앞으로 21세기를 살아가면서 결코 외면할 수 없는 동반자이다. 양국은 지금과 같이 힘겨루기 감정 싸움으로 일관해서는 안 된다. 서로 조금씩 양보하고 아픈 과거를 더 이상 들추지 말아야 한다. 역사학자 E.H Carr는 "역사는 반복 된다"고 했다. 그동안 불행했던 한일 간의 역사가 되풀이 되어서는 안 된다. 한일 양국은 '한 · 일 우정의 해'를 맞아 비뚤어진 역사관을 바로 잡고 상호 존경과 신뢰를 바탕으로 진정한 우정이 공유할 수 있는 21세기 동반자가 되어야 한다.

2005. 4. 12. 육사총동창회보 41호

한미동맹의 재조명

한미동맹韓美同盟은 역사적 관점에서 보면 안보와 군사적 특수 관계에서 출발하였다. 1945년 해방 후 민족 분열과 동서냉전에서 태동하여 한국전쟁을 겪고 오늘까지 혈맹의 우의를 다지며 정치, 군사적 관계로 발전하였다. 그리고 미군은 군사적으로 우리나라를 일본 식민지에서 해방시켰으며, 미군정 하에서 자유대한민국 정부수립을 주도하였다.

또한 6·25전쟁에서 공산침략으로부터 나라를 지키는데 결정적인 역할과 3만 6천여 명의 희생자를 낸 혈맹의 관계다. 특히 지난 반세기 국제정치에서 모범적인 동맹국가로 발전하여 우리 군의 현대화와 북한의 위협과 전쟁재발을 억제하여 우리나라 안보와 경제발전에 크게 기여하였다. 또한 동북아 집단안보의 축으로 동북아시아 평화와 번영에 공헌했으며 한국의 모든 외교역량을 주도하는데 중요한 역할을 하였다.

한미관계는 미군이 한국에 상륙한 1945년 9월 8일부터 시작된다. 일본군 무장 해제를 마치고 군사고문단 500명만 남겨두고 일본으로 철수했다가 한국전쟁이 발발하자 다시 참가하였다. 1950년 7월 1일 이승만 대통령이 전시작전권을 유엔군 사령관에게 위임함으로써 결속력이 강한 국제통합군으로 형성되었다. 휴전 후 미국 측의 철수 주장에도 우리의 강력한 요구로 1953년 10월 1일 워싱턴에서 한미상호방위조약을 채결하였다. 당시 미국은 국제공산주의 확장을 막고 우리는 북한 재침을 억제하려는 양국의 안보 이익의 일치로 오늘까지 지탱하고 있다. 그러나 1967년 닉슨독트린에 의거 주한미군을 감축하여 미7사단을 본국으로 철수하였다. 그러나 1978년 우리의 요구로 한미연합군 사령부를 설치함으로써 종래의 일방적인 원조에서 상호 협조에 근거한 수평적인 관계로 발전하였다. 그리고 한때 카터대통령의 선거공약으로 1982년까지 철군을 계획하였으나 반대 여론에 밀려 3,000명 감축으로 종결하였다.

그리고 1980년대 냉전종식과 더불어 우리 사회에 반미주의가 정치세력으로 등장하였다. 2002년 동두천 여중생 사망사건으로 반미운동이 극도로 확산되기도 하였다. 특히 지난 정부에서 종북 세력들이 주한미군 철수 주장과 맥아더 장군 동상철거, 평택 대추리 미군기지 선설 반대에 이어 근래 제주 강정해군기지 건설반대, 한미FTA 반대 등을 주장하고 있다. 그 여파로 미국의 해외미군 재배치 검토에서 한국이 2등급으로 떨어지면서 몇 천 명만 남기고 철수하는 방안까지 검토되었다. 그리고 전시작전권도 한국에 넘기고, 한미연합사 해체방안과 미 2사단

소속 미군기지도 평택 캠프험프리스로 통폐합하기로 하였다. 2004년 부시행정부는 이라크전쟁을 이유로 미 2사단의 병력 4,000명과 헬리콥터, 장갑차 등을 한국에서 빼냈다.

그러나 다행이도 이명박 새 정부가 들어서면서 한미관계는 다시 돈독해지기 시작했다. 2008년 경제위기 후 세계의 중심축이 아시아로 옮겨졌고, 북한의 핵. 미사일 위협과 중국의 군사력 팽창으로 해외 미군의 전략 축도 유럽 중동에서 아시아로 옮기고 있다. 특히 2010년 천안함 폭침과 연평도 포격사건 이후 미국의 한반도 정책도 크게 변하고 있다. 한미 양국 대통령의 주기적 만남과 한국말을 잘하는 스티븐슨 대사에 이어 한국계 성김 대사까지 부임하고 새로운 주한 미군사령관도 야전형 제임스 서먼 장군으로 교체하였다. 이로써 한미관계는 새로운 밀월 관계로 변모하고 있다.

최근 미군 측에서 한미연합사의 중요성 강조, 미 2사단 포병의 한강이북 잔류, 공격헬기 증강요청 등으로 미국의 아시아 군사 중심축이 일본에서 한국으로 전환되고 있음을 보여주고 있다. 특히 지난 6월 14일 워싱턴에서 한미양국 외교 국방장관2+2 회담에서 '포괄적 연합방위태세'를 합의하고 공동성명에 '미국은 주한미군의 현 수준 유지와 한국이 완전한 자주방위 역량을 갖출 때까지 지속적으로 제공할 것'이라고 명시하였다. 그리고 '한미동맹은 아태지역, 나아가 점진적 범세계적 안정과 안보, 번영의 핵심 축'이라는 표현을 사용해 동맹수준을 한 단계 업그레이드 시켰다. 따라서 한미동맹은 안보동맹과 경제동맹을 넘어 이제 양국의 이익과 가치를 공유하는 가치동맹의 시대를 맞았다. 현재 한미연합방위체제는 세계에서 가장 강력한 군사동맹체제로 우리나라 국방의 지주가 되고 있다.

동맹이란 자국의 국가안보와 국가이익을 증진시키는 유용한 수단이다. 그리고 동맹이란 양국 간의 우호협력, 조약보다는 공통의 적에 대항하여 같은 편에서 전쟁을 수행하는 약속이다. 또한 동맹이 체결되어도 국제정치의 변화에 따라 위협과 위협 국가도 변하기 마련이다.

지금 한반도 주변에는 중국 일본이 다시 패권경쟁에 돌입하였다. 현 시점에서 주한미군이 철수하거나 한미동맹이 약화되면 우리 안보에 심대한 타격을 받게 된다. 한반도는 옛날부터 지정학적으로 동북아 해양세력과 대륙세력의 접합지점으로 주변 강대국의 각축장이 되어왔다. 전임 라 포터La Porte 한미 연합군 사령관이 동북아에 대한 미국 안보의 기본정책은 장기적인 미군 주둔과 동북아에서 '전략적 파트너 십을 강화하는 것'이라 하였다. 이런 관점에서 한미동맹은 한반도 및 동북아의 안정과 평화번영에 필수불가결한 요소로 변모하고 있다. 따라서 미국은 세계 최강의 군사대국으로 한국에 주한미군을 계속 주둔하여 동북아 세력 균형의 조정자 역할을 해야 하며, 통일 이후에도 계속 주둔할 필요가 있다.

2014. 6. 월간 군사세계

전작권戰作權 전환 연기의 의미와 과제

지난 2010년 6월 26일 캐나다 토론토에서 가진 한 · 미 정상회담(이명박 · 오마바)에서 전시작전권 전환을 2012년 4월 17일에서 2015년 12월 1일로 3년 7개월 연기하였다. 북한의 핵무기와 비대칭전력 위협에 대해 한국 단독 대응능력이 아직 미비한 시점에 여러 면에서 의미가 있다.

첫째, 북한의 적화통일 오판을 막을 수 있다. 북한의 최대목표는 지금까지 관철해온 한반도 적화통일이다. 북한은 제 1단계로 북한 내 전쟁준비를 완료하였고, 제 2단계인 남한 내 사회주의 건설도 성숙된 것으로 보고 있다. 마지막 결정적인 3단계로 한미연합사가 해체 예정이었던 2012년을 강성대국 진입의 해로 정하고 주한미군 철수, 미 증원군 차단, 한국 내 반체제세력 규합, 종북從北정권 창출, 연방제 통일 달성 등을 추진하고 있다. 2012년은 한국, 미국 러시아 대통령 선거, 중국 후진타오 정권 이양 등 안보에 취약한 시기다.

둘째, 북한의 도발과 전쟁 예방, 억제수단으로 큰 역할을 할 것이다. 주한미군은 한반도에서 임계철선 역할로 지난 60여 년간 한반도에 전쟁이 없었던 것도 주한 미군의 덕분임을 부인할 사람은 없다. 역사적 교훈을 보아도 건국 후 주한 미군이 철수하지 않았으면 6·25 전쟁이 일어나지 않을 것이고, 1973년 베트남 주둔 미군이 철수 하지 않았으면 베트남이 공산화 되지 않았을 것이다.

셋째, 주한미군의 안정적 주둔과 한미동맹을 강화하는데 도움이 될 것이다. 한미연합사가 해체되면 주한미군의 주둔 명분이 약해지고 유사시 증원군의 즉각 개입 보장이 어렵고, 국군 단독으로 싸워야하며, 국방비 부담 증가로 국가 경제에 결정적 타격을 가져올 것이다. 우리나라는 미군 덕분으로 일본 식민지에서 해방이 되어, 자유민주주의체제의 정부가 수립되었고, 6·25 전쟁에서 공산침략을 저지할 수 있었고 휴전 후 우리의 안보와 경제의 도움으로 눈부신 발전을 가져왔다. 6·25전쟁당시 160만 명의 미군이 참전하여 3만6천여 명이 전사하였고, 이 가운데 1950년도 임관한 미 육사 신임소위 350명이 참전하여 100여명이 전사하고, 벤프리트 장군 외아들 등 장군 자녀 142명도 참전하여 35명이 전사한 혈맹의 나라다.

넷째, 중·일의 견제세력을 보유할 수 있다. 역사적으로 보아도 중국과 일본은 우리의 잠재적인 위협국이다. 그리고 한반도 통일에도 도움이 되지 않는다. 독일의 통일도 미국의 역할이 가장 컸다. 미군은 국제

경찰군으로서 국제분쟁의 해결사로서 큰 역할을 하고 있으며, 한반도 안정과 통일을 위해서도 주한미군의 주둔이 필수적이다.

다섯째, 주권국 자존심과 무관하다. 전시 작전권은 전시연합작전 지휘를 용이하게 위해 이승만 대통령이 전투 전문가인 맥아더 유엔사령관에게 위임한 것이다. 그러고 작전 지휘는 양국 대통령, 한미안보협의회SCM, 군사위원회MC를 통제받기 때문에 주권과 무관하다. 2002월드컵 때 축구 감독을 축구전문가 히딩크에게 맡긴 것과 같은 맥락이다.

마지막 과제는 기간 내 충분한 대비다. 당초 작전권 대비 계획으로 국방비를 매년 9.9% 증액을 하여 2010년까지 621조원을 투입키로 되어있으나 매년 국방비는 3.6% 증가에 불가하여 계획에 차질이 있다. 특히 북한의 화생방, 특수전, 사이버테러, 잠수함 등 비대칭전력 대비책과 전술지휘 통신체계, 정밀타격 능력 확보 등 전력증강을 서둘러야 한다.

이번 전작권 연기는 2015년 미군기지 평택 이전 완료시기를 고려한 한시적인 것으로 북한의 급변사태나 북한 위협이 사라질 때까지의 기간을 고려하지 않은 아쉬운 점도 있으나 한반도 안정과 평화를 위하여 매우 바람직한 일이다. 다행스럽게도 지난 2014년 10월 23일 워싱턴에서 열린 제46차 한미연례안보회의SCM에서 한국군의 핵심 군사능력 등의 조건이 갖추어질 때까지 전작권 전환을 연기하기로 공식합의하였다. “평화를 원하거든 전쟁에 대비하라”는 명언을 새기며, 정부 당국자는 남은 기간 인수준비에 최선을 해주기 바란다.

2014. 11. 군사저널

새로운 미중의 패권경쟁에 슬기롭게 대응해야

미국의 아시아 중시정책과 중국의 급부상으로 21세기 새로운 미중美中간의 패권경쟁이 시작되었다. 이로 인해 남중국해에서 미중 간 군사경쟁과 새로운 글로벌 경제패권경쟁이 발생하고, 미일, 중러 관계도 긴밀해지고 있어 지역 안보환경에도 악영향을 미치고 있다.

먼저 남중국해의 군사경쟁이다. 중국은 지난해부터 18개월간 남중국해 7개 산호초에 8.1㎢ 부지를 모래 등으로 간척하여 인공섬을 조성하여 활주로와 항만시설을 건설하고 있다. 이는 지금까지 자신을 낮추고 힘을 길렀던 도광양회韜光養晦정책에서 후진타오 주석이 내세운 평화적으로 발전하여 우뚝 선다는 화평굴기和平堀起를 지나 지금은 자신감을 바탕으로 남에게 공세적인 압력을 가하는 돌돌핍입咄咄逼入정책으로 변화를 의미하고 있다. 중국은 1980년대 해군총사령관이었던 류화창이 해군력의 증강과 근해적극방위전략을 주창하여 해군의 방위범위를 외양으로 확장하기 시작하여 동중국해, 남중국해의 영역을 넘어 서태평양까지 진출하여 하와이 서쪽 일본열도에 이르는 바다까지 해군력 진출을 시도 하고 있다. 시진핑 주석도 2013년 8월 '중국 국익을 보호하기 위해 강력한 해군력 증강'을 강조하였다. 남중국해 지역은 70년대부터 대만, 베트남, 필리핀, 인도네시아, 브루나이, 호주 등과 영유권 분쟁을 빚어왔고, 1974년에는 중 · 베트남 해전도 있었다.

지금까지 남중국해의 군사주도권은 항해 자유를 보장한다는 명목으로 미국이 갖고 미태평양 함대와 7함대가 맡고 있었다. 그러나 최근 중국의 해양세력 확장에 대응하여 미국도 총력을 기울이고 있어 미중의 충돌은 불가피할 것으로 보인다.

중국은 아직 미국에 비해 해양세력에 열세하여 자신의 앞바다부터 장악해야한다는 판단 아래 남중국해를 미국이 지배하는 카리브해처럼 만들려 하고 있다. 그 일환으로 지난 6개월간 난사군도 피어리 크로스Fiery Cross 산호초에 무려 120억 달러를 들여 인공섬을 만들고 그 위에 활주로, 부두, 레이더시설 등을 건설하여 불침항모不沈航母를 만들고 있다. 지난 5월 29~30일 싱가포르에서 열린 아시아 안보회의에서 미 · 일은 '인공섬 조성의 즉각 중단'을 요구했으며, 중국은 '정당한 주권행사'라며 반박하여 새로운 충돌이 예상되고 있다.

중국이 남중국해의 영유권을 주장하는 이유는 막대한 경제적 군사적 전략적 가치 때문이다. 남중국해는 대만해협에서 말라카해협으로 이어지는 면적 350만㎢의 거대한 해역이다. 중국은 전체 면적의 86%인 300만 km2 를 중국의 영유권으로 주장하고 있다. 이곳은 약 230억 톤의 석유, 7,500㎦ 의 천연가스 등 많은 지하지원이 매장된 것으로 추정되고 있다. 그리고 태평양과 인도양으로 진출할 수 있는 전략적 요충지이다. 말라카해협에서 남중국해로 이어지는 해역은 세계상선 한해 통행량의 30%를 감당하고 있으며, 물동량이 수에즈 운하 6배, 파나마운하 17배에 달한다.

다음은 경제패권다툼이다. 중국은 미 · 일이 주도한 다자간 자유무역협정인 환태평양 경제동반자협정TPP(Trans-Pacific Partnership)에 대응하여 아시아 인프라투자은행AIIB(Asian Infrastructure Investment Bank)을 설립하여 유라시아 경제 맹주를 차지할 채비를 하고 있다. AIIB는 2013년 시진핑 주석의 제안으로 시작되어 지난 3월 창립회원국 신청이 완료되었으며 회원국들의 국내 비준절차가 마무리되면 올 연말에 공식 출범할 예정이다. AIIB는 세계은행(WB), 아시아개발은행(ADB), 유럽개발은행(EBRD), 아프리카개발은행AFDB), 미주개발은행(IDB) 등 다른 다자은행과 같이 융자, 지급보증, 지분투자 등을 통해 개발자금을 지원한다. 세계은행이나 아시아 개발은행은 인프라보다 병원 의료복지, 빈곤퇴치 등에 주력하지만 AIIB는 아시아지역의 대규모 인프라 프로젝트에 우선을 두고 있다.

중국은 '새로운 국제질서를 만들려는 욕심이 없다.'고 말하고 있지만 자선 목적보다 정치경제적 안정도모와 지역 내에서 중국의 영향력 확대목적과 유라시아 경제전체를 중국 중심으로 재편하려는 의도가 숨어 있다. 이런 의도는 소위 일대일로一帶一路라 불리는 실크로드 경제벨트와 21세기 해상 실크로드에서 알 수 있다. 유라시아 대륙 전체를 중국을 중심으로 물리적 경제적으로 연결하면 중국과 인접국 간에 막대한 인프라 투자수요가 발생하여 경제적 시너지 창출이 있겠지만 결국은 중국이 정치 경제적 영향권에 통합하여 사업관리 통로 역할을 맡게 된다. 그리고 AIIB설립의 궁극적인 목적은 1944년 미국이 국제통화기금(IMF)과 세계은행을 창설하여 확립한 '달러체제'에서 중국이 ' 위안화 체제'로 대체하기 위한 첫걸음으로 보인다.

한편 지난 4월 미일 정상회담에서 조기 타결의 협력을 주창한 TPP가 7월 28일부터 사흘간 하와이에서 12개국 각료들이 모여 마지막 협상을 갖고 9월까지 협정문을 만들어 12월까지 서명하여 내년에 발효될 전망이다. TTP가 발효되면 세계무역시장 판도에 큰 변화가 예상된다. 이는 세계 1, 3위 경재대국과 캐나다, 베트남, 등 12개국이 참여하여 상품관세는 물론 지식, 재산권, 노동, 환경, 서비스, 투자 등 29개 분야에서 관세 · 비관세 장벽을 철폐 목표로 추진하는 다자간 무역협정이기 때문이다. 12개국의 역내 총생산액은 28조 달러로 세계 경제의 38%를 차지하며 유럽연합(EU) 17조 달러보다 크다. 그리고 TPP의 매력은 FTA에서 미해결된 '누적 원산지'문제를 완벽하게 해결한다는 점이다. 이는 동남아 등에 해외 공장을 많이 두고 있는 우리에게는 절대적으로 긴요하다.

안타깝게도 현재 우리나라는 중국 주도의 AIIB는 참여했으나, TPP 참여는 타이밍을 놓쳤다. 그동안 자유무역협정(FTA)에 주력해온 우리나라는 공들여 구축한 53개국과의 네트워크에 타격을 입지 않을까 걱정이다. 아직 TPP에 추가 가입의 길은 열려있지만 일본과의 FTA체결로 이어지기 때문에 신중을 고려해야한다.

그리고 중국은 지난 5월 15일 미군이 장악한 말라카해협의 봉쇄망을 무력화하고 일본의 동남아시아 동서 경제회랑에 맞서 남북 경제회랑을 추진하기 위해 말레이시아 북부 태국에 태평양과 인도양을 잇는 아시아판 파나마운하 '크라운하' 건설계획을 발표하였다. 그리고 미일의 신동맹을 견제하기 위해 러시아 승전 70주년을 맞아 중 · 러 협력이 한층 강화되고 있다.

결론적으로 9월 시진핑의 미국 방문을 앞두고 미 · 중 양국이 지금은 숨고르기를 하고 있지만 앞으로 미 · 중의 패권경쟁은 불가피하다. 남중국해에서 분쟁이 일어나면 세계 경제 질서의 위협은 물론 석유의 대부분을 중동에서 수입하는 우리도 큰 타격을 받을 수밖에 없다. 그리고 중국 주도의 AIIB에 맞물려 미국 주도의 TPP가 발효되면 우리의 FTA 네트워크 피해도 우려된다. 우리 정부의 보다 적극적이고 치밀한 대응책이 요구된다.

2015. 6. 1. 국방전우신문

북방한계선NLL은 지켜야할 생명선이다

북한이 지난 1월 16일 군사적 적대행위와 비방 중상을 금지하자는 중대제안과 2월 14일 남북 간 합의사항을 파기하고 다시 대남 비방전과 군사적 적대행위를 하고 있다. 그리고 2월 21일부터 3월 3일까지 신형 방사포와 단거리 미사일 발사에 이어 남북 이산가족 상봉기간인 24일 밤에서 25일 새벽까지 서해 북방한계선NLL을 3차례나 고의적으로 침범을 하였다.

NLL문제는 2007년 10.4 남북정상회담 전후와 2012년 대선 전후 많은 논란이 있었다. NLL 수역은 원래부터 38선 이남의 영해지역으로 국제법적 지금까지 묵인효과와 실효적 지배를 하고 있는 우리 영토이며 '땅따먹기 식으로 그은 선'이 아니다. 따라서 NLL 우리의 영토적 최 전선인 해상 군사분계선이며 해상 불가침선으로 목숨을 걸고 지켜야할 전략적 생명선이다.

1953년 7월 27일 발효된 휴전협정 제2항에 한반도에 1개 군사분계선MDL이 규정되고 바다의 경계선은 없었다. 다만 제 15항에 '피차의 해면을 존중하고 어떤 종류의 봉쇄도하지 않아야한다'는 것이 전부다. 그러나 서해 5도와 옹진반도 사이와 동해상의 해상 군사충돌을 우려하여 휴전협정 상의 공백을 메우기 위해 1953년 8월 유엔군 사령부가 일방적으로 설정한 선이 NLL이다. 휴전 당시 북한의 해군 공군은 괴멸상태였으며 모든 바다는 유엔군이 장악하고 있었다. 그러나 유엔군은 휴전체제의 유지를 위하여 최대한 양보와 자제력을 발휘하여 육지 MDL을 연장하여 서해는 38도선 이남인 백령도를 포함한 5도만 포함시켜 나머지 도서는 북한에 넘기고 NLL을 동해지역은 NBL(북방경계선)을 설정하였다. 그 후 1996년 7월1일 부터 서해와 동해 모두 NLL로 통일하여 사용하고 있다.

그런데 휴전협정을 20년간 지켜온 북한이 1973년 12월 1일 개최된 군사정전위원회에서 북한군 대표가 '유엔군 측에서 일방적으로 설정된 NLL의 효력을 인정할 수 없다'고 주장한 후에 계속적인 도발을 하고 있다. NLL은 유엔군이 일방적으로 설정 하였지만 설치 목적이 정당하였고 대략적인 중간선에 설치하여 설치방법도 합리적이었으며 북한도 20여년 묵종黙從하여 현재까지 휴전협정체제의 일부로 굳어져 있는 것이 법적 해석이다.

그리고 휴전협정 제 61항에 '협정의 수정과 증보는 적대 쌍방 사령관들의 상호 회의를 거쳐야 한다.'로 되어있다. 따라서 NLL협정체제의 수정과 증보는 유엔군 총사령관과 인민군 최고사령관의 '상호회의'를 거쳐야 하며 남북 정상회담의 의제가 될 수 없다. 그리고 남북 간에는 1992년 2월 19일 발효한 〈기본합의서〉와 9월 17일 발효한 〈남북 화해와 불가침 이행합의서〉가 있다. 〈불가침 이행합의서〉 제2장 부속합의서 제10항에 '해상불가침 구역은 해상불가침 경계선이 확정될 때까지 쌍방이 지금까지 관할해온 구역으로 한다.'로 되어 있다. 그리고 NLL은 지금까지 우리 군이 관리 수호하고 있으나, 한미연합사의 작전지휘권 하에서 휴전체제 유지를 위한 기능 분담으로 남북정상회담의 의제가 될 수 없으며 평화정착상태로 전환 후에나 거론할 문제다.

2007년 〈10.4 정상회담〉 직후 11월 말에 열린 남북국방장관 회담에서 10 · 4선언의 핵심인 서해 평화협력지대 설치가 무산되었다. 문제는 NLL 선을 기점으로 남북이 동일규모의 영역을 확장하여 공동 어로구역으로 설정하지 않고, NLL 남쪽 우리 지역만 요구해서 허용해주면 NLL 선이 그만큼 남쪽으로 밀리고, 북한 군함이 어선으로 가장假裝하여 활보하면 제2의 천안함 사건은 물론 인천, 서울의 관문을 북한에 그대로 열어 주게 된다.

결론적으로 최근 북한의 무력시위와 NLL침범 행위는 한미연합 키리졸브Key Resolve 연습에 불만 의도로 볼 수 있지만, 유엔 안보리 대북 제재결의 엄연한 위반이며 도발행위다. NLL은 우리의 영토적 최전선인 해상군사분계선이며 해상불가침선으로 목숨을 걸고 지켜야할 전략적 생명선이다. 정전협정 이후 60년간 우리 군 장병이 죽음으로 사수한 우리의 영토로 어떤 상황에서도 협상이나 타협의 대상이 될 수 없다. 앞으로 NLL에 수호에 대한 대통령과 군 지휘관들의 강력한 의지와 조국의 영토와 자유민주주의 체제수호를 위해 전 국민의 애국심이 필요하다.

2014. 5. 나라사랑 한국통일진흥원

아프간 사태의 교훈

아프가니스탄 정부가 지난 8월 15일 이슬람 무장 반군 탈레반에게 항복을 하였다. 카불 공항에서는 아프간을 먼저 탈출하려는 비극적 모습이 마치 아비규환을 방불케 하였다. 이는 1975년 미군 철수 후 당시 월맹군에 패망한 월남과 맥을 같이 하고 있어, 국제사회에 큰 충격과 교훈을 던져 주고 있다.

아프간의 몰락은 미군이 지난 4월 29일 아프간에서 최종적으로 철수를 시작한지 불과 3개월 만이다. 8월 18일 CNN방송은 "탈레반이 주요 거점 도시를 장악한 지 열흘 만에 수도 카불에서 11km 떨어진 곳에서 진격해 오자 아프간은 굴복하고, 아슈라프 가니 대통령도 이웃 우즈베키스탄으로 황급히 탈출해 현재 아랍에미리트(UAE)에 머물고 있다"고 보도했다. 또한 외신보도에 의하면 현재 아프간 정부 2인자였던 암룰라 살레

제1부통령이 대통령 대행을 자임하며, 탈레반에 대한 저항선언을 하면서 수도 카불 북쪽 험준한 산악지대 판지샤르와 파르완을 거점으로 동조세력을 모으고 있어 또다시 혼란 상태로 빠질 우려도 있어 보인다.

그간 아프간 정부군은 미군으로부터 지원받은 최신 장비로 무장했음에도, 바이든 미국 대통령이 베트남 전쟁 때의 월맹군에 훨씬 못 미친다고 평가한 탈레반 앞에서 항복하고 말았다. 그리고 아프간에서 미군 철수는 전쟁 중에 갑자기 철수한 베트남과는 차이가 많다. 아프간에서는 10여 년 전인 2011년부터 철수를 시작하여, 이슬람 정부에 안보권한을 넘긴 2014년 이후에도 1만여 명 정도가 남아 아프간의 군경훈련 등의 일을 맡아 왔다. 이와 같이 충분한 시간이 있었음에도 대통령을 비롯한 아프간 지도층의 무능과 분열, 부패에 빠져 나라를 제대로 관리하지 못했기 때문이다. 특히 아프간 정부군은 서류상 30만 정도였지만 실 병력은 6분의 1 정도였으며, 작년 미군과 탈레반의 철수합의 이후에는 탈레반에 돈을 받고 무기를 판 군인들도 많았다고 한다.

미국은 2001년 조지 W부시 대통령이 9.11테러 이후 숨어든 빈 라덴 등 알카에다 세력을 잡기 위해 아프간에 무력으로 개입하여 탈레반 정권을 무너뜨렸다. 2001년 10월 7일 미영 연합군이 아프간을 공습한 후 10월 19일 미군을 주둔시키고, 그해 12월 과도정부를 수립하여 20년간 아프간 정부를 지원해 왔다. 그 후 2020년 2월 29일 트럼프 대통령이 탈레반과 미군철수를 합의하였고, 2021년 4월 4일 바이든 대통령의 철군 발표와 7월 8일 '미군임무 8월 31일 종료' 선언을 하였다.

지난 16일 바이든 미 대통령은 "아프간 전쟁을 끝내기로 한 결정을 후회하지 않으며, 국익에 부합하지 않는 미군 주둔을 계속하는 실수를 되풀이 하지 않겠다."고 천명을 하였다. 그리고 앞으로 중국, 러시아 같은 21세기의 위협 대응에 '선택과 집중'을 하겠다는 외교 방침도 분명히 했다. 미국은 국익을 위해 더 이상 아프간에 남을 이유가 없기 때문에 아프간의 몰락을 예상하면서도 미군을 철수시켰다. 이번 아프간 사태는 미국이 타국의 자유와 인권만을 위해 무한정 군대를 주둔시킬 여력도 의지도 없다는 사실을 일깨워준다. 그리고 국민의 생명과 자유를 지키려 스스로 노력하지 않는 나라를 국제사회가 돕는 데는 한계가 있다는 냉엄한 현실을 인식시켜주고 있다.

미국은 2001년 이후 아프간 전쟁과 재건에 2조 달러(약 2,300조원)이상을 쏟아 부었으며, 2014년부터 아프간 정부군 양성에 국방비 50~60억 달러의 75%를 미국이 담당했다. 우리나라도 지난 10여 년간 다산.동의부대와 오쉬노 부대가 아프간에 주둔하면서 의료지원과 재건을 도왔으며, 아프간 군대와 경찰의 역량을 강화하기 위해 7억 2,500만 달러를 지원하기도 했다.

탈레반은 이슬람 신정국가 건설이 목표다. 의회도 선거도 없이 성직자 물라들이 통치하는 나라다. 지금까지 탈레반 정권은 테러집단의 은신처를 제공 했을 뿐 아니라 극단적인 이슬람 율법과 원리주의에 입각해 여성을 억압하고 처벌 하는 등 반인권적 행태로 국제사회에 비난을 받아왔다. 8월 16일 수하일 샤힌 탈레반 대변인은 CNN과 인터뷰에서 탈레반은 "국가 재건과 국민 단결에 힘쓸 것이며, 앞으로 여성의 권리를 존중하겠다."는 입장 표명했다. 그리고 탈레반은 8월 17일 첫 공식

기자회견을 갖고 '복수는 없을 것이다'라고 유화 메시지를 내 놨다. 그러나 외신보도에 따르면 탈레반은 17일 머리부터 발끝까지 온몸을 가리는 〈부르카〉를 입지 않고 거리에 나선 여성들을 무차별 총살하고, 도심에 세워진 한 종족 지도자 석상도 파괴하는 등의 만행을 저지르고 있다고 한다. 또한 18일에 "우리는 민주주의 국가가 아니다." 라고 공식 발표하고, 미군과 북대서양조약기구(NATO)군 협력자, 아프간 군경, 비판적 언론인 등을 색출하는 '인간사냥'을 시작했다. 또다시 탈레반의 공포 정치가 재현되고 국제 테러조직의 부활 조짐이 보이고 있다.

이번 아프간 사태의 시사점은 많다. 무엇보다 아프간의 미군 철수에 대한 국제사회의 후폭풍이 거세다. 미국도 여론조사에서 69%가 부정적 평가를 하고 있으며, 바이든 대통령의 지지율도 급락하고 청문회 준비 등 최악의 위기다. 그리고 미국의 핵심 파트너인 대만도 "미국을 믿을 수 있나?"라는 논쟁과, 집권 민진당도 2,300만 명의 대만인의 생명을 미 · 중 양국에 맡기는 것은 무책임한 태도라고 언급하였고, 8월 16일자 〈중국시보〉에 아프간의 비극적 상황이 대만에는 '섬광탄' 이라 보도했다. 특히 차이잉원蔡英文 총통도 18일 진민다오金門島 전투를 언급하며 대만의 유일한 선택은 우리 스스로 더 강하고, 더 단결하고, 굳건히 자신을 지켜내는 것이며, 남의 보호에 의존하면 안 된다고 강한 자주국방의 의지를 표명하였다.

우리나라에도 파장이 크다. 국내 주요 언론들은 '남의 일이 아니라 자칫 우리의 현실이 될 수도 있다.'며 연일 대서특필하고 있다. 우리 정부는 2018년 판문점 선언 후 정전협정을 평화협정으로 전환하는 목표를 추진해왔다. 작년 2월 미국 트럼프 정부가 탈레반과 맺은 평화협정은 사문화가 되고, 당시 미국이 평화의 제도화를 위해 협정에서 약속한 미군철수 조항이 통째로 내준 것이 부메랑이 된 것을 두고, 실질적인 비핵화와 맞물리지 않은 평화협정은 오히려 평화를 위협하는 도구가 될 수 있음을 인식하고, 남북한 평화협정도 북한의 완전한 비핵화가 이루어지고 불가역적으로 핵을 사용할 수 없음이 국제사회에서 검증되었을 때 맺어야 한다는 점을 각인 시켜주고 있다.

따라서 이번에 미국이 버린 아프간의 비극을 거울삼아 한미동맹 중요성을 재인식하고, 굳건한 한미동맹과 한미연합훈련을 더욱 강화해야 한다. 또한 섣부른 평화협정, 전작권 이양, 주한 미군 철수 등은 신중을 기해야 한다. 그리고 무엇보다 군대의 생명인 군 기강 확립과 사기 진작 등 강군 육성에 전력을 다해야 할 것이다.

그리고 오직 힘의 논리만 작용하는 국제사회의 정글 속에서 대한민국과 국민을 지켜내려면 믿을 수 있는 강대국을 포함한 인접국과의 우호관계가 필수적이다. 따라서 남북관계도 중요하지만 급변하는 국제정세에 슬기롭게 대응하는 국가전략과 미 · 중과의 외교 노력이 중요하다. 이것이 조국 대한민국이 생존하는 길이며 이번 아프간 사태가 주는 교훈이자 경고이기도 하다. 언젠가 월터 샤프 전 주한미군 사령관이 “조국을 지키겠다는 투철한 정신이 없이는 아무리 훌륭한 무기와 막강한 경제력을 가져도 전쟁에서 승리할 수 없습니다.” 북한의 기습공격에 대비하고 외교적 군사적 대책의 중요성을 언급하면서 “남한 사람들도 정신을 차려야 합니다.”라고 한 말을 깊이 되새겨 볼 때다.

2021. 10월호 성우회 자유지

북한 미사일 발사의 문제점과 대책

북한이 새해 벽두부터 계속해 미사일 발사를 하고 있다. 1월 한 달에만 7번의 미사일을 발사했다. 무엇보다 정확한 발사 의도와 문제점이 무엇인지 조속히 파악하여 대책을 세워야 한다.

지난 1월 5일과 11일 자강도 일대에서 '극초음속 미사일'이라고 주장한 탄도미사일을 1발씩 연속 발사하였고, 14일에는 평안북도 의주 일대 철로 위 열치에서 '북한판 아스칸데르(KN-23)'로 불리는 단거리 탄도미사일 2발을 발사했다. 17일에는 평양 순안비행장 일대에서 북한판 에이태킴스(KN-24) 단거리 탄도미사일 2발, 25일에 장거리 순항미사일(추정) 2발, 27일 탄두 개량형(KN-23)으로 추정되는 단거리 탄도미사일 2발을 발사하였다. 그리고 30일 오전 7시57분경 자강도 무평리에서 동해상으로 중거리 탄도미사일(IRBM)인 화성-12형 1발을 발사했다.

이것은 아마도 미국이 중국과 러시아와의 대결을 하고 있고, 한국이 대선을 앞두고 어수선한 틈을 타서 북한의 존재감을 과시하면서 한미이간韓美離間을 조장하고 미국의 태도를 압박하려는 의도로 보인다.

북한은 이번 극초음속미사일 발사 후 '최우선 5대 과업' 중 하나라고 발표하고, 30일 발사 후에도 중거리 탄도미사일의 검수사격에 성공했다고 보도했다. 이로써 북한은 이동 중인 열차, 이동식발사대(TEL), 잠수함(SLBM) 등 3종 세트와 극초음속미사일을 비롯해서 회피기동과 다량 타격능력을 가진 다종의 미사일 종합세트의 완성으로 핵미사일 전력화를 했다고 볼 수 있다.

언론에 보도된 군 소식통에 의하면 "일련의 전술유도탄의 검수사격 시험으로 대남 최우선 타격표적을 순차적으로 정밀타격력을 시험했다"고 보고 있다. 우선 KN−24 단거리 미사일만 보아도 2019년 8월 10일 발사는 경북성주 사드Thaad기지, 2019년 8월 16일은 평택미군기지, 2020년 3월 21일은 청주 F-35A 스텔스 기지, 올해 1월 17일은 계룡대 각 군 본부를 목표로 하였고, 이번 30일 화성12호 발사는 괌, 알라스카 미군 기지를 목표로 하는 대륙간탄도미사일(ICBM)로 전략무기의 완성과 실전배치를 확인시키고 있다.

북한은 이미 대량살상무기(WMD)인 핵 화생무기를 보유하고 있다. 1980년대 신경가스를 포함한 화학 작용제를 대량생산하여 1,000여 톤의 비축과 평시 연간 4,500여 톤, 전시 12,000여 톤을 생산능력을 갖고 있다. 또한 풍계리 핵 실험장에서 6차 실험을 이미 완료하였다. 2006년 10월 9일 1KT 위력의 핵실험을 성공한 후, 2009년 5월 25일

3~4KT, 2013년 2월 12일 6~7KT, 2016년 1월 6일 6KT, 2016일 9월 9일 10KT 위력의 원자탄 실험을 했고, 2017년 9월 3일 50~60KT의 수소탄 시험까지 성공했다. 지금까지의 여러 자료에 의하면 수개의 핵무기를 이미 보유한 것으로 판단된다.

앞으로 미국과 우리 정부의 대응과 해결책이 무엇보다 중요하다. 미국은 지난 12일 북한의 극초음속미사일 도발에 맞서 미사일 부품조달에 관여한 북한인 6명과 러시아 기업 1곳을 제재 대상에 올렸다. 토니 블링컨 국무장관은 "모든 적절한 수단을 사용할 것"이라고 했다. 그리고 20일 유엔 안보리 긴급회의 소집을 요청했다. 그러나 우리 정부는 '한반도 정세의 평화적 안정적 관리'를 내세운 채 북한에 대한 '도발을 규탄한다.'라는 경고 한 마디도 하지 않고 대화 재개만 기대하며, 군도 극초음속 미사일을 평가절하하고 있다. 정부는 그동안 매번 국가안전보장회의NSC를 열었지만 도발이나 규탄 표현도 없이 우려나, 강한 유감 표명 등의 소극적인 대응으로 일관하다가, 30일 1년 만에 처음으로 NSC 전체회의를 열어 문대통령이 "모라토리움 채무상환유예 선언을 파기하는 근처까지 다가간 것으로 생각할 수 있다."고 밝히고, "북한은 긴장조성과 압박행위를 중단하고 한미 양국을 비롯한 국제사회의 대화 제의에 호응하라."고 촉구했다.

한편 북한의 이번 연쇄도발은 오히려 미국의 외교 우선 대북기조를 압박 쪽으로 전환하게 만들고 있다. 미국은 이미 독자적인 제재와 함께 유엔차원의 제재도 추진하고 있다. 중 · 러의 반대로 국제 제재가 무력화 되어도 동맹과 우방의 제재 네트워크를 강화하여 북한을 고립시킬 계획이다. 또한 미국은 북한의 움직임에 원칙적인 기조를 한층 강화하면서 유엔결의 위반을 규탄하면서 미 · 북 대화를 촉구하고 있다.

특히 조 바이든 행정부는 1년 넘게 공석 중인 주한 미국대사를 국무부 대북제재 조정관과 정보조사국(INR) 담당 차관보를 지낸 필립 골드버그 주 콜롬비아 대사를 내정했다. 과거 오바마 행정부가 지한파 외교관과 대통령 측근들을, 도널드 트럼프 행정부가 군 출신을 기용했던 것과 달리 대북제재에 정통한 베테랑 외교관을 지명하여 유연성보다 원칙론에 치중한 것 같다.

그리고 미국은 1962년 10월 쿠바에 소련제 미사일을 배치된 사실을 알고 소련에게 3차 대전이냐 미사일 전면 철수냐를 양자택일을 압박해 소련제 미사일을 철수시킨 경험이 있다. 미국은 북한의 미사일과 핵무기 체계의 진행 상태를 보고 더 이상 방관할 수 없게 되면 외교적 해결이나 사전 예방이 어려우면, 사후 처리 방법 등 다른 특단의 조치가 뒤따를 것으로 보인다. 앞으로 미사일 발사를 못하게 하든지 비행 중인 미사일을 요격하든지 보다 적극적인 방법으로 북한의 위협을 제거할 수도 있을 것이다.

어느 나라도 자신의 무기를 개발하는 것은 고유 권한이다. 그러나 제멋대로 모든 무기를 만들지는 않는다. 무기체계의 개발이나 실험이 법적인 측면과 관계없이 국제분쟁이나 국제위기의 직접적 원인이 되거나 군사전략적 차원에서 심각한 문제가 발생되기 때문이다. 그래서 핵폭탄이나 미사일 제조 기술과 능력이 있어도 만들지 않겠다고 약속도 하고 사정거리를 제한하기도 한다. 이를 위한 국제법적 약속으로 국제 핵

확산 금지조약(NPT: Non Proliferation Treaty)이 있다. 남북한도 가입하였다. 그러나 북한은 수시로 약속을 어기고 시험발사를 강행하고 있다. 이에 우리 군도 극초음속 활공체(HGV)방식 미사일 개발을 하고 있지만 사후약방문死後藥方文이 될지 모른다.

북한의 계속되는 도발은 미중 간의 전 방위 패권경쟁과 미러 간의 유럽 전선 대결로 나타난 신 냉전 기류와 맞물려 있다. 북한 도발이 갈수록 대담해 지고, 그에 맞선 국제사회의 대응은 무기력해지면서 가장 크게 위협을 받는 곳이 한국이다. 그리고 북한의 핵미사일 발사의 궁극적 목표는 미국이 아니고 한반도에서 북한 주도의 통일을 달성하는데 있다고 본다. 그러나 한반도는 본질적으로 미국과 소련에 의하여 해방되고, 분단되어 여전히 국제적인 문제해결이 중요하다. 현 시점에서는 북한 달래기 정책에서 탈피하여 한미동맹을 중심축으로 한미일의 안보협력을 강화해야 한다.

북한의 미사일은 남한 전역을 사정권에 둔 타격 무기들이다. 현재로선 남한 단독으로 북한의 신무기에 대응하는 데는 한계가 있다. 그러나 우리 정부도 '남의 집 불구경'이 아닌 좀 더 장기적이고 적극적 대응책이 필요하다. 자칫하면 지금까지 추진하던 우리 정부의 〈평화 프로세스 구상〉은 물거품이 될지 모른다. 하루속히 현실을 냉철히 직시하고 최악의 시나리오를 염두에 두고 국제사회와의 공조를 통해 문제해결에 접근해야 한다. 우리 군도 상응하는 군사력을 갖추고 한미는 새 작계작성 등 대북 대응태세를 서둘러야 한다. 이것이 대한민국이 생존하는 길이요, 우리가 선택할 최상의 길이다.

2022. 2. 2. 경기데일리

위대한 대한민국을 지키자

우리나라는 세계에서 면적 102위, 인구 59위의 작은 나라이지만 지금은 강국이 되었다. 6 · 25전쟁 직후에 무역규모 350만 달러, 1인당 국민소득 50~70불로 세계 177개국에서 여섯 번째 가난한 나라였다. 지금은 무역규모 1조 달러, 국민소득 2만 불 수준의 경제대국으로 원조를 받던 나라에서 원조를 주는 나라가 되었다. 그리고 2010년도 G-20 정상회의, 2012년 3월에는 세계 58개국 수장들이 서울에 모여 핵 안보 정상회의를 개최하여 국가위상이 더욱 높아졌다.

현재 조선造船, 반도체, 정보기술(IT) 강국에 자동차, 철강, 가전제품, 휴대폰 등 130여 개 수출품목이 세계시장을 석권하고, 초고속 전산망 세계 1위, 시속 350㎞의 KTX, 지하철 시설을 자랑하는 경제 기술 대국이 되었다. 2010년 지표로 세계경제 13위, 국력지수 11위, 아시아 국가경쟁력 1위가 되었다.

그리고 스포츠, 문화 예술 분야에서도 강국이 되었다. 하계, 동계 올림픽, 월드컵, 세계 육상선수권 대회 등 4대 스포츠를 세계 6번째로 유치하는 나라가 되었으며, 1993년 대전 엑스포를 비롯하여 올해(2012년) 여수 해양 엑스포까지 개최하는 나라가 되었다.

지난 2010년 캐나다 밴쿠버 동계올림픽에서 남녀 빙상선수와 국민요정 김연아가 빙상피겨대회에서 우승하여 전 세계를 매혹시켰고, 월드컵의 축구선수들, 하계올림픽에서 수영 박태환 선수를 포함하여 양궁 선수들, 그리고 박세리, 최나연, 최경주, 양용은 등 남녀 골프선수들, 이창호 이세돌 선수의 바둑까지 스포츠 강국도 되었다. 거기에 최근 K-POP 열풍은 세계 젊은이들을 흥분의 도가니로 몰고 있다.

그리고 가장 자랑하고 싶은 것은 인적자원이다. 지금 전 세계를 이끄는 지도자로 한국계 인사들이 많이 배출되고 있다. 지난 2006년 10월 반기문 외교부장관이 국제사회의 평화와 정무를 담당하는 유엔 사무총상에 임명되었고, 지난 3월 23일에는 세계 경제와 개발을 담당하는 세계은행(IBRD) 총재로 김용金墉 다트머스 대 총장이 맡게 되었다. 이는 우리나라의 위상은 물론 대한민국의 자랑이 아닐 수 없다. 그 밖에도 2006년 타계한 이종욱 세계보건기구(WHO) 사무총장을 비롯하여, 송상현 국제재판소장, 백진현 국제해양법 재판관, 미국 과학기술의 자존심인 벨연구소 김종훈 소장도 국제무대에서 활동하고 있다. 그리고 성김 주한 미국대사, 하워드 고 보건 복지부차관보, 크리스토퍼 강 백악관 선임 법률 고문 등 미행정부나 입법부에서 활동하는 한국계 인사도 많다. 그리고 지난해 일본방위대나 미국 보병학교 졸업식에서 한국장교가 수석을 차지하였고, 해적 소통을 위해 소말리아로 출동한 미 이지스함 "채피(CHAFEE) 함장도 한국계 최희동 중령으로 한국군의 우수성을 과시하고 있다.

오늘의 대한민국을 번영시킨 원동력은 무엇보다 훌륭한 지도자와 대한민국 건국 1세대와 2세대들 덕분이다. 건국 1세대들은 해방 이후 자유대한민국을 건국하여 6·25 전쟁에서 공산주의를 물리치고 자유 시장경제체제를 지켜온 위대한 세대들이다. 건국 2세대들은 6·25 전쟁 폐허에서 굶주림을 극복하며 서독 병원과 광산에서, 월남전에서, 중동의 건설 현장에서 구슬땀을 흘리면서 오늘의 대한민국을 발전시킨 세대들이다. 그리고 오바마 미국 대통령도 인정하는 교육 강국 덕분이다. 6·25 전쟁 직 후 우리나라 문맹률이 70%나 되었으나 지금은 고등학교 졸업생 83%가 대학교에 진학하는 나라가 되었다. 국가발전에 높은 교육열과 우수한 두뇌집단이 큰 몫을 하고 있다.

아직도 일부 언론이나 국민들은 대한민국의 건국과 발전상을 부정적인 시각으로 보고 있고, 사회적 갈등도 걱정스럽다. 그러나 그것은 기우杞憂다. 이제 전 국민은 오늘의 대한민국을 자랑스럽게 느끼면서 번영된 대한민국을 잘 계승보존하고 더욱 발전시켜야 한다. 그 책임은 대한민국 건국 3세대들의 몫이다. 그들에게는 희망이 보인다. 건국 3대들은 자유 분망하지만 애국심이 투철하며 역동성이 있다. 젊은 선수들이나. K-POP이 세계를 움직이고 있고 배우 현빈, 세계적 가수 비가 최전방에서 국토방위를 담당하고 있다.

앞으로 국경이 없는 21세기 국제화, 글로벌 시대를 맞아 건국 3세대들의 활약은 기대할 수 있다. 이제 구시대의 틀에 얽매여 집안일로 싸움만 할 것이 아니라 시야를 밖으로 돌려 웅비의 세계에 도전하는 진정한 젊은 애국자가 많이 배출되어 조국 대한민국을 반드시 계승 발전시켜야한다.

2012. 1. 12. 합천신문

槐雲

權海兆

제5부

고전에서 배우다

학문사변學問思辨

예나 지금이나 사람에게 지식을 가르치고 품성을 길러주는 교육敎育과 배워서 익히는 학문學問이나 기술을 닦는 공부工夫에 관심이 높다. 옛날 서당에서 배우는 소학小學, 명심보감明心寶鑑에서부터 논어論語, 중용中庸에 이르기까지 모두 이를 중시하였다. 특히 어린이들의 필수과목이었던 소학에 제일 먼저 입교편立敎篇을 두었고, 명심보감에도 입교편立敎篇과 근학편勤學篇을 두었다. 고급과목인 논어도 학이學而, 위정편爲政篇을, 중용에도 20장에 학문에 대해 언급하고 있다. 그리고 최근 학생들에게 베스트셀러가 된 최승필의 〈공부머리 독서법〉에도 마찬가지다.

먼저 소학 입교편에는 스승이 어린이를 가르치는 방법과 어린이들이 배우는 방법을 깨닫게 하고 있다. 소학 첫 머리에 교육의 확립을 언급한 것은 인간생활에 있어서 교육이 가장 중요하기 때문이다. 교육에도 가정교육, 학교교육, 사회교육도 있지만 감수성이 예민한 유아교육을 중시했기 때문이라 볼 수 있다. 특히 명심보감 입교편에

讀書起家之本
글을 읽는 것은 집을 일으키는 근본이요,
幼而不學老無所知
어려서 배우지 않으면 늙어서 아는 것이 없을 것이다

라고 하였다.

근학편에도

人生不學 冥冥如夜行
사람이 배우지 않으면 어둡고 어두운 밤에 다니는 것과 같다
勿謂今日不學而有來日,
오늘 배우지 않고 내일이 있다고 말하지 말라
少年易老學難成 一寸光陰不可輕
소년은 늙기 쉽고 학문은 이루기 어려우니 짧은 시간도
가벼이 여기지 말라

면서 교육 학문의 목적과 그 중요성을 언급하고 있다.

논어 학이편學而篇에

배우고 때로 익히면 또한 기쁘지 않겠는가學而時習之不亦說乎,

위정편爲政篇에는 배우기만 하고 생각하지 않으면 오묘한 진리를 이해할 수 없고, 생각하고 배우지 않으면 위태한 생각에 빠지기 쉽다. 즉 배운 것을 자기 것으로 소화하지 못하면 얻음과 남는 것이 없고, 내 것이 안 되며學而不思則罔, 생각만 하고 보편적인 학문을 배우지 않으면 독단에 빠져 위태로워지기 쉽다思而不學則殆라 하였다. 이는 학교에서 스승에게 체계적인 강의를 듣더라도 사색의 과정을 거쳐 자기의 것으로 소화시키지 않으면 쉽게 잊히기 마련이며, 혼자 생각만 하고 그것을 보편적인 학문체계로 일반화 할 줄을 모른다면 독단에 빠질 가능성이 많다는 뜻이다.

다음 공부하는 방법으로 중용中庸 20장에 나오는 학문사변學問思辨이다.

> 博學之 審問之 愼思之 明辨之 篤行之.
>
> 공부는 모르면 널리 배우고, 자세히 물어보며, 신중하게 생각해 보고, 명확하게 판단하여 완전하게 내 것이 되면 착실하게 행동으로 옮기는 것이다.

이는 〈공부머리 독서법〉에서 실현, 지속가능한 독서법은 헬스트레이닝과 같이 바른 자세와 방법이 중요하며 속독보다 생각을 많이 하는 독서, 수준에 맞는 책 읽기(레벨 독서법)과, 연령 수준에 맞는 책 내용을 이해 할 때까지 되풀이 반복해서 읽는(반복독서 활용법) 독서, 지식을 머릿속에 우겨넣는 독서가 아니라 지식을 습득하는 능력, 글을 읽고 이해하는 능력을 키우는 독서를 해야 한다는 것과 일맥상통한다.

학문에 관련된 고사성어도 많다. 맹자의 어머니가 맹자를 가르치기 위해 세 번이나 이사를 했다는 맹모삼천孟母三遷은 너무나 유명하다. 그 밖에 전에 배운 것을 연구하여 새로운 도리를 알아내는 온고지신溫故知新, 독서하는데 눈으로 보고 입으로 읽고, 마음으로 해득하여 깨우쳐야 한다는 독서삼도(讀書三到: 眼到, 口到, 心到), 책을 백 번 읽으면 그 뜻이 저절로 알아진다(讀書百偏意自見) 등이 있다. 또한 반딧불과 눈雪의 반사로 책을 읽었다는데서 고생을 하면서도 꾸준히 학문을 닦는螢雪之功, 반딧불이 비치는 창과 눈雪이 비치는 책상이라는 뜻으로 어려운 가운데 학문에 힘쓰는 형창설안螢窓雪案, 오직 책 읽기만 골몰하는 독서삼매讀書三昧, 손에서 책을 놓을 사이도 없이 열심히 공부하는 수불석권手不釋卷, 분발하여 끼니를 잊고 노력하는 발분망식發憤忘食, 스스로 힘써 행하여 쉬지않는 자강불식自强不息 등도 있다.

그리고 학문도 단계에 맞추어 진행해야 한다는 영과후진盈科後進, 독서하기 좋은 세 가지 여가인 겨울, 밤, 비올 때를 말하는 독서삼여讀書三餘, 책을 읽음으로써 현인들과 벗이 될 수 있다는 독서상우讀書尙友, 제자나 후배가 스승이나 선배보다 낫다는 청출어람靑出於藍, 자기보다 아랫사람에게 배우는 것을 부끄럽게 여기지 않는 불치하문不恥下問 등도 있다. 최근 동양학 칼럼니스트 조용헌 교수는 "공부는 만권의 책을 읽고 만리를 여행하는 것이다"라 했는데 학문의 중요성과 공부방법 등은 예나 다를 수도 있지만 원리는 기본적으로 같다.

2019. 3. 1. 안동권씨 종보

호연지기浩然之氣와 수면앙배睟面盎背

나는 요즘 집근처 구청 노인종합복지관 시니어 리더십 아카데미에서 고전 인문학을 공부하고 있다. 그곳에서 옛 성인들의 말씀을 배우면서 많은 가르침에 새삼 놀라고 있다. 특히 엊그제 배운 고사성어故事成語인 호연지기浩然之氣와 수면앙배睟面盎背에 대한 내용이다. 모두 고전 맹자孟子에 나오는 말로써, 사람이 갖출 마음과 몸가짐인 기백氣魄, 기상氣像과 용모容貌, 풍채風采, 품격品格이다. 맹자는 기원전 280년경에 중국 춘추전국시대 유가에 속하는 사상가 맹자의 언행을 기록한 책으로 인의仁義의 도덕을 강조하고 있다.

먼저 호연지기浩然之氣이다. 이 말은 53년 전 내가 사관생도시절에 육사교장의 정신훈화에서 처음으로 들었던 내용으로, 청년 장교들에게 큰 기상을 품으라고 한 훈시였다. 이는 고전 맹자孟子 공손추장구 상公

孫丑章句 上에 나오는 '아선양오호연지기我善養吾浩然之氣'에 있는 말이다. 따라서 호연지기의 뜻은 천지 사이에 가득 차 있는 지대지강至大至剛의 원기元氣, 곧 도의에 뿌리를 박고 공명정대하여 조금도 부끄러움이 없는 도덕적 용기를 뜻한다.

다음은 수면앙배睟面盎背이다. 이 내용도 맹자 진심장구상盡心章句上과 논어 자로子路 편에 나오는 말로 '수연현어면睟然見於面하고 앙어배盎於背하여 시어사체施於四體라' 윤택한 기색이 얼굴에 드러나고 풍부한 덕이 등에 넘쳐서 온몸까지 펼쳐진다는 의미이다. 수면은 머리가 밝고 얼굴이 깨끗이 훤하고 윤기가 난다는 뜻으로 우리말로 '함치르르하다'란 말이다. 그리고 앙盎은 입구가 좁고 밑이 넓은 동아리로, 위가 넓고 밑이 좁은 동아리인 분盆과 대치되는 말이다. 즉, 수면앙배는 사람의 앞모습이 밝고 윤기가 넘치며 뒷모습은 덕이 있어 보이는 사람을 지칭하는 말이다.

이렇듯, 맹자에 나오는 호연지기와 수면앙배는 혈기왕성하고 꿈 많은 청년들이 기질 덕목이다. 특히 호연지기는 내적인 마음의 자세라면 수면앙배는 외적인 몸가짐의 자세라 할 수 있다. 사관생도들은 입교 후 졸업할 때까지 매일 사관생도의 신조를 복창하며 조국에 대한 충성과 명예를 다짐하면서 호국 간성으로 갖추어야 할 기본 소양과 군사지식을 충실히 익히고 있다. 차제에 지금부터 약 2300여 년 전에 선현들이 언급한 말씀의 오묘한 참뜻을 다시 음미해보면서 우리 젊음과 패기에 넘치는 사관생도들의 몸가짐에도 귀감龜鑑이 되길 기대해 본다.

2018. 11. 9. 육사신보

인간 삼락三樂과 삼불행三不幸

우리 인간의 삶에는 여러 즐거움과 불행이 있기 마련이다. 그 가운데 예부터 전해오는 선현들의 세 가지 즐거움과 세 가지 불행을 알아본다.

먼저 세 가지 즐거움三樂이다. 일찍이 중국 춘추전국시대 철학자요 사상가인 공자孔子(BC551~BC479)의 언행을 집대성한 논어論語의 맨 앞 학이學而편에 보면

> 배우고 때때로 익히면 또한 기쁘지 않겠는가, 벗이 멀리서 찾아오면 또한 즐겁지 않겠는가, 남이 나를 알아주지 않아도 노여워하지 않으면 이 또한 군자가 아니겠는가
>
> 學而時習之 不亦說乎, 有朋自遠方來 不亦樂乎, 人不知而不慍 不亦君子乎

라 했다.

그리고 논어 계씨季氏 편에도 유익한 세 가지 즐거움益者三樂은 예악禮樂으로 절제하기를 좋아하고樂節禮樂, 남에 대해 착한 말하기를 좋아하고樂道人之善, 어진 벗을 많이 갖기를 좋아하는 것樂多賢友이라 하였다. 그리고 공자가어孔子家語에 보면 공자가 태산을 지날 때 비파를 들고 한없이 즐거운 표정을 짓고 있는 노인 영성기榮聲期를 만나 무엇이 그리 즐거우냐고 물으니, 그는 사람으로 태어난 것, 남자로 태어난 것, 이미 95세가 됐을 만큼 장수長壽한 것이 즐겁다고 했다吾得爲人一樂也, 吾得爲男二也, 吾行年九十五有矣三樂也. 맹자도 진심장구盡心章句편에서 군자삼락君子三樂을 부모님이 모두 살아계시고 형제들이 무고한 것이 첫째 즐거움이고, 하늘을 우러러 부끄러움이 없는 것이 두 번째 즐거움이며, 천하의 영재를 얻어 교육하는 것이 세 번째 즐거움이라 했다.

조선시대 문인 정치가 상촌象村 신흠(申欽: 1566~1628)은 인생 삼락을

1. 문을 닫고 마음에 맞는 책을 읽는 것,
2. 문을 열고 마음에 맞는 손님을 맞는 것,
3. 문을 나서 마음에 드는 경치를 찾아가는 것이라 했다.

閉門閱會心書, 開門迎會心客, 出門尋會心境, 此乃人間三樂.

실학자 다산茶山 정약용(丁若鏞: 1762~1836)은 유수종사기游水鐘寺記에서 ① 어렸을 때 뛰놀던 곳에 어른이 되어 오는 것, ② 가난하고 궁색할 때 지나던 곳을 출세해서 오는 것, ③나 혼자 외롭게 찾던 곳을 마음에

맞는 좋은 벗들과 어울려 오는 것이라고 했다. 추사秋史 김정희(金正喜: 1786~1856)는 일독一讀, 이호색二好色, 삼음주三飮酒라 했다. 즉 책을 읽고 글을 쓰며 항상 배우는 선비정신, 사랑하는 아내와의 변함없는 애정, 벗과 함께 어울리는 풍류를 말하고 있다.

다음은 세 가지 불행三不幸이다. 먼저 중국 송나라 도학자 정이천(程伊川: 본명 정이程頤,1033~1107)은

1. 소년 때 너무 젊을 때에 높은 과거에 합격하는 사람 小年登高科,

2. 부모형제의 덕으로 높은 자리를 차지하는 사람 席父兄之勢爲美官,

3. 문장 재능이 너무 뛰어난 사람 有高才能文章을 들고 있다.

조선시대 대학자 율곡 이이(李珥: 1537~1584) 선생은

1. 어린 소년으로 등과하는 사람少年登科,

2. 중년에 상처하는 사람中年喪妻,

3. 노년에 고독한 사람老年孤獨을 들고 있다.

이와 같이 인생의 즐거움과 불행은 공자 맹자와 같은 도덕가나 김삿갓 같은 풍류객이 다르듯이 시대와 환경, 신분, 직위, 계층에 따라 다르다고 할 수 있다. 최근 〈백년을 살아보니, 행복예습〉을 저술한 99세의 노철학자 김형석 교수는 "행복은 주어지거나 찾아가는 것이 아니고 언제나 우리 삶 속에 있었다."고 했다. 나는 바쁜 가운데서 좋은 책을 읽고 글을 쓰는 것이 인생의 가장 큰 즐거움이라고 생각한다.

2019. 1. 24. 합천신문

시운時運과 천명天命

중국 북송北宋때 강직하고 후덕했던 명재상인 여몽정(呂蒙正: 946~1011)이 〈파요부破窯賦〉에서 아래와 같은 '시운時運과 천명天命'이란 글을 남겼다.

하늘에는 예측할 수 없는 바람과 구름이 있고, 사람은 아침저녁朝夕에 있을 화禍와 복福을 알지 못한다. 지네蜈蚣는 발이 많지만 달리는 것은 뱀蛇을 따르지 못하고, 닭鷄은 날개가 크나 나는 것은 새鳥를 따르지 못한다. 말은 하루에 천리를 달릴 수 있으나 사람이 타지 않으면 스스로 가지 못하며, 사람은 구름을 능가하는 높은 뜻志이 있어도 운運이 따르지 않으면 그 뜻을 이룰 수 없다.

문장文章이 세상을 덮었던 공자孔子도 일찍이 진陳나라 땅에서 곤욕을 당하였고, 무략武略이 뛰어난 강태공姜太公도 위수渭水에서 낚시를 드리우며 세월을 보냈다. 도척盜跖이 장수長壽하였으나 선량한 사람이 아니며, 안회安回는 단명短命하였으나 흉악한 사람이 아니다. 요순堯舜은 지극한 성인聖人이나 불초한 자식을 낳았다. 장량張良도 원래는 한미寒微한 선비였고, 소하蕭何는 일찍이 작은 고을의 현리縣吏였다. 안자晏子는 키가 오척五尺 미만이나 제齊나라 수상首相이 되었고, 제갈공명諸葛孔明은 초려草廬에서 은거隱居하였으나 능히 촉한蜀漢의 군사軍師가 되었으며, 한신韓信은 닭을 잡을 힘도 없었으나 한漢나라의 대장大將이 되었다. 풍당馮唐은 나라를 편안케 할 경륜이 있었으나 늙음에 이르도록 그 자리에 등용되지 못하였고, 이광李廣은 호랑이를 쏠 수 있는 위력威力이 있었으나 종신토록 봉후封候의 반열에 오르지 못하였다. 초왕楚王은 비록 영웅이나 오강烏江에서 자결함을 면치 못하였고, 한왕漢王은 비록 약하나 산하만리山河萬里를 얻어 황제가 되었다.

경륜과 학식이 가득하여도 백발이 되도록 급제及第하지 못하는 사람이 있고, 재능과 학문이 성기고 얕아도 소년少年에 등과登科하는 사람도 있다. 또한 먼저는 부유하였으나 뒤에 가난한 사람도 있고, 먼저는 가난하였으나 뒤에는 부유한 사람도 있다. 교룡蛟龍이 때를 얻지 못하면 물고기와 새우들이 노는 물속에서 몸을 잠기며, 군자君子도 시운時運을 잃게 되면 소인小人의 아래에서 몸을 굽힌다. 하늘도 때를 얻지 못하면 해와 달이 광채가 없으며, 땅도 때를 얻지 못하면 초목이 자라지 못한다. 물도 때를 얻지 못하면 유리한 운이라도 뜻이 통하지 않는다. 사람도 때를 얻지 못하면 유리한 운이라도 뜻이 통하지 않는다.

옛날에 내가 낙양洛陽에 있을 때 하루는 승원僧院의 차가운 방에서 하룻밤을 신세지게 되었는데 홑겹의 베옷으로 몸을 가릴 수밖에 없었고 멀건 죽으로 배고픔을 이겨 낼 수밖에 없었다. 이때 윗사람들은 나의 무능함을 미워했고 아랫사람들도 나를 위압하였다. 사람들은 나를 천賤하다고 말한다. 이에 나는 말하기를 이는 천한 것이 아니고, 단지 나에게 주어진 시운時運이며 또한 천명天命일 뿐이라고 했다. 그 뒤에 나는 과거에 급세하고 벼슬이 극품極品에 이르러 지위가 삼공三公의 반열에 올랐다. 직분은 만조백관滿朝百官을 통솔하고 탐관오리貪官汚吏를 징벌하는 권한을 잡았으며, 밖으로 나가면 채찍을 든 장사壯士들이 호위를 하고, 집으로 들어가면 미인이 시중을 들어준다. 입는 것을 생각하면 능라금단綾羅錦緞이 쌓여있고, 먹을 것을 생각하면 산해진미山海珍味가 가득하다.

이때 윗사람은 나를 총애하고, 아랫사람은 나를 옹호한다. 사람들은 다 우러러 사모하며 나를 귀貴하다고 말한다. 이것은 나에게 주어진 시운時運이며 또한 천명天命일 뿐이다. 대저 사람이 이 세상에 사는 동안 부귀富貴만을 받드는 것은 옳지 않으며 빈천貧賤함을 업신여기는 것도 또한 옳지 못하다, 이는 천지天地가 순환循環하며 마치면 다시 시작하는 이치와 같은 것이다.

이 내용은 1,000여 년 전 중국 송나라 여몽정이 남긴 글로써, 오늘날에도 시사示唆하는 바가 크다. 파요부破窯賦란 여몽정이 젊은 날 곤궁한 시간을 보낼 때 사용하지 않은 기왓가마瓦窯에서 잠을 잤기 때문에 붙인 이름이다. 그는 일찍이 부모를 여의고 나서 어려운 시기를 보내고 후에 급제하였으나 자기가 남보다 잘나서 출세한 것이 아니고 때와 운명이 오늘의 자기를 만들어 주었다며, 장자莊子의 안명무위安命無爲처럼 겸허한 표현으로 서술한 내용이다. 그러나 그 표현은 시운과 천명의 덕분이라 했지만 실은 피나는 노력의 결실이 숨어 있었다. 자칫 노력은 하지 않고 시운과 천명에만 맡기면 새로운 개척정신과 발전성이 없이 초라한 생을 마치게 되는 과오過誤를 범하지 않을지 두렵다.

2019. 9. 1. 안동권씨 종보

설화舌禍와 필화筆禍

우리는 역사를 통해 많은 설화舌禍와 필화筆禍 사건을 알고 있다. 설화舌禍란 역사를 뒤바꿀 수도 있는 말 실수로 세치의 혀舌가 부른 치명적인 화(禍:unfortunate slip of tongue)를 말하며, 필화筆禍는 발표한 글이 법률적으로나 사회적으로 문제를 일으켜 제재制裁를 받는 사건을 말한다. 특히 지도자들의 가벼운 언행은 역사의 불행을 불러올 수도 있음으로, 눈으로 보고 가슴으로 생각 한 뒤에 입을 열어야 함은 지도자의 중요한 덕목이다. 이는 예나 지금이나 조금도 다르지 않다.

명심보감明心寶鑑 언어편言語篇에 중국 전한前漢시대 성상학자星相學者 엄준嚴遵, 자字 군평君平이 말하기를 "입과 혀는 화禍와 근심의 근본이요, 몸을 망하게 하는 도끼와 같으니口舌者 禍患之門 滅身之斧也" 말을 삼가야 한다고 하였다. 즉 "입은 사람을 상하게 하는 도끼요, 말은 혀를 베는 칼이니 입을 막고 혀를 감추면 몸은 어느 곳에서나 편안할 것이다(口是傷人斧 言是割舌刀 閉口深藏舌 安身處處牢)."라고 하였다.

그리고 불교경전 법구경(法句經: dhamma pada)에도 "모든 재앙은 입에서 나온다. 함부로 입을 놀리거나 상대가 듣기 싫어하는 말을 하지 말라. 맹렬한 불길이 집을 태워버리듯이 말을 조심하지 않으면 결국 그것이 불길이 되어 내 몸을 태우게 된다. 불행한 운명은 바로 자신의 입에서부터 시작된다. 입은 몸을 치는 도끼요, 몸을 찌르는 날카로운 칼날이다."라고 했다. 또한 공자가 말하기를 군자君子는 세 가지를 경계해야 한다고 했다. "젊었을 때는 혈기가 불안정하니 여색女色을 경계하고, 청. 장년기에는 혈기가 왕성하니 다툼을 경계할 것이며, 노년기에는 이미 혈기가 쇠잔했으니 욕심을 경계해야 한다."고 했다.

조선시대 개국공신 정도전鄭道傳은 뛰어난 지략智略으로 조선왕조의 창업을 이루었으나 포용력 없는 성격으로 〈제 1차 왕자의 난〉 때에 내뱉은 말 실수로 이방원에게 불명예스럽게 죽음을 당했다. 세조 때 18세에 무과에 장원급제하여 27세에 병조판서가 되었던 기린아麒麟兒 남이南怡장군도 조심성 없는 언행시 한 수 때문에 젊은 나이에 형장의 이슬로 사라졌다. 그는 예종 때 〈이시애李施愛의 난〉을 평정하고 돌아오는 길에 북정가北征歌를 썼다.

> "백두산 돌은 칼을 갈아 다 없애고白頭山石 磨刀盡, 두만강 물은 말을 먹여 없어졌네豆滿江水 飮馬無, 사나이 스무 살에 나라를 평정하지 못한다면男兒二十 未平國, 후세에 누가 대장부라 이르리오後世誰稱 大丈夫."

그런데 남이의 반대파인 유자광柳子光은 이 시詩에서 "나라를 평정하지 못한다면未平國"이라는 부분을 "나라를 얻지 못한다면未得國"으로 고의로 고쳐서 상부에 거짓 밀고함으로써 남이는 역적逆賊으로 모함을 받아 죽음을 당한 필화筆禍사건이다.

특히 조선 중기에는 붕당정치가 전개되면서 많은 사람이 희생되었다. 영조 때 사도세자思悼世子가 "신임사화는 노론의 잘못 때문에 일어났다"고 생각한다는 말을 하자 당시 집권세력이 나경언羅景彦의 고변사건告變事件을 통해 〈사도세자의 10가지 비행〉을 폭로함으로써 사도세자도 결국 죽음을 당했다.

그리고 필화사건은 해방 후부터 1980년대까지 많았다. 특히 일제 강점기에 일제의 검열과 탄압으로 창작의 욕구에 재갈이 물렸다가 자유롭게 글을 쓰게 된 문인들이 많았다. 1946년 시인 유진오俞鎭五사건과 1947년 북한지역에서 구상具常, 강홍운康鴻運 등 여러 시인들의 합동시집인 응향凝香사건 등이 있다. 그리고 1960년 이영희李泳禧 필화사건, 1964년 11월 문화방송 황용주黃龍珠사장이 국시國是위반의 〈통일론 필화사건〉으로 구속되었고, 1965년 남정현南廷賢이 6 · 25전쟁 이후 남한의 부패상과 미국의 내정간섭을 비판한 소설 분지糞地가 북한매체에 연재하자 〈반공법위반혐의〉로 구속되었다. 1970년 김지하도 재벌, 국회國害의원, 고급공무원, 장성, 장차관을 5적五賊으로 풍자한 담시譚詩를 사상계에 발표하여 〈반공법위반〉으로 구속되고, 1975년 양성우梁成祐 교사도 유신체제 비판한 〈겨울 공화국〉을 발표하여 구속되기도 했다. 이와 같이 설화舌禍나 필화사건은 예나 지금도 마찬가지다. 말 한마디

글 한 줄에 정치생명을 잃고 감옥에 가는 사람이 많다.

성경 주석의 설교 방식인 〈미드라시midrash〉에도 "험담은 세 사람을 죽인다. 그걸 말하는 사람, 험담의 대상, 그리고 그걸 듣는 사람이다"라고 했다. 인간 생활에서 깊이 새겨둘 내용이다. 특히 지도자가 되려면 아무리 가까운 친구와 하는 농담이나 험담에도 신중하게 해야 한다. 기해년 세모歲暮와 경자년 새해를 맞이하면서 누구나 설화와 필화에 휩싸이지 않도록 관심을 가져야 할 것이다.

2019. 12. 1. 안동권씨 종보

군자 유구사君子 有九思

– 논어 계씨季氏 편을 보고

코로나19 때문에 요즘은 집에서 두문불출하면서 독서로 나날을 보내고 있나. 유교儒教의 근본 문헌이며 유가儒家의 성전聖典으로 불리는 〈논어論語〉의 계씨季氏편에 보면 "공자가 말하기를 군자에게는 아홉 가지 생각하는 일이 있느니라孔子曰 君子有九思."고 하는 분장이 나오는데, 그 내용을 보면 간추려 보면 다음과 같다.

첫째는 시사명視思明이다. 사물을 볼 때에는 명백하게 보도록 생각하라. 모든 사물은 똑바로 보아야하며, 사심 없이 평상심으로 분명하게 보아야 한다.

둘째는 청사총聽思聰이다. 들을 때에는 빠뜨리지 않고 똑똑하고 총명하게 듣기를 생각하라. 어중간하거나 적당히 흘려듣지 말고 싫은 소리, 좋은 소리, 나쁜 소리 모두 다 겸손히 잘 들어야 한다.

셋째는 색사온色思溫이다. 얼굴빛을 부드럽고 온화하게 하기를 생각하라. 항상 얼굴 표정은 따뜻하고 편안하게 미소 띤 얼굴로 겸손하고 공손하게 대하라.

넷째는 모사공貌思恭이다. 자태를 공손하게 하기를 생각하라. 몸가짐을 낮추어 공손히 하고, 늘 자신을 낮추고 겸손하라. 세상을 편안하게 사는 지혜이다.

다섯째는 언사충言思忠이다. 말은 성실하게 하기를 생각하라. 말을 할 때는 차별 없이 진실하게 존칭어로 말하라.

여섯째는 사사경事思敬이다. 일에는 조심하기를 생각하라. 일을 할 때는 신중하게 임하라. 정직하고 열정을 가지고 최선을 다하라.

일곱째는 의사문疑思問이다. 의심나는 것에는 묻기를 생각하라. 의심이 나면 반드시 물어보고, 겸손하게 질문을 하라. 그래도 이해가 안가면 예의를 갖추어 여쭈어 보라. 꿍하고 접어두면 평생 모른다.

여덟째는 분사난忿思難이다. 화가 날 때는 어려움을 당할 것을 생각하라. 분노하거든 그 다음을 생각하라. 분노는 불길 같고, 태워서 재만 남는다.

아홉째 견득사의見得思義이다. 이득을 보면 그것이 의義로운 것인가를 생각하라. 의롭지 않은 이득은 독이 되니, 사욕이나 물욕에 집착하면 결국은 불행을 초래한다.

이상 아홉 가지 내용은 공자가 '군자가 항상 염두에 두고 실천해야 할 항목'을 말한 것으로 사람이 사람답게 살아가야 진짜 사람임을 깨우쳐 주는 내용이다.

한편 공자는 계씨편에서 유익한 벗과, 해로운 벗이 셋 있다益者三友, 損者三友고 했다. 정직友直, 진실友諒, 박학다식友多聞한 사람을 벗으로 삼으면 유익하고, 아첨友便辟, 굽신거림友善柔, 말을 잘 둘러대는友便佞 사람을 벗으로 사귀면 해롭다고 했다. 또한 유익한 즐거움과 해로운 즐거움이 셋이 있다益者三樂, 損者三樂고 했다. 예악禮樂으로 절제, 남의 착한 점을 말하기, 어진 벗을 많이 가지기를 즐기면 유익하고, 교만한 쾌락, 안일하게 놀기, 주색의 향락을 즐기면 해롭다고 하였다.

그리고 공자는 스승이나 윗사람을 대할 때 갖추어야할 예의를 언급했다. 군자를 모실 때 저지르기 쉬운 세 가지 과실有三愆이 있다. 말을 하기도 전에 먼저 말을 꺼내는 것은 경망함謂之躁이요, 말을 하였는데도 말하지 않음은 숨김謂之隱이요, 안색을 살피지도 않고 말함은 눈치가 없는謂之瞽 것이다. 그리고 군자는 세 가지 두려워하는 것이 있다君子有三戒고 하였다. 젊었을 때는 혈기가 안정되어 있지 않아 여색을 경계하고戒之在色, 청년기에는 혈기가 왕성하므로 싸움을 경계하고戒之在鬪, 노년에는 혈기가 쇠잔했음으로 물욕을 경계하라戒之在得하였다. 또한 공자는 군자와 소인의 언행의 차이를 비교하면서, 군자에게는 세 가지 두려워하는 것이 있다君子有三畏하여, 천명天命, 대인大人, 성인聖人을 두려워한다고 하였다. 그러나 소인은 천명을 모르기 때문에 두려워하지 않고, 대인을 존경하지 않으며, 성인의 말씀도 업신여긴다고 했다. 그리고 공자는 사람의 재능과 학문에 대한 열의를 구분하여, 태어나면서 아는 사람이 제일이요生而知之者 上也, 배워서 아는 사람은 다음이요學而知之者 次也, 막힘이 있으면서 애써 배우는 사람이 그 다음이고困而學之 又其次也, 애써 배우지도 않는다면 최하困而不學 民斯爲下矣라 하였다.

예나 지금이나 사람이 사람답게 살고, 사람 구실을 다한다는 것이 그렇게 쉽지 않다. 논어 계씨편에는 진짜 사람임을 깨우쳐 주는 아홉 가지 '어진 사람의 생활 실천항목'과 군자가 경계할 세 가지, 윗사람을 모실 때 갖출 예의, 군자와 소인의 언행 차이, 유익한 벗과 해로운 벗, 유익한 즐거움과 해로운 즐거움, 사람의 재능과 학문에 대한 열의 구분 등이 포함되어 있다. 비록 2,500년 전의 공자 말씀이지만 지금도 깊이 새겨야 할 철학이요, 생활의 지침서이다.

2020. 9. 20. 합천신문

담언미중談言微中의 지혜

담언미중談言微中이란 '완곡한 말로 정곡正鵠을 찌른다.'는 뜻의 고사성어故事成語이다. 중국 진秦나라에 우스운 이야기를 잘하는 우전優旃이란 사람이 있었다. 키는 작았지만 그가 하는 우스운 말 가운데에는 사람들에게 깨우침을 주는 도리道理가 들어있어 진시황도 그를 아주 좋아했다.

어느 날 진시황은 왕세의 수렵림狩獵林을 넓혀 동쪽으로 함곡관函谷關, 지금의 하남성 영보현 북동쪽에서 서쪽으로 옹雍, 지금의 섬서성 봉상현 남쪽까지 넓히려 했다. 그러자 우전이 "좋습니다. 그곳에다 많은 짐승을 기르다가 적군들이 동쪽으로 침범해오면 사슴들로 하여금 뿔로서 적을 막아내기에 충분합니다."라고 간언하였다. 진시황은 이 말을 듣고 웃으면서 자신의 계획이 좋지 않다고 생각하고 즉시 중단하였다.

이렇듯이 우전의 우회화법이 진시황의 잘못된 계획을 수정하도록 한 것이다.

그리고 이와 관련된 '말투는 그릇의 역할을 한다.'는 말이 있다. 춘추전국시대 제濟나라 유명한 정치가 안영晏嬰이 제나라 왕 경공景公을 모실 때 이야기다. 어느 날 왕이 사냥을 나갔는데 사냥지기가 자신의 임무를 다하지 못하고 부주의로 왕이 사냥한 사냥감을 잃어버렸다. 왕은 화가 나서 그 자리에서 사냥지기의 목을 베라고 명령하였다. 같이 사냥을 갔던 주변 신하들은 모두 어찌할 바를 모르고 바라만 보고 있었다. 이때 안영은 경공에게 직접 충고하지 않고 우회하는 전술인 〈우직지계迂直之計〉를 선택했다. 곧장 가는 것보다 우회하는 것이 효과적이란 〈손자병법〉에 나오는 계책이다.

안영은 사냥지기를 끌고 나오라고 해서 그에게 큰 소리로 세 가지 죄목으로 추궁하기 시작했다.

> "너는 세 가지 죄를 범했다. 첫째는 너의 맡은 바 임무인 군주의 사냥감을 잃어버렸다. 두 번째로 더 큰 잘못은 군주로 하여금 한낱 사냥감 때문에 사람을 죽이게 했으니 부덕한 군주로 만든 것이다. 세 번째는 우리 군주가 사냥감 때문에 사람을 죽였다는 소문이 퍼지면 세상 사람들에게 한낱 사냥감 때문에 사람을 죽인 군주라고 비난을 받게 만드는 것이다. 네가 이렇게 하고도 살아남기를 바라느냐?"

고 하였다.

안영이 사냥지기를 추궁하는 말 속에는 우회하여 군주에게 말하는 것이었다. 왕은 자신이 사냥지기를 죽이면 그 결과가 좋지 않을 것임을 깨닫게 되었다. 그리고 자신의 사냥감 때문에 분노가 지나쳐서 사람을 죽이는 어리석음을 범하고 있다는 것을 깨닫고 사냥지기를 그냥 놓아주라고 지시하였다. 안영은 자신이 모시는 주군과 직접적인 충돌을 하지 않고 우회적인 방법으로 신하된 도리를 다하고 자신의 군주를 올바른 길로 인도하였다.

이와 같이 세상사는 다 그런 것은 아니지만 곧장 하는 직설화법보다는 돌려서 말하는 우회화법이 더욱 지혜로울 때가 많다. 세상에는 유난히 언변술이 뛰어난 사람들도 있다. 같은 말이라도 목소리가 부드러운 탓도 있지만 직설적이 아니고 우회적인 표현으로 본인의 의사전달을 할 때 좋은 효과를 거둘 수 있다.

물은 유리컵에 담으면 마시는 물이 되고, 세수그릇에 담으면 씻는 물이 된다. 어떤 그릇에 담느냐에 따라 그 용도가 결정된다. 말에도 말투가 그 역할을 한다. 같은 말을 해도 상대방에게 어투가 퉁명스럽거나 공격적으로 느껴지면 본연의 뜻과 달라 오해가 될 수 있다. 말투는 살아가면서 자연스럽게 형성되는 것으로 자신의 말투를 제대로 모를 수 있다. 분명한 것은 말투에 따라 그것이 경쟁력이 될 수도 있고 자신을 가로막는 걸림돌이 될 수도 있다는 것이다.

오늘날과 같이 복잡한 사회생활을 하면서 담언미중의 지혜를 발휘하여 상대방에 우회적인 화법과 친근감을 느낄 수 있는 세련된 말솜씨를 가지도록 노력해보자.

2021. 12. 1. 경기데일리

인생 4고四苦와 8고八苦

우리는 흔히 사람이 누구도 피해갈 수 없는 생노병사生老病死 네 가지를 인생사고人生四苦라 한다. 불교에서는 고苦란 고통과 두려움과 괴로움으로 인해 뜻대로 되지 않는다는 말로 풀이하고 있다. 네 가지 고苦란 ① 사람은 자신이 원하는 곳환경에서 태어날 수 없고生苦, ② 누구나 늙어 감을 피할 수 없고老苦, ③ 병들고 아픔을 피 할 수 없으며病苦, ④ 죽음을 피할 수 없다死苦라는 네 가지를 말한다.

그리고 여기에 더해 ⑤ 부모 형제 자식 등 사랑하는 사람과의 이별을 피할 수 없고愛別離苦, ⑥ 원수처럼 보기 싫고 죽이고 싶도록 미운 사람과 만남을 뜻대로 피할 수 없고怨憎會苦, ⑦ 한없는 욕망을 다 채우려 해도 생각대로 되지 않으며求不得苦, ⑧ 우리 몸과 마음도 내 의지와 신념대로 되지 않는다五蘊盛苦. 라는 다른 네 가지 고통을 더 포함해 인생 8

고八苦라 한다.

여기서 오온五蘊은 우리 몸의 다섯 가지 구성성분 또는 오음(五陰: 色受想行識)의 작용으로 생기는 괴로움이다. 나 자신으로 대상인 사람을 보며色 싫고, 좋고, 싫지도 않는 세 가지 느끼는 감정受, 세 가지 감정을 하나로 사리분별하고想, 어떻게 행동할 것인지 찰나에 생각하는 행위行, 행위 결과 어떤 조치를 해야 할지 판단識 등에 대한 괴로움과 고통이다.

그런데 앞의 인생 4고苦는 누구도 피할 수 없지만, 추가된 4고(5~8고)는 마음먹기에 따라 달라질 수 있다. 즉 사랑하는 사람이 먼저 죽어서 이별을 해도 모든 것이 무상하다고 이해하면 덤덤하여 괴로움이 덜어질 수 있으며, 원수를 만나도 용서하는 마음이 생기면 괴로움이 적어진다. 구하고 싶은 것을 구하지 못해도 탐욕을 버리면 괴로움이 사라지고, 마지막으로 규칙적인 생활로 몸을 잘 관리하여 죽는 날 까지 건강을 유지하면 괴로움이 적어진다.

그리고 불교에서는 인생4고人生四苦에 대한 대책도 제시하고 있다. 첫째, 제행무상諸行無常이다. 사람이 태어나면 반드시 죽고 형태가 있는 것은 반드시 소멸한다. 이것은 종교는 물론 부모니 배우자 어느 누구도 막을 수 없고 함께 가지 못한다. 그래서 후회 없는 삶으로 죽음의 두려움을 극복해야한다. 둘째, 회자정리會者定離다. 만나면 헤어짐이 세상의 법칙이요, 진리다. 명예, 부귀영화, 모두가 내 곁을 떠난다. 새털같이 가볍게 여기는 지혜가 필요하다. 셋째, 원증회고怨憎會苦다. 미운사람, 보기 싫은 사람, 원수, 가해자, 아픔을 주는 사람, 꼴 보기 싫은 사람들과 반드시 만나게 된다. 항상 마음을 비우고 남에게 베풀어야 한다. 넷째, 구부득고求不得苦이다. 누구나 구하고, 얻고, 성공하고, 행복하고자 하는 욕심이 많지만 아무리 채워도 만족을 못한다. 그런데 이 모든 고통의 원인은 삼독심三毒心인 욕심貪心, 성냄瞋心, 어리석음癡心에 있으며, 이는 세상 돌아가는 이치를 모르는 무명無明 때문이라고 한다. 따라서 욕심을 버리고 마음을 조금씩 비워야 한다. 특히 불교에서는 이 모든 것이 붓다(부처님)의 가르침으로 실천을 못하면 깊은 고통의 바다인 고해苦海에서 살아야 한다고 강조하고 있다.

그런데 최근에 인간 수명이 길어지면서 노년4고老年四苦라는 말이 있다.

첫째로 빈고貧苦이다. 가난은 노년에 가장 고통스럽다. 젊었을 때 은퇴 후의 삶을 미리 대비해야 한다.

둘째로 고독고孤獨苦이다. 나이 들면서 돈도, 친구도 줄어들고 고독은 생각보다 심하고 마음의 병이 되니 철저한 마음의 준비가 필요하다.

셋째로 무위고無爲苦이다. 마땅히 할 일이 없는 무위무책이 무서운 고통이므로 혼자서 즐길 수 있는 독서, 음악 감상 등 취미생활을 개발해야 한다.

넷째로 병고病苦이다. 늙어지면 여기저기 아픈 곳이 많아진다. 평소 걷기운동 등 철저한 몸 관리가 필요하다. 인간은 누구나 오는 길이 혼자였듯이 마지막 가는 길도 혼자임을 알아야 한다.

그리고 젊은 직장인들에게 새로운 4고新四苦가 유행하고 있다.

(1) 족고足苦이다. 일단 다리가 힘들어야 한다. 문제가 무엇인지, 현장

확인과 대안을 강구하려면 부지런히 발로 뛰어야 한다.

⑵ 심고心苦이다. 성과를 달성하려면 머리가 아플 정도로 많이 생각하고 마음고생을 해야 한다.

⑶ 수고手苦이다. 생각은 머리가 아니고 손으로 잘 정리해야 한다. 말하려는 요지를 뚜렷하게 하기 위해 손 고생이 필요하다.

⑷ 구고口苦이다. 마지막은 대화를 통해서 달성된다. 문서보다 구두보고가 경제적이고 효과적이다. 직장에서는 사고의 힘이 업무의 질을 향상시키고, 다리 손 마음, 입의 고통이 수반해야 통찰력, 분석력, 논리력, 창의력을 키울 수 있다.

일찍이 신라시대 고승 원효대사(元曉大師: 617~680)는

> 一切唯心造
>
> 일체의 모든 것은 오로지 마음이 만들어 낸 것이다.

즉 모든 것이 마음먹기에 달렸다는 말이 괴로움과 고통을 지우는 첩경으로 보인다. 인간은 스스로 해탈하여 욕심을 버리고 조금씩 양보하여 즐겁고 건강하며 행복하게 사는 것이 고통과 괴로움을 없애고 줄이는 최선의 방법이 아닐까 싶다.

2020. 3. 1. 안동권씨 종보

전염병과 육불치六不治

최근 코로나19로 전 세계가 공포에 휩싸여있다. 2019년 12월 1일 중국 우한武漢에서 발생한 신종 코로나바이러스 감염증코로나19이 급속도로 확산되어, 2020년 1월 30일 세계보건기구(WHO)가 '국제적 공중보건 비상사태(PHFEIC)'를 선포에 이어, 2월 28일에는 최고단계까지 격상하였다. 우리 정부도 경계단계에서 2월 23일 최고단계인 심각단계로 격상하여 확진예방에 최선을 다하고 있다. 그러나 3월 2일 현재 중국의 8만여 명을 포함하여 세계 64개국에서 9만여 명의 감염 확진자가 나왔고, 3,000여 명이 사망하였다. 우리나라도 1월 20일 첫 확진자가 발생한 후 40여일 만에 17개 시도뿐만 아니라 군부대까지 전파돼 4,200여 명의 확진자가 나오고 25명이 사망하였다. 그리고 이번 코로나19로 세계 81여 개국이 한국인 입국통제(입국금지 37개국, 입국제한 44개국)를 하여 국제적 고립국이 되어가고 있다.

우리 인간은 오랫동안 질병과 싸우면서 살아왔다. 중세 유럽 인구의 3분의 1을 소멸시킨 흑사병을 비롯하여, 제1차 세계대전 기간인 1918년 세계 인구 19억 명 중에 5억 명이 감염되어 5,000만 명이 사망한 스페인 독감, 1968년 80만 명이 사망한 홍콩 독감, 2009년 2만여 명이 사망한 멕시코 신종플루 등이 있다. 특히 근래 2002년 중국 광동지역에서 발생한 사스로 5,300여 명이 감염되어 349명이 사망하고, 2012년 중동에서 발생한 메르스로 1,172명이 감염되어 429명이 사망하였는데, 우리나라에서도 186명이 감염되고 38명이 사망한 기록을 갖고 있다.

옛날에도 우리 인간은 병마와 싸운 기록이 많다. 조선의 한의학도 전염병과 싸우면서 발전했다. 동양의학의 의성醫聖으로 부르는 명나라 장중경張仲景의 상한잡병론傷寒雜病論도 전염병으로 죽어간 가족의 비참한 치료방법을 모은 책이다. 특히 한漢나라 사마천司馬遷의 사기史記〈편삭열전扁鵲列傳〉에 보면 어떠한 명의名醫라도 도저히 고칠 수 없는 6가지 불치병이 있다고 하였다. 이는 중국 제齊나라 환공桓公때 명의名醫 편작扁鵲이 육불치六不治의 난치병을 말하면서 이 가운데서 한 가지만 있더라도 병이 중하게 되고 고치기 힘들게 된다고 강조하고 있다.

첫째는 환자가 교만하고 방자하여 내 병은 내가 안다고 주장하는 '교자불론어리, 일불치야驕恣不論於理, 一不治也'이다. 자기의 병은 자기가 잘 안다고 하면서 주관적인 판단만 중요시하고 정확한 의사의 진료와 충고를 따르지 않는 교만한 사람은 치료가 불가능하다는 뜻이다.

두 번째는 자신의 몸을 가벼이 여기고 돈과 재물을 더욱 소중하게 여기는 사람은 고칠 수 없다는 '경신중재, 이불치야輕身重財,二不治也'라고 했다.

세 번째는 음식을 제대로 가리지 못하는 사람은 고칠 수 없다는 '의식불능적 삼불치야衣食不能適, 三不治也'라고 했다. 옷은 추위를 견딜 정도이며, 음식은 배고픔을 채울 만하면 적당한 것인데 지나치게 음식을 탐하고 편안한 것만 쫓는 환자는 어떤 명의도 고칠 수 없다고 했다.

네 번째는 음양의 평행이 깨져서 오장五臟의 기氣가 안정되지 않는 사람은 고칠 수 없다는 '음양병장 기부정, 사불치야陰陽并臟 氣不定, 四不治也'라고 했다. 음양이 장기를 장악하여 혈맥의 소통이 단절되면 기가 불안정하여 돌이킬 수 없는 상태로 진행된다는 것이다.

다섯 번째로 몸이 극도로 쇠약하여 도저히 약을 받아들일 수 없는 상태인 '형영불능복약, 오불치야形羸不能服藥, 五不治也'이다.

여섯 번째로 무당의 말만 믿고 의사를 믿지 못하는 환자인 '신무불신의, 육불치야信巫不信醫, 六不治也'이다.

이는 오랫동안 우리나라도 예외는 아니었다. 그러나 그동안 과학의 학의 발전으로 질병의 원인과 치료방법이 끊임없이 개발됨에 따라 질병은 신이 인간에 내리는 천벌天罰로 인식하는 종교적 오해도 크게 불식 시켰다. 따라서 코로나 19의 퇴치도 각종 유언비어나 오해와 편견을 버리고 과학적 방법으로 해결해야 한다. 오늘날 우리나라는 세계적인 의료수준과 체계적인 질병관리시스템을 갖추고 있다. 무엇보다 정부의 시책을 적극 준수하고 철저한 개인의 예방수칙과 함께 이상증세가 있으면 즉시 병원전문의를 찾아가는 것이 상책이다. 의학이 고도로 발달한 오늘날에도 자기 주장만 세우지 말고 사마천의 육불치六不治에 대한 의미도 가슴깊이 새겨볼 일이다. 이번 코로나19의 출현을 이 세상에 제일 먼저 알리고 지난 2월 7일 세상을 떠난 34세의 젊은 안과 의사 리원량李文亮을 비롯하여 수많은 의료진의 희생정신을 기리고, 이번 전염병으로 세상을 떠난 사망자들의 명복을 빈다.

2020. 4. 1. 안동권씨 종보

한신韓信의 오재십과五才十過

초한지楚漢志에 한신韓信(기원전 196년 사망)이 한漢나라를 세운 유방의 승상인 소하蕭何와 대화 중에 오재십과五才十過란 내용이 들어 있다. 이는 장수가 명심하고 갖추어야 할 덕목으로 오늘날 경영자들에도 귀감이 되고 있다.

한신이 잠시 생각에 잠겨 있다가 조용히 입을 열면서 말한다. "일국의 총사령관은 오재십과五才十過의 조건에 통과한 사람이어야 하는 법입니다. 오재五才란 다섯 가지의 재능을 말하고, 십과十過란 열 가지 허물을 말 하는 것입니다." 소하가 묻는다. 다섯 가지 재능은 어떤 것을 말하는 것이오? 하니 한신이 설명한다. 오재란 지智, 인仁, 신信 용勇, 충忠의 다섯 가지를 말하는 것입니다. 지智가 있어야만 혼란을 막아낼 수가 있고, 인仁이 있어야 장병들을 사랑할 줄 알고, 신信이 있어야 기회를 놓치지 않게 되고, 용勇이 있어야 배반자들을 막아 낼 수가 있고, 충忠이 있어야 두 마음을 가지지 않게 됩니다. 적어도 대원수가 되려면 이와 같은 다섯 가지의 재능을 반드시 몸에 갖추고 있어야 합니다.

소하는 탄복하며 다시 묻는다. 그러면 "십과란 어떤 것을 말하오?"하니 한신은 대답한다. "십과란 대원수가 될 수 없는 열 가지 허물을 말하는 것입니다.

첫째, 용기가 있어도 죽음을 경시하는 자는 안 되고,

둘째, 급할 때를 당해 행동을 서두르는 자는 안 되고,

셋째 이재理財에 눈이 어두워 재물을 탐내는 자도 안 됩니다.

넷째, 인仁을 갖추고 있어도 사람을 죽일 용기가 없는 사람은 안 되고,

다섯째 지智를 갖추고 있어도 적을 두려워 할 줄 모르는 사람은 안 됩니다.

여섯째, 신信을 갖추고 있어도 남을 덮어놓고 믿기만 하는 사람은 안 되고,

일곱째, 아무리 청렴결백해도 남을 이해 할 줄 모르는 사람은 안 되고,

여덟째, 지략이 밝아도 결단력이 없는 사람은 안 되고,

아홉 번째, 강직한 것은 좋으나 자기 고집만 부리는 사람은 안 되고.

열 번째, 성품이 나약하여 모든 일을 남에게 맡기려 하는 사람은 안 됩니다.

이상과 같은 열 가지 중에 어느 한 가지의 허물만 있어도 그런 사람은 대원수를 시켜서는 아니 된다고 생각합니다."

소하는 그 말을 듣고 더욱 감탄하였다. "지금 여러 나라에는 장군들

이 많은 데 귀공은 그들을 어떻게 보시오? 물으니 한신은 답하기를

> "지금 각 국에는 대장급 인물들이 많은 것은 사실입니다. 그러나 제가 보기에는 어떤 사람은 지략은 있어도 용기가 부족하고, 어떤 사람은 용기는 있어도 지략이 부족합니다. 또 어떤 사람은 재능이 있어도 군사를 지휘할 줄 모르고, 어떤 사람은 실력도 없으면서 교만하기만 하고, 어떤 사람은 부하들의 공로를 가로채기 일쑤이고 하여 진실로 존경할 만한 명장은 별로 없다고 생각합니다."

소하는 마음속으로 생각하는 바가 있어 "만약 귀공을 이 나라 대원수로 임명한다면 귀공은 어떻게 하시겠소?" 하면서 단도직입적으로 물었다. 한신은 가슴속에 이미 원대한 계획을 품고 있었던지라 이번에도 서슴지 않고 대답을 한다. "만약 저를 대원수로 써주신다면, 저는 조금도 뽐내지 아니하고, 모든 군무軍務를 병법대로 수행해 나가겠습니다."라고 대답을 하였다. "병법대로 수행해 나가겠다는 것은 무슨 말씀이오?" 물으니 한신은 "평소 군사들을 대할 때는 부드럽게 대해주고, 훈련을 시킬 때에는 엄격하게 실시하고, 평소에는 조용함을 위주로 하되, 일단 군사행동을 개시하면 동적動的으로 이끌어 나가겠습니다. 다시 말해서 무예를 연마해 나가며 산악과 같이 위연한 자세를 갖추고 있다가 일단 유사시에는 산하山河와 같이 전개해 나가되, 그 변화는 천지와 같이 무궁무진하게하고, 군영은 뇌성벽력이 천지를 진동하듯 하게하며, 상벌은 공평무사하게하고, 계략은 귀신같이 운영해 나갈 것이옵니다. 그리

하여 죽음을 각오함으로써 생을 도모해나가고, 약한 듯이 보이면서 강함을 제압하고, 위태로운 듯이 보이면서 안전을 도모하여 10만 대군으로 백만 적군을 능히 제압해 나가도록 하겠습니다." 소하는 그 말을 듣고 크게 기뻐하면서 그날부터 한신을 자기집 귀객貴客으로 모셔놓고 그의 경륜을 좀 더 상세히 들어보기로 하였다.

한신은 소하, 장량張良과 함께 유방의 한나라 건국을 도운 한초삼걸漢初三傑의 한 사람으로 이윤伊尹에게 병법을, 태공太公에게 전략을, 악의樂毅에게 전술을 배운 대장군으로서 제齊나라를 점령한 후에 가왕假王이 되었다. 이 한신의 오재십과는 장수가 명심하고 갖추어야 할 덕목으로 다섯 가지 재능과 열 가지 과오를 말하고 있는데 2천년이 지난 오늘날 경영자들에게도 귀감이 되고 있다.

2021. 4. 1. 안동권씨 종보

오계론五計論과 오멸五滅

일찍이 중국 송나라 서주舒州 회녕懷寧 사람으로서 자는 신중新仲이고, 호는 첨산거사灊山居士인 주익朱翌이 사람이 살아가는 데 다섯 가지 계획이 있어야 한다는 〈오계론五計論〉을 펼쳤다.

첫째는 생계生計이다. 참되게 살아가기 위한 계획이다. 즉 나는 무슨 일을 하고 어떻게 먹고 살아야 하는가? 하는 계획으로 직업에 관한 계획과 준비이다.

둘째는 신계身計이다. 병마病魔와 부정不正으로부터 몸을 보전하는 계획이다. 즉 내 건강을 위하여 내 몸을 어떻게 관리해야 할까? 몸과 마음을 강건하게 하는 방법을 찾는 계획이다.

셋째는 가계家計이다. 집안을 편안하게 꾸려가는 계획이다. 즉 가정을 어떻게 꾸려 나갈 것인가? 경제적 문제뿐만 아니라 사람과의 신뢰와 정신적 안정도 중요하다. 그리고 부부관계, 부모 자식관계, 형제관계를 잘 맺어야 한다고 했다.

넷째는 노계老計이다. 멋지고 보람 있게 늙는 계획이다. 즉 이것은 노후 관리라고 할 수 있다. 내가 나이 들어서 무엇을 하다가 갈 것인가? 어떻게 건강관리를 하고 어떻게 경제생활을 하며, 어떻게 자식과 사회에 부담이 되지 않을까하는 계획이다.

다섯째는 사계死計이다. 아름다운 죽음을 맞이하는 계획이다. 즉 마지막으로 사람은 죽음 이후에 대하여 분명하고 바른 계획이 있어야 한다고 했다. 특히 다섯째 사계死計에서 아름다운 죽음을 맞이할 계획을 세울 때 가장 중요한 것은 다섯 가지 인연과 작별하는 일이라고 얘기를 하는데 이를 오멸五滅이라고 한다.

오멸의 첫째는 멸재滅財이다. 재물과 헤어지는 일이다. 살아서 마련한 재산에 미련을 두고서는 편안하게 눈을 감을 수가 없다. 재물에 대한 미련을 버리는 일이 멸재滅財이다.

둘째, 멸원滅怨이다. 남과 맺은 원한을 없애는 것이다. 살아서 겪었던 남과의 불미스러운 관계를 씻어내야 마음 편하게 눈을 감을 수 있다. 남과 다툼이 있었다면 그 다툼에서 비롯된 원한을 씻어내는 일이 멸원滅怨이다.

셋째, 멸채滅債이다. 남에게 진 빚을 갚는 일이다. 빚이란 꼭 돈을 꾸어 쓴 것뿐만 아니라 정신적으로 큰 도움을 받았다면 그것도 빚이다. 살아있을 때 남에게 받았던 도움을 깔끔하게 갚는 일이 멸채滅債이다.

넷째, 멸정滅情이다. 정든 사람, 정든 물건과 작별하는 일이다. 아무리 정이 들어도 함께 갈 수는 없고, 가지고 갈수도 없기 때문이다. 정든 사람, 정든 물건과 작별하는 일이 멸정滅情이다.

다섯째, 멸망滅亡이다. 죽는 것이 끝이 아니라 죽음 저편에 새로운 세계가 있음을 알아야 한다. 죽음이 끝이 아니라는 신념이 멸망滅亡이다.

한편 조선조 명종明宗때 홍계관洪繼寬이란 소문난 점쟁이가 있었다. 그가 사람이 죽는 해 죽는 달까지 맞힌다하여 상류사회 가마들이 그 문전에 줄지어 기다릴 정도였다. 상진尙震 정승도 이 점쟁이한테 죽는 연월을 점쳐두고 3년 전부터 편안하게 죽을 수 있도록 사계死計를 세워 챙겼다. 당시 지식층은 어떻게 하면 죽음을 두려워 않고 보다 편안한 마음으로 맞이하느냐란 사계死計문화가 번졌다. 이는 송宋나라 학자 주익의 오계론五計論의 영향을 받아 '오멸五滅'이라는 노후 철학이 유행했기 때문이었다.

상진대감은 이렇게 오멸철학을 실천하며 죽음을 겸허하게 기다리고 있었는데 죽는다는 연월이 지나도 죽을 기미가 보이지 않았다. 이에 홍계관을 불러 맞지 않은 점괘를 두고 따지자.

> "죽을 운명을 좌우하는 것은 오로지 남에게 알지 않고 베푼 음덕陰德뿐입니다."

라며 생각나는 음덕을 베푼 일이 없는지 물었습니다. 생각해보니 임금님 수라간에서 금으로 만든 밥그릇을 훔쳤다가 들킨 별감別監에게 장물을 현장에 갖다 놓게 하고 은밀히 사형을 면해준 일이 있었다. 상진 대감은 그 음덕으로 15년간이나 더 살았다고 하는데 그 음덕 덕분이라기 보다는 오멸五滅 철학을 실천한 정신적 안정 때문에 오래 살지 않았나 하는 생각이 든다. 과학문명이 극도로 발달된 오늘날에도 사람이 살아가는 데 다섯 가지 계획인 송나라 첨산거사瀸山居士 주익朱翌의 〈오계론五計論〉을 음미할 필요가 있어 보인다.

2021. 10. 28. 경기데일리

묵자墨子의 인간관계 기술

우리 인간사회에는 여러 가지 기술이 있다. 말을 잘하는 화술話術이 있는가 하면 사업을 잘하는 상술商術도 있고, 공예기술工藝技術이나 전쟁터에서 싸움을 잘하는 전술戰術 등도 있다. 특히 전쟁에 사용하는 병법兵法도 많지만 중국 춘추전국시대 제齊나라 손무(孫武: BC 545~470)가 지은 〈손자병법〉에는 13편篇 36계計가 있다.

모공편謀攻篇을 보면 '백번 싸워 백번 이기는 것이 최선의 방법이 아니다百戰百勝 非善之善者也, 싸우지 않고도 적을 굴복시키는 것이 가장 좋은 방법이다不戰而屈人之兵 善之善者也'라는 '부전승不戰勝' 개념이 등장한다. 그리고 36계 가운데 마지막 계책으로 적이 막강하면 곧바로 달아나서 훗날을 기약하라는 '주위상책走爲上策' 계책도 있다.

그리고 최근 중국 고대사를 연구한 베이징 쉬에뚜어 문화교류센터

편집장 친위秦楡가 고전에서 배우는 지혜로 〈싸우지 않고 이기는 기술, 묵자墨子〉와 〈이제 논어를 끝내야할 나이, 마흔셋에 묵자를 만나다〉 등 여러 책을 발간하여 묵자의 인간관계 기술을 논하고 있다. 묵자(墨子: BC 475~396)는 묵가墨家의 창시자로 '겸애兼愛'라는 독창적인 학설을 주창한 중국 노魯나라 사상가이다. 겸애란 사람을 차별하지 않고 똑같이 사랑하는 것을 의미한다. 여기서는 묵자의 겸애정신을 담은 여러 명언 가운데 인간간계에 대한 몇 가지 기술을 알아본다.

1. 때와 장소를 가려라. 지혜로운 이는 자신의 능력을 함부로 쓰지 않는다. 똑똑한 척하는 사람은 아무 때나 자신의 얄팍한 잔재주를 보이며 허점을 만들지만 영리한 사람은 언제 자신의 능력을 발휘할지 때와 장소를 가릴 줄 안다. 경거망동한 운신은 괜히 화를 부르기 쉽다.
2. 아첨하는 이를 곁에 두지 말라. 괜한 시비로 다른 이의 원망을 사는 건 어리석은 행동이다. 상대의 기분을 적절히 맞추는 처세는 중요하다. 다만 신의가 있는 인간관계에서는 이것을 주의할 필요가 있다. 진구의 결점을 알고도 말하지 않으면 이것은 친구의 의무를 저버린 행위다. 묵지는 평소 진심으로 친구를 책망하고 꾸짖는 이가 있다면 그가 바로 인생의 스승이자 진정한 친구라 했다.
3. 겸허한 태도로 마음을 열어라. "양쯔강과 황하는 작은 물줄기를 마다치 않아 큰 강을 이뤘다." 묵자는 이렇게 다른 사람의 작은 비평도 기꺼이 받아들이는 태도야 말로 타인의 장점을 흡수해 정

진하는 가장 빠른 길이라 하였다. 겸손은 삶에서 가장 중요한 태도이다. 제 아무리 뛰어난 사람도 이 세상에 비하면 보잘 것 없을 뿐이다. 항상 낮은 자세로 정진해야한다.

4. 의미 없는 논쟁은 하지마라. 말싸움을 하게 되면 누구나 고집부리기가 마련이다. 사실 거기서 얻을 수 있는 건 아무것도 없음에도 자존심 때문에 쉽게 포기하지 못한다. 논쟁에서 지면 기분이 나쁘고 이기면 친구를 잃는다. 상대방과 논쟁을 하고 싶을 때는 두 가지를 고려해라. 첫째는 논쟁은 이겨도 의미 없다는 사실과 둘째는 그것이 상대의 자존심을 짓밟아 얻은 것이라는 것이다.

5. 비워야 담을 수 있다. 가득 차 있는 곳에는 어떤 새로운 것도 담을 수 없다. 자의식 과잉은 수많은 번뇌의 시작이다. 지나치게 내 안을 나로 가득 채우면 피곤함에 시달려 자신과 남에게 예민하게 군다. 자아가 가득 찬 사람에게는 타인이 들어갈 공간이 없다. 항상 어느 정도 나를 비워두는 여유가 필요하다.

6. 소인을 피하라. "군자는 소인과 친구는 되지 않더라도 소인을 대처하고 피할 줄 알아야 한다." 묵자는 사람을 크게 군자와 소인으로 나누며 소인의 위험성을 경계했다. 소인은 반드시 주변 사람을 음해하므로 상대하기보다는 피하는 쪽이 좋고, 만약 적을 만들더라도 군자보다는 소인 쪽이 훨씬 위험하다. 군자와 달리 소인은 그 옹졸함으로 평생 다른 이를 괴롭히기 때문이다.

7. 자랑하지 말라. 특별함을 추구하는 건 건강에 좋은 자세다. 하지만 그것이 과해 주위를 무시하면 그 모든 의미가 퇴색된다. 세상

에는 소인이 많아 겸손하지 않으면 반드시 질투를 받게 된다. 소인들은 공격 대상이 되지 않게 자신을 감추고 보호할 필요가 있다. 예부터 지혜로운 이는 빛을 감추고 우둔함을 보인다고 하였다.

중국의 유가儒家가 귀족층을 대변했다면 묵가는 서민층을 대변했다. 묵자의 사상은 지극히 소박하고 실용적이다. 그는 군사부일체君師父一體라는 유가의 절대적 가치를 부정하면서 법도法道가 없이는 세상이 바로 설 수가 없으며 근검절약節用과 간소한 장례節葬를 주장했으며, 음악은 낭비가 심하고 쓸모없다고 배격非樂했다.

그리고 사람들을 차별을 두지 않고 평등하게 사랑하는 것이 모든 것의 근본兼愛이고, 이웃나라를 공격해서는 안 된다非攻고 주장했으며, 귀신의 존재를 인정明鬼했다. 순자荀子는 묵자를 "실용에 가로막혀 형식의 가치를 몰랐으며, 통일적인 체계는 확립했으나 다양성은 간과했다"고 비판했다.

오늘은 2,400여 년 전 묵자가 "미인은 문밖에 나오지 않아도 많은 사람이 만나길 원한다. 스스로 이름을 드러내려 애쓰기보다는 내실을 다지는 것이 좋다."고 한 말을 새롭게 되새기며 오늘날의 인간관계를 생각해 본다.

2021. 7. 1. 합천신문

음식팔진미八珍味와 인생팔미人生八味

예로부터 중국에서 성대한 음식상에 갖춘다고 하는 여덟 가지 맛있는 진귀한 음식을 일러 팔진미八珍味라 하였다. 그러나 팔진미의 음식 종류는 시대마다 차이가 있었다. 팔진八珍이란 기록은 춘추전국시대 주나라 예법서인 주례周禮에 처음 등장한다.

주례에 보면 '선부는 왕의 음식과 음료 희생물과 반찬을 준비하고 이로써 왕과 왕후 세자를 봉양한다… 진미로는 8가지를 사용한다膳夫掌王之食飲膳羞 以養王及后世子 … 珍用八物'라 하였고 '식의食醫는 마땅히 왕에게 6가지 주식… 8가지 진귀한 반찬을 준비한다 食醫掌和王之六食… 八珍之齊'란 말이 있다.

예기 내칙禮記 內則에 따르면 주례의 팔진은 순모淳毋, 순오淳熬, 포장炮牂, 포돈炮豚, 도진擣珍, 오熬, 지漬, 간료肝膋로 개, 소, 돼지, 양, 사슴 등 비교적 구하기 쉬운 재료들로 만든 여덟 가지 맛있는 음식을 말하고 있다. 그러나 그 후 당송唐宋시대와 원명청元明淸시대에 와서 팔진의 내용도 차이가 많고, 상당히 구하기 어려운 재료를 포함하고 있다. 특히 청나라의 유명한 만한전석滿漢全席에는 4가지 팔진四八珍까지 등장하여 야생동물의 산팔진山八珍, 수산물 중심의 해팔진海八珍, 날짐승 대상의 금팔진禽八珍, 풀 종류의 초팔진草八珍까지 등장하였다.

우리가 흔히 알려진 팔진요리는

① 곰 발바닥熊掌,

② 원숭이 입술猩脣,

③ 사슴 힘줄鹿筋,

④ 표범 태반豹胎,

⑤ 잉어 꼬리鯉尾,

⑥ 낙타 발굽駝蹄,

⑦ 낙타 혹駱峰,

⑧ 매미 배蟬腹이녀,

여기에 용의 간龍肝, 봉황의 골수鳳髓, 모기 눈蚊眼, 상어 지느러미, 제비집, 전복 등을 포함시키기도 한다. 따라서 팔진미는 맛보다 희귀한 재료들을 사용해서 정성을 다해 대접하는 음식으로 왕이나 고관들을 위한 요리라 볼 수 있다.

다음은 인생팔미人生八味이다. 중용中庸 4장 2절에 보면 '사람들이 음식을 먹고 마시지 않는 이가 없건마는 맛을 아는 이가 적다人莫不飮食也

鮮能知味也'라는, 맛에 대한 철학적인 말이 나온다. 따라서 맛은 음식에서만 느껴지는 것이 아니고 인생에도 맛이 있다. 조선조 실학자 다산 정약용은 '중용'에서 인생에서 느낄 수 있는 인생팔미人生八味를 다음과 같이 꼽았다.

① 1미一味는 그저 배를 채우기 위해 먹는 음식이 아닌 맛을 느끼기 위해 먹는 '음식의 맛飮食味'이다.

② 2미二味 돈을 벌기 위해 일하는 것이 아닌 삶의 의미를 찾기 위해 일하는 '직업의 맛職業味'이다.

③ 3미三味는 남들이 노니까 노는 것이 아닌 진정으로 즐길 줄 아는 '풍류의 맛風流味'이다.

④ 4미四味는 어쩔 수 없어서 누구를 만나는 것이 아닌 만남의 기쁨을 얻기 위해 만나는 '관계의 맛關係味'이다.

⑤ 5미五味는 자기만을 위해 사는 인생이 아닌 봉사함으로써 행복을 느끼는 '봉사의 맛奉仕味'이다.

⑥ 6미六味는 하루하루를 때우며 사는 인생이 아닌 늘 무언가를 배우며 자신이 성장해 감을 느끼는 '배움의 맛學習味'이다.

⑦ 7미七味는 육체로만 존재하는 것이 아닌 정신과 육체의 균형을 느끼는 '건강의 맛健康味'이다.

⑧ 8미八味는 자신의 존재를 깨우치고 완성해 나가는 기쁨을 만끽하는 '인간의 맛人間味' 이다.

이 중에서 가장 중요한 것이 8번째 '인간미'라고 하였다.

그리고 최근 박재희 교수의 〈3분 고전〉에서도 중용에서 언급한 '세상 사람들은 음식을 먹으면서도 그 음식의 진정한 맛을 제대로 알지 못한다.'는 내용을 안타까워하면서 인생팔미'를 언급하고 있다. 그는 맛이 음식에만 있는 것이 아니고 인생에도 맛이 있다. 인생의 참맛을 아는 사람은 인생의 즐거움을 누리는 사람이라고 하였다. 그리고 사람들이 나이만 먹는다고 인생의 참맛을 알 수 있는 것도 아니며, 높은 자리에 있거나 재산이 많다고 얻어지는 것이 아니다. "생각을 바꾸고 관점을 바꾸면 우리의 일상적인 삶 속에서 얼마든지 찾을 수 있다."고 하였다.

이와 같이 사람들이 음식의 맛을 느끼지 못하고 오로지 배를 채우기 위해 먹는 것은 인생을 살면서 삶의 참맛을 제대로 느끼지 못하며 사는 것과 같다. 인생의 수명이 길어진다고 해도 인생의 맛을 모르고 나이만 먹는 다면 장수長壽의 의미가 없다.

송나라 유학자 소강절(邵康節: 1011~1077)도 어느 날 늦은 저녁 밤하늘의 달을 보고, 스치는 바람을 느끼며 인생의 가장 맛있는 순간이라고 읊었다. 그 일상의 맛을 '일반청의미一般淸意味'라고 정의하였다. 그 맛은 누구에게도 증명할 수 없는 나만의 인생 맛이라는 것이다. 이와 같이 인생팔미는 지극히 우리 가까이에 있다. 오늘에 살고 있는 우리들도 음식팔진미와 인생팔미의 참맛을 느끼면서 '100세 시대'에 즐겁고 행복한 생활을 누리길 바란다.

2021. 3. 1. 안동권씨 종보

노년의 건강과 5형5락五刑五樂

근래 의학기술이 발달과 생활습관의 개선으로 사람의 수명이 점차 늘어나고 있다. 최근 유엔이 발표한 새로운 연령기준에 의하면 중년은 66–79세라하고 80세가 되어야 노년대열에 들어간다. 거기에 요즘은 코로나 여파로 사회적 거리두기 운동이 계속되자 '누죽걸산(누우면 죽고 걸으면 산다)'과 '나죽집산(나가면 죽고 집에 있으면 산다)'이란 용어가 회자膾炙되고 있다. 한자로 와사보생臥死步生과 같은 뜻이다.

조선조 정조 때 형조정랑刑曹郎을 지낸 심노숭(沈魯崇: 1762~1837)의 〈자저실기自著實紀〉를 보면 노인의 다섯 가지 형벌五刑과 다섯 가지 즐거움五樂에 대해 논한 대목이 흥미를 끌고 있다.

먼저 다섯 가지 형벌에 관한 설명이다. 승지承旨 여선덕呂善德이 "사람이 늙으면 어쩔 수 없이 다섯 가지 형벌을 받게 된다고 말했다.

① 보이는 것이 뚜렷하지 않으니 목형目刑이요, ② 단단한 것을 씹을 힘이 없으니 치형齒刑이며, ③ 다리에 걸어갈 힘이 없으니 각형脚刑이요, ④ 들어도 정확하지 않으니 이형耳刑이며, ⑤ 마지막으로 이성異性에 관심이 멀어지는 궁형宮刑이다.

다시 말하면 눈은 흐려 책을 못 읽고, 이는 빠져 잇몸으로 호물호물 한다. 걸을 힘이 없어 집에만 박혀있고, 보청기 도움 없이는 자꾸 딴 소리만 한다. 마지막으로 궁형은 여색을 보고도 아무 요동이 없다는 뜻이다.

이 말을 듣고 심노숭은 즉각 반격에 나서 이른바 노인의 다섯 가지 즐거움을 말했다.

1. 보이는 것이 또렷하지 않으니 눈을 감고 정신을 수양할 수 있고,
2. 단단한 것을 씹을 힘이 없으니 연한 것을 씹어 위를 편안하게 할 수 있으며,
3. 다리에 걸어갈 힘이 없으니 편안히 앉아 힘을 아낄 수 있고,
4. 귀가 잘 들리지 않으니 나쁜 소문을 듣지 않아 마음이 서절로 고요하고,
5. 여색을 보고도 동요하지 않으니 패가망신 당할 행동에서 저절로 멀어 질 수 있다.

이것이 다섯 가지 즐거움이라 하리라.

우리는 생각을 한 번 돌려보자. 내 몸의 노화老化에서 오는 여러 불행과 좌절이 더 없는 은혜와 기쁨으로 변한다.

① 눈을 감아 정신을 기르고, ② 가벼운 식사로 위장을 편안하게 하고, ③ 힘을 아껴 고요히 앉아 있고, ④ 귀에 허튼 소리를 들이지 않으며, ⑤ 정욕을 거두어 장수의 기틀을 마련할 수 있다. 따라서 오형도 오락으로 받아들이는 긍정적 자세가 중요하다.

명의名醫 허준의 동의보감東醫寶鑑에서도 건강과 장수에 관한 내용이 있다. 약藥보다는 먹는 식보食補가 낫고, 식보보다는 걷는 행보行步가 낫다고 했다. 우리 뼈는 적당한 충격을 주어야 더 굵고 튼튼해지며, 근육도 쓸수록 강하게 발달한다고 한다. 편하게 스트레스 없이 사는 것도 중요하지만 사실은 끊임없이 움직여야 건강해 질 수 있다. 자주 걷지 않으면 모든 걸 잃어버릴 수도 있다. 누우면 약해지고 병들게 되지만, 걸으면 건강해지고 즐거움을 찾을 수 있다. 허리 둘레는 가늘수록 좋고, 허벅지 둘레는 굵을수록 좋다고 한다. 의자에 앉아 있는 습관을 버리고 무조건 많이 걸으면 병의 90%는 도망간다고 한다.

차제에 옛 선비가 주장한 〈노년의 건강과 5형5락〉과 최근에 유행하고 있는 〈누죽걸산, 와사보생〉이란 건강 비결을 삶의 지표로 삼아 꾸준히 실행하여 노년의 건강을 지키자.

2021. 6. 1. 안동권씨 종보

가을을 상징하는 사자성어四字成語

어느새 추분秋分이 지나면서 가을이 깊어가고 있다. 하늘은 점점 높아지고, 들판에는 오곡이 누렇게 익어가고, 산에는 오색단풍으로 물들고 있다.

예부터 가을을 상징하는 사자성어四字成語도 많다. 그러나 가을을 상징하는 본뜻과 일치하는 사자성어도 있지만 뜻이 다른 사자성어도 많다. 먼저 산에는 붉은 잎들로 가득 찼다는 만산홍엽滿山紅葉, 가을이 오면 등불책을 가까이한다는 등화가친燈火可親, 가을의 서늘한 기운이 처음 생길 무렵에 등불 밑에서 글 읽기가 좋다는 신량등화新涼燈火, 기러기가 날아오고 나뭇잎들이 붉게 물드는 정안홍엽征雁紅葉, 국화가 자태를 뽐내고 물이 파랗게 맑은 국오수벽菊傲水碧, 가을바람과 이슬비가 내리는 추풍세우秋風細雨, 골짜기에 가을안개가 자욱한 추연출곡秋煙出谷,

가을 산이 비온 후에 깨끗하다는 추산우제秋山雨霽, 가을밤이 길다는 추야장장秋夜長長 등이 대표적이다.

그러나 그 본래의 뜻을 잘못 알고 사용한 사자성어도 많다. 먼저 천고마비天高馬肥이다. 이는 보통 하늘은 높고 말馬은 살찐다는 뜻으로 가을을 상징하는데 많이 사용해 왔다. 그러나 원래의 뜻은 '오랑캐들이 쳐들어올지 모르니 정신을 차리라.'란 뜻이다. 중국 후한後漢 때 반고班固가 편찬한 한서漢書(권94) 흉노전匈奴傳에 "흉노가 가을이 되니 그들의 말은 살찌고 활은 강하여 곧 성내로 들어 닥친다."라며 흉노에 대비하라는 뜻이 있다. 그리고 이를 피해서 가을이 되면 변방으로 떠나는 사람이 많았으며, 진시황은 그 유명한 만리장성을 쌓았다.

흉노는 몽고족의 일파로 은나라 때부터 진나라 때까지 약 2천 년간 한족의 고뇌의 씨가 된 표독한 민족이었다. 흉노는 승마와 활쏘기를 잘했는데, 언제나 집단을 이루어 바람같이 습격하여 인마를 살상하고 재물을 노략질 해 갔다. 흉노가 사는 푸른 초원에는 봄과 여름이 지나 가을이 되면 말들은 토실토실하게 살쪄있지만, 10월이 되면 매서운 겨울이 찾아와 초원의 풀도 마르고, 흉노족은 말 먹이를 찾아 남쪽으로 밀려왔다. 그래서 가을이 되면 북방에 사는 한족들은 겁을 먹었다. 이처럼 천고마비라는 말은 가을이 되면 말이 식욕이 왕성하여 살찐다는 의미도 있지만, 원래는 북쪽에서 흉노족이 쳐들어오니 정신을 차리라는 뜻이었다.

그밖에 추풍낙엽秋風落葉이란 사자성어도 가을바람에 흩어져 떨어지는 낙엽을 말하지만, 전쟁에서 계속 패전하거나, 세력이나 형편이 시들어지는 것을 뜻하고 있다. 추호불범秋毫不犯은 가을에는 짐승의 틀이 아주 가늘어 지듯이 마음씨가 매우 청렴하여 조금도 남의 것을 범하지 않는다는 뜻이며, 추상열일秋霜烈日은 가을의 찬 서리와 여름의 뜨거운 해처럼 형벌이 엄정하고 권위가 있음을 말한다.

'한산도에 가을이 깊어가니水國秋光暮, 찬 기운에 놀란 기러기 높이 날고驚寒雁陣高, 나라 근심으로 잠 못 이루는 밤憂心輾轉夜, 새벽달이 어느덧 창에 들어 활과 칼에 비치고 있네殘月照弓刀' 란 1,597년 명량해전을 앞두고 충무공 이순신 장군의 〈한산도 야음閑山島 夜吟〉과 '가을바람도 쓸쓸히 읊조리나니秋風唯苦吟, 세상길에 참 벗 없음이여世路少知音, 창밖엔 삼경의 비窓外三更雨, 등잔 앞엔 만리의 마음燈前萬里心'이란 1,360여 년 전 고운孤雲 최치원崔致遠 선생이 지은 시詩 〈가을 밤 빗소리를 들으며秋夜雨中〉를 읊으면서 가을에 사용하는 사자성어 참뜻 몇 가지를 음미해 본다.

2019. 12. 시인부락 제11집

한비자의 주구사서 酒狗社鼠

군주론君主論과 제왕학帝王學의 성전으로 불리는 중국의 고전古典, 〈한비자韓非子〉의 제34 외저설外儲說에 '악은 자라기 전에 잘라라'란 제목에서 술집엔 개가 없어야 한다며 개狗와 쥐鼠에 대한 이야기가 나온다.

송宋나라에 장莊씨라 불리는 사람이 운영하는 술酒집이 있었다. 장씨는 대대로 내려오는 술을 만드는 비법이 있어 그 지역에서 소문이 나 있었다. 그 집은 술의 맛뿐만 아니라 넉넉한 마음씨에 술도 후하게 술동이를 가득 채워 주었고 손님맞이에도 정성을 다 했다. 당시 장씨 집의 술은 품질도 우수하고 서비스도 훌륭하며 홍보 방법도 좋아 성공 비결을 두루 갖추고 있었다.

그런데 어찌된 일인지 갑자기 손님들이 찾아오지 않아 정성스럽게 만들어 놓은 술이 팔리지 않았다. 그래서 큰 손실을 본 장씨는 마을에 이름 있는 양천楊舛이라는 어른을 찾아가서 물었다. 이야기를 들은 양천은 장씨에게 "혹시 자네 집에 기르는 개犬가 사납지 않은가?"하고 물었다. 사람들이 술을 마시러 가거나, 어린애들이나 심부름꾼이 술을 사러 갔을 때 개가 뛰어나와 물거나 사납게 위협하면 누가 자네 집에 가겠는가? 이와 같은 송나라 장씨 집의 술집이야기를 통해 통치자의 국정 운영이나 지도자의 조직 운영에 있어서 지도자가 직접 관리하고 곁에 두는 측근들에 대한 교훈으로 사용하였다.

도道를 깨달은 선비나 현명한 충신들이 법과 원칙을 근거로 군주에게 올바른 통치의 지혜를 알려 주어도, 군주의 측근 대신들이 사나운 개가 되어 주인의 은덕을 외면한 채 충신들을 물어뜯는다면, 이것이 군주의 눈이 가려지고 어려움을 겪게 된다는 말이다. 이런 군주에게 지혜를 가진 현자賢者들이 가까이 갈 리가 없다.

그리고 중국 제齊나라의 환공桓公이 하루는 승상丞相 관중管仲을 불러 대화를 나누면서 "나라를 다스리는데 가장 골치 아픈 일이 무엇이요?" 하고 물으니, 관중은 "사당祠堂의 쥐鼠가 가장 큰 골칫거리며 고민입니다." 하였다. 대개 사당은 나무골소로 진흙을 빌라 만드는데 나무와 진흙 사이에 쥐들이 서식하게 된다. 이 쥐를 제거하기 위해 연기를 피우면 나무가 불에 탈 수 있고, 물을 뿌리면 흙이 떨어지게 된다. 그래서 사당의 쥐를 없애기 위해 고민한다고 하자 환공도 깊은 생각에 빠졌다. 그때 관중은 "지금 군주의 측근들이 밖에 나가면 자신의 권세를 이용하여 백성들로부터 이득을 취하고, 안으로 들어오면 파당을 만들어 자신들의 이득과 허물을 덮기 위해 군주를 속입니다. 이들을 처벌하자니 군주가 위태하고 그대로 두자니 법이 문란해집니다. 마치 사당의 쥐와 같은 부패한 간신들이 참으로 어렵습니다."라며 설명을 덧붙였다. "현명한 지도자는 무엇을 하기 전에 개와 쥐를 제거해야 합니다. 그래야 많은 사람들이 맛있는 술도 마시고, 편안하게 사당에서 제사를 올릴 수 있습니다."

한비자는 사마천(司馬遷:기원전145~86)의 사기史記(권卷63), 노자 한비열전老子韓非列傳 제3에 기록되어있다. 본명은 한비韓非요, 한韓나라 왕실 소생으로 말더듬이었다. 그러나 문재文才가 있어 고분孤憤, 오두五蠹, 설란說難등 많은 책을 저술하였다. 그의 학설의 중심은 왕이 신하의 성적을 평가하는 형명刑名과 법령과 통술법을 포함한 법술法術이었다. 따라서 그의 사상은 유학儒者의 도덕을 배척하고 법치法治와 통어술統御術을 본령으로 하고 있으며, 사상적 주조主調는 부국강병책富國强兵策이다. 진시왕秦始王은 한비자의 등용을 갈망했으나, 이사李斯의 모함으로 뜻을 이루지 못하고 한비자 사후에 그의 이론이 천하를 통일하고 통치하는데 밑거름이 되었다.

동서고금을 막론하고 훌륭한 지도자들이 측근들의 비리 때문에 곤경에 빠지는 경우가 수없이 많다. 차제에 2천 년 전 한비자의 지혜를 다시금 생각해본다.

2021. 4. 1. 안동권씨 종보

공직자와 사불삼거四不三拒

우리는 예로부터 청렴하고 청빈한 생활을 자랑스럽게 생각해 왔으며 특히 공직생활에서 불문율不文律로 여겨왔다. 우리 역사상 황희 정승을 비롯한 여러 청백리상들의 많은 일화가 전해 내려오고 있다. 여기서는 조선 영조 때 호조서리戶曹胥吏를 지낸 〈전설의 아전衙前〉으로 부르는 김수팽金壽彭의 사불삼거四不三拒에 대한 이야기이다. 이 내용은 이수광이 쓴 책 〈조선의 방외지사方外志士〉에도 나온다.

한번은 호조판서가 바둑을 두느라고 공문서 결재를 미루자, 아전인 김수팽이 대청에 올라가서 판서의 바둑판을 확 쓸어버렸다. 그리고는 마당에 내려와서 무릎을 꿇고 "죽을죄를 졌으나 결재부터 해 달라."고 하니 판서도 죄를 묻지 못했다. 또한 김수팽이 숙직하던 밤에 대전 내관이 왕명이라며 10만금을 요청했다. 그는 시간을 끌다가 날이 밝고서야 돈을 내주었다. 야간에는 호조의 돈을 출납하는 것이 금지되어 있었기 때문이다. 내관이 사형에 처할 일이라 생각했으나 영조는 오히려 김수팽을 기특하게 여겼다.

김수팽의 동생 역시 아전이었다. 어느 날 그가 아우의 집에 들렀는데 마당 여기저기에 염료통이 놓여 있었다. "아내가 염색업을 부업으로 한다."는 동생의 말을 듣고 김수팽은 염료통을 엎어버렸다. "우리가 나라의 녹을 먹고 있는데 부업을 한다면 가난한 사람들은 무엇으로 먹고 살라는 것이야?"며 화를 냈다. 이와 같은 김수팽의 일갈一喝에는 조선시대 관리들의 청빈한 정신이 담겨 있다.

평소 김수팽은 '사불삼거四不三拒'를 불문율不文律로 삼았다고 한다. 이는 관리가 제임 기간에는 절대로 하지 말아야할 네 가지四不와 꼭 거절해야할 세 가지三拒이다. 먼저 하지 말아야 할 네 가지는

① 부업을 하지 않고, ② 땅을 사지 않고
③ 집을 늘리지 않고, ④재임지의 명산물을 먹지 않는 것이다.

조선조 연산군 때 풍기군수 윤석보尹碩輔는 아내가 시집올 때 가져온 비단옷을 팔아 채소밭 한 떼기를 산 것을 알고는 사표를 냈다. 조선조 중기 대제학 김유金楺는 지붕 처마 몇 치도 못 늘리게 했다.

다음은 꼭 거절해야 할 3가지는

① 윗사람의 부당한 요구

② 청을 들어준 것에 대한 답례

③ 경조사의 과한 부조이다.

청송부사 정붕(鄭鵬 : 1469~1512)은 영의정이 꿀과 잣을 보내달라고 부탁하자 "잣나무는 높은 산 위에 있고, 꿀은 민가의 벌통 속에 있다"고 답을 보냈다. 조선후기 문신 김수항(金壽恒: 1629~1689)은 그의 아들이 죽었을 때 무명 한 필을 보내온 지방관을 벌주었다.

다산 정약용丁若鏞선생의 〈목민심서〉를 보면

'청렴은 목민관牧民官의 본무本務요, 모든 선善의 근원이요,

덕의 바탕이니 청렴하지 않고서는 능히 목민관이 될 수 없다'

는 구절이 있다. 청렴淸廉은 성품과 행실이 맑고 깨끗하며 재물 따위를 탐하는 마음이 없다는 말이다. 그리고 청렴은 남을 위한 것이 아니라 바로 자기 자신을 위한 것이기도 하다.

그런데 오늘날 우리 사회의 실태를 보면 조선시대 공직자들의 〈사불삼거〉의 불문율은 찾아보기 힘들다. 최근 우리 사회의 최대 이슈가 되고 있는 토지주택공사(LH) 부동산 투기사건이나 고급관료 인사청문회를 보면 오히려 사필四必이 자리 잡은 듯하다.

근래 고위공직자 인사청문회를 보면 ① 위장전입, ② 새금 탈루, ③ 병역면제, ④ 논문표절이 주종을 이루며, 이 네 가지 요건을 갖추지 않으면 고위 공직자 후보가 되기 어려울 정도가 되었다. 그리고 청문회서

잘못이 밝혀진 경우에도 어영부영 넘어가는 세상이 돼버렸다. 우리 젊은이들이 볼 때 이 나라의 미래가 어떻게 될지 짐작이 가고, 매우 우울해 진다.

옛날이나 지금이나 공직자에게 청렴과 윤리의식은 참으로 중요하다. 공무원이 청렴 의식을 가지지 않으면 국민의 신뢰성은 떨어질 수밖에 없고, 정부가 아무리 좋은 정책을 추진해도 국민 신뢰가 없으면 정책 실행은 더 이상 의미가 없다. 조선시대 아전衙前이란 각 관청에 근무하던 하급관리이다. 그런데 요즈음 세상 돌아가는 모습을 보면, 아전만도 못한 고급관리들도 많다. 앞으로 우리 사회의 공직자들과 지도자는 옛 선조들의 '사불삼거四不三拒'의 지혜를 배우고 이를 통해 사회가 요구하는 청렴의식을 실천해 나가야 한다.

2022. 3. 1. 안동권씨 종보

진산鎭山과 안산案山

우리나라는 예부터 풍수지리설이 성행했다. 그런데 풍수지리설에서는 도읍터, 집터, 묏자리 등의 운수 기운이 매였다는 산을 두고 진산鎭山, 주산主山, 조산祖山, 안산案山 등으로 나눠불렀다. 진산鎭山은 도읍이나 도시의 후면에 위치한 큰 산이다. 주산主山은 도시나 마을의 뒤쪽에 위치한 큰 산으로 주룡主龍으로 부르기도 하며, 조산祖山은 풍수지리에서 정기가 모인 자리인 혈穴에서 가상 멀리 떨어져 있는 용의 봉우리를 말한다. 반대로 안산案山은 낮은편에 있는 앞산이다.

풍수지리설에 의하면 조선의 수도 한양漢陽은 경복궁을 중심으로 4대문 안에서 볼 때 산남수북山南水北으로 북한산 남쪽 한강 북쪽인 한북漢北이란 뜻이다. 그리고 한양의 진산鎭山은 북한산(北漢山: 837m)이며, 진산과 마주하고 있는 조산祖山은 한강漢江 건너 남쪽에 자리한 관악산

(冠岳山: 629m)이다. 주산主山은 4대문으로 연결된 북쪽의 북악산北岳山, 동쪽의 낙산駱山, 서쪽의 인왕산仁旺山, 남쪽의 남산南山등 내사산內四山 중에서 북쪽의 북악산(北岳山,342m)이다. 북악산은 모악산母岳山, 백악산白岳山으로도 부른다. 안산案山은 앞산인 남산(南山: 265m)으로 고려 때는 목멱산木覓山으로 종남산終南山, 인경산仁慶山, 열경산列慶山, 마뫼 등으로 불렀다. 남산은 이성계가 한양으로 도읍을 정할 때 북악산을 주산主山, 목멱산을 안산案山겸 주작朱雀, 낙산을 좌청룡左青龍, 인왕산을 우백호右白虎로 보았다. 따라서 남산은 남쪽에 있는 산이 아니고 마주 보는 앞산이란 뜻이다.

그리고 마을이나 도시를 품고 있는 진산이나, 도시의 가장 주요한 산인 주산에는 예부터 통상 신선을 모시거나 신에게 제사를 지내는 신사神祀가 있었다. 따라서 북악산에는 백악신사白岳神祀, 남산에는 목멱신사國祀堂, 진산인 북한산에도 보현산신사普賢山神祀가 있었다. 그리고 남산에는 당시 통신수단으로 파발을 보내는 봉수烽燧제도를 실시하면서 요소요소에 봉수대를 설치 운용하였다. 제1 봉수대는 양주 아차산峨嵯山봉수대로 경기, 강원, 함경도를 향하고, 제2 봉수대는 광주 천천령穿川嶺으로 경기, 충청, 경상도 방향, 제3 봉수대는 무악毋岳으로 경기, 황해, 평안도 방향, 제4 봉수대는 무악 서쪽으로 경기, 서해 해안 방향, 제 5봉수대는 양천현 개화산開花山으로 경기, 충청, 전라도 방향으로 파발을 전파 접수하였다.

북한산이란 명칭은 1,500여 년 전에 세운 신라 진흥왕 때 순수비巡狩碑에도 사용되었고, 조선 숙종 때 북한산성을 축성하면서부터도 친근하게 불러진 것으로 보인다. 북한산은 화산華山, 삼각산三角山으로 불리기도 하는데, 〈신증동국여지승람新增東國輿地勝覽〉에 의하면 삼각산은 인수봉, 백운대, 만경대의 3봉우리가 뿔과 같이 우뚝 솟아 생긴 이름이라고 한다.

그리고 북한산은 지리산, 송악산, 비백산(鼻白山: 함경도 정평 소재)과 함께 고려시대부터 우리나라 4악四岳 중의 하나로 국가에서 제사를 지냈다. 그러나 조선 중기 이후 백두산이 수복되어 동악東岳 금강산, 서악西岳 묘향산, 남악南岳 지리산, 중앙 삼각산, 북악을 비백산에서 백두산으로 바꾸어 제사를 지냈다. 그리고 백두산의 명칭도 불함대산, 개마대산, 장백산, 도태산, 종태산, 태백산 등으로 부르기도 했다.

그리고 당시에는 지방도시에서도 진산과 안산을 중시했다. 경북 안동의 진산은 학가산(鶴駕山: 882m)이고 안산은 마봉과 시루봉이며, 경북 성주군 읍기邑基의 진산은 인현산(印懸山: 185m)이고 안산은 성산星山:398m이다. 또 전주의 진산은 건지산乾止山이며 안산은 완산完山이다. 이밖에도 김해, 의성, 금산, 나주, 의령 등 여러 곳에도 진산이 있다. 대만과 중국에도 진산이 많다.

우리나라는 오랫동안 풍수지리설을 중시해 왔다. 그러나 오늘날처럼 서울의 중심이 강북에서 강남으로 옮겨졌고 정부종합청사도 광화문 중앙청에서 과천을 거쳐 또다시 세종 신도시로 옮겼다. 그러니 서울의 이름도 산남수북(山南水北: 陽)의 한양漢陽에서 산북수남(山北水南: 陰)인 한음漢陰으로 바꾸는 것이 타당하지 않나 싶다.

2019. 6. 1. 안동권씨 종보

문경지교刎頸之交와 시도지교市道之交

어느새 또 한해가 저물고 있다. 코로나19로 고통스러웠던 신축辛丑년을 보내고 새로운 임인壬寅년을 맞게 되었다. 오늘은 송구영신送舊迎新을 맞아 친구에 대해여 알아본다. 최근 어느 연구소에서 장수한 사람은 친구 수에 비례한다는 연구결과를 발표하였다. 그런데 친구라고 다 친구는 아니며 친구의 유형도 각양각색이다.

우선 고사성어故事成語에 나오는 친구도 여러 종류이다. 문경지교刎頸之交, 관포지교管鮑지교, 금란지교金蘭之交, 금석지교金石之交, 빈한지교貧寒之交, 지란지교芝蘭之交, 막역지우莫逆之友, 시도지교市道之交, 주식형제酒食兄弟등이 있다. 먼저 중국 전한前漢시대 사마천(司馬遷: BC 145~BC 86)의 사기열전史記列傳 염파廉頗 인상여藺相如 열전에 문경지교刎頸之交와 시도지교市道之交가 나온다.

문경지교는 생사를 같이하는 벗이다. 인상여는 조趙나라 혜문왕의 충신 목현의 식객이었으나, 초楚나라 화씨和氏의 보물인 구슬을 지킨 공으로 상대부 높은 벼슬에 이어 상경上卿 자리까지 얻었다. 그러자 당시 조나라 명장名將인 염파廉頗가 자기보다 높은 직위에 오른 인상여에 격분해 제거하려하자, 인상여는 염파를 피했다. 인상여 부하들은 그런 인상여의 태도에 불만을 품자 인상여는 "지금 진나라가 우리 조나라를 침범 못하는 것은 염파 장군과 나와 두 사람이 있기 때문이니, 국가의 위급함을 먼저 생각하고 개인의 원한은 뒤로 생각하기 때문이오."라고 하자 부하들은 크게 감동하였다. 그 이야기를 들은 염파 장군도 크게 뉘우치고 인상여를 찾아가서 진심으로 사과하고 두 사람은 문경지교를 맺고 죽는 날까지 일신동체一身同體같이 지냈다 한다.

한편 그와 반대 뜻인 시도지교市道之交란 말이 나온다. 이는 평소 식객이 많았던 염파 장군이 진秦나라와 싸움에서 패하여 벼슬에서 물러나자 염파 식객들이 모두 그를 떠났다. 그런데 얼마 후 염파가 다시 등장하자 식객들이 다시 모여들었다. 이와 같이 남에게 잘 보이려고 아첨하며 구차스런 짓을 하는 일을 아유구용阿諛苟容이라 하며, 시장과 길거리의 장사꾼처럼 단지 자기 이익만을 위한 교제나 이해득실에 따른 진실하지 못한 사귐을 시도지교市道之交라 한다.

그리고 사기 관중열전管仲列傳에 '관중과 포숙의 사귐이란 뜻'으로 매우 다정하고 허물없는 친구 사이인 관포지교管鮑之交가 나온다. 춘추 전국시절에 제齊나라에 집이 가난한 관중管仲 관이오管夷吾와 부유한 포숙아鮑叔牙가 살았는데, 이 포숙아는 어릴 때 관중과 장사를 같이하면서 관중에게 많은 이익을 주면서도 탐욕스럽다고 보지 않았고, 관중이 일을 잘못해도 어리석다고 하지 않았고, 관중이 세 번 벼슬에서 쫓겨나도 어리석다하지 않고, 전쟁에서 세 번 달아나도 비겁하다고 생각하지 않았고, 관중이 감옥에 갔을 때도 부끄럽게 생각하지 않았다. 이에 관중도 "나를 낳아준 사람은 부모지만 나를 알아준 사람은 포숙 선생이다"生我者父母, 知我者鮑子也라 하면서 포숙아를 극찬하였고, 두 사람은 제나라를 다스리는 데 큰 힘이 되었다.

그 밖에도 금이나 돌같이 사귐이 굳고 변함이 없는 관계를 금석지교金石之交, 친구 사이가 쇠보다 굳고 향기가 난초 같다는 금란지교金蘭之交, 깨끗하고도 밝은 벗 사이의 교제인 지란지교芝蘭之交, 물과 물고기처럼 서로 떨어질 수 없는 친밀한 관계인 수어지교水魚之交, 가난할 때의 참다운 친구라는 빈천지교貧賤之交와 빈한지교貧寒之交 등이 있다.

한편 〈명심보감〉 교우편交友篇에 '주식형제천개유酒食兄弟千個有, 급난지붕일개무急難之朋一個無'란 말이 있다. 이는 공자가 한 말로 '술 먹고 밥 먹을 땐 형, 동생 하는 친구가 천 명이나 있지만, 급하고 어려울 때 막상 나를 도와주는 친구는 한 명도 없다'라는 뜻이다.

예로부터 그 사람의 미래를 알고 싶으면 사귀는 벗을 보라고 했다. 현재 나의 친구들이 주식형제酒食兄弟인지, 급난지붕急難之朋인지, 동시에 나는 그들에게 과연 어떤 사람인지 다시 한 번 곰곰이 생각해 봐야 할 것이다. 속담에 "정승집 개가 죽으면 문전성시고, 정승이 죽으면 텅텅 빈다."라는 말이 있다. 인간 세상이란 염량세태炎凉世態라서 잘 나갈 때는 친구들이 구름같이 몰려들지만, 몰락할 때는 썰물처럼 빠져 나간다. '질풍지경초疾風知勁草' 라는 글귀처럼 모진 바람이 불 때라야 강한 풀을 알 수 있듯이, 어렵고 위험한 처지를 겪어봐야 인간의 진가를 알 수 있다.

그리고 요즘 친구는 네 가지 종류로 나누기도 한다.

1. 자기가 좋을 때만 찾는 꽃과 같은 친구인 화우花友
2. 자기이익에 따라 저울과 같이 움직이는 친구인 추우錘友
3. 안식처와 다름없는 산과 같이 편안하고 든든한 친구인 산우山友
4. 언제나 한결같은 땅과 같은 친구인 지우地友이다.

그리고 〈논어〉의 계씨편季氏篇에는 공자가 제시한 친구의 세 가지 기준이 나온다. 유익한 세 친구인 익자삼우益者三友는

1. 정직한 사람
2. 신의가 있는 사람
3. 견문이 많은 사람이다.

반면 해로운 세 친구인 손자삼우損者三友는

1. 아첨하는 사람
2. 줏대 없는 사람
3. 겉으로만 친한 척하고 성의가 없는 사람이라 하였다.

세상에 아무리 돈이 많고, 권력이 있어도 주위에 마음을 기댈 친구가

없다면 그 사람은 불행한 인생임에 틀림없다. 좋은 친구를 얻는 일은 전적으로 자신에 달려 있다. 과연 '참된 친구'란 어떤 친구일까? 나의 참된 친구는 몇 명일까? 임인년 새해를 맞아 자신부터 어디에 해당되는 친구인가 살피고 더 좋은 친구가 되도록 노력합시다.

2021. 12. 30. 합천신문

권해조 칼럼선집

槐雲 權海兆

계간문예수필선 122

권해조 칼럼선집

— 槐雲 權海兆 傘壽 記念集

초판 인쇄 2022년 5월 10일
초판 발행 2022년 5월 16일

지 은 이 권해조
회　　장 서정환
발 행 인 정종명
편집주간 차윤옥

펴낸곳 도서출판 계간문예
편집부 03132 서울 종로구 삼일대로 30길 21 종로오피스텔 1209호
주소 03132 서울 종로구 삼일대로 32길 36 운현신화타워 305호
전화 02-3675-5633 팩스 02-766-4052
인쇄 54991 전북 전주시 완산구 공북1길 16, 신아출판사
이메일 munin5633@naver.com
등록 2005년 3월 9일 제300-2005-34호
ISBN 978-89-6554-254-4 04810
ISBN 978-89-6554-133-2 세트

값 16,000원

잘못 만들어진 책은 바꾸어 드립니다.
저자와 협의하여 인지를 생략합니다.